Der Technologietransfer konventioneller Rüstungsgüter im Spannungsfeld von Außenwirtschaftsfreiheit sowie Außen- und Sicherheitspolitik

Europäische Hochschulschriften

European University Studies

Publications Universitaires Européennes

Reihe II	**Rechtswissenschaft**
Series II	Law
Série II	Droit

Band/ Volume **5989**

Emanuela Jipp

Der Technologietransfer konventioneller Rüstungsgüter im Spannungsfeld von Außenwirtschaftsfreiheit sowie Außen- und Sicherheitspolitik

PETER LANG

Bibliografische Information der Deutschen Nationalbibliothek
Die Deutsche Nationalbibliothek verzeichnet diese Publikation in der Deutschen Nationalbibliografie; detaillierte bibliografische Daten sind im Internet über http://dnb.d-nb.de abrufbar.

Zugl.: Freie Universität Berlin, 2017

D 188
ISSN 0531-7312
ISBN 978-3-631-74610-3(Print)
E-ISBN 978-3-631-74798-8 (E-PDF)
E-ISBN 978-3-631-74799-5 (EPUB)
E-ISBN 978-3-631-74800-8 (MOBI)
DOI 10.3726/b13434

Peter Lang – Berlin · Bern · Bruxelles · New York · Oxford · Warszawa · Wien

Diese Publikation wurde begutachtet.

www.peterlang.com

Vorwort

Die vorliegende Arbeit wurde als Dissertation an der Juristischen Fakultät der Freien Universität Berlin im Wintersemester 2017/2018 angenommen.

An erster Stelle möchte ich meiner Doktormutter, Frau Prof. Dr. Heike Krieger, für ihre wertvollen Denkanstöße und stets ehrliche und offene Kritik danken. Herrn Prof. Dr. Markus Heintzen gilt mein Dank für die zügige Erstellung des Zweitgutachtens.

Bedanken möchte ich mich zudem bei meinen Eltern, die mir sowohl die juristische Ausbildung als auch die Promotion ermöglichten und mich stets bedingungslos unterstützten.

Außerordentlicher Dank gebührt meinem Ehemann für seine kritischen Anregungen, liebevolle Geduld und unbeschreibliche Unterstützung während der Fertigstellung der Dissertation.

Berlin, den 27. November 2017

Emanuela Jipp

Inhaltsverzeichnis

Abkürzungsverzeichnis

Abl.	Amtsblatt
AEUV	Vertrag über die Arbeitsweise der Europäischen Union
a.F.	alte Fassung
AJIL	American Journal of International Law
ATA	Allgemeine Technologieanmerkung
ATT	Arms Trade Treaty
AVR	Archiv des Völkerrechts
AWG	Außenwirtschaftsgesetz
AW-Prax	Außenwirtschaftliche Praxis
AWR	Außenwirtschaftsrecht
AWV	Außenwirtschaftsverordnung
BAFA	Bundesamt für Wirtschaft und Ausfuhrkontrolle
BAnz.	Bundesanzeiger
BGBl.	Bundesgesetzblatt
BKartA	Bundeskartellamt
BR	Bundesrat
BT	Bundestag
BvE	Registerzeichen des Bundesverfassungsgericht; Verfahrensart: Verfassungsstreit zwischen Bundesorganen
BvR	Registerzeichen des Bundesverfassungsgericht; Verfahrensart: Verfassungsbeschwerdeverfahren
CML Rev.	Common Market Law Review
CoCom	Coordinating Committee on Multilateral Export Controls
CRICLJ	Creighton International and Comparative Law Journal
CRLR	Creighton Law Review
CSS	Center of Security Studies
Drs.	Drucksache
DStR	Deutsches Steuerrecht
DVBl	Deutsches Verwaltungsblatt
DWiR	Deutsche Zeitschrift für Wirtschaft und Insolvenzrecht
EAG	Europäische Atomgemeinschaft
EGKS	Europäische Gemeinschaft für Kohle und Stahl
EGV	Vertrag zur Gründung der Europäischen Gemeinschaft
EGWV	Vertrag zur Gründung der Europäischen Wirtschaftsgemeinschaft
EuG	Gericht der Europäischen Union

EuZW	Europäische Zeitschrift für Wirtschaftsrecht
EWG	Europäische Wirtschaftsgemeinschaft
GASP	Gemeinsame Außen- und Sicherheitspolitik
GATS	General Agreement on Trade in Service
GATT	General Agreement on Tariffs and Trade
GewArch	Gewerbearchiv
GWR	Gesellschafts- und Wirtschaftsrecht
HADDEX	Handbuch der deutschen Exportkontrolle
HSFK	Hessische Stiftung Friedens- und Konfliktforschung
Int. Org.	International Organization
Int. Sec.	International Security
Int. T.L.R.	International Trade Law and Regulation
JA	Juristische Ausbildung
JZ	Juristische Zeitschrift
KWKG	Kriegswaffenkontrollgesetz
MIC	Military Industry Corporation
n.F.	neue Fassung
NJW	Neue Juristische Wochenschrift
NVwZ	Neue Zeitschrift für Verwaltungsrecht
P.L.	Public Law
PlPr.	Plenarprotokoll
Rs.	Rechtssache
RIW	Recht der internationalen Wirtschaft
SIPRI	Stockholm International Peace Research Institute
Slg.	Sammlung
SWP	Stiftung Wissenschaft und Politik
TRIPs	Agreement on Trade-Related Aspects of Intellectual Property Rights
UNCTAD	United Nations Conference on Trade and Development
VerwArch	Verwaltungsarchiv
VN	Vereinte Nationen
VwVfG	Verwaltungsverfahrensgesetz
WTO	World Trade Organisation
ZaöRV	Zeitschrift für ausländisches öffentliches Recht und Völkerrecht
ZFAS	Zeitschrift für Außen- und Sicherheitspolitik
ZRP	Zeitschrift für Rechtspolitik

Einleitung

A. Einführung in die Thematik

Der Technologietransfer konventioneller Rüstungsgüter wird im Spannungsfeld von Außenwirtschaftsfreiheit sowie Außen- und Sicherheitspolitik geregelt. Der Konflikt zwischen der grundrechtlich geschützten Außenwirtschaftsfreiheit sowie der Außen- und Sicherheitspolitik hat sich bezüglich des Technologietransfers zunehmend verschärft. Denn längst sind es nicht mehr nur die Exporte fertig hergestellter Rüstungsgüter, sondern auch im bedeutenden Maße der Technologietransfer dieser Rüstungsgüter, der zur raschen Verbreitung konventioneller Rüstungsgüter beiträgt.

Konventionelle Rüstungsgüter prägen das Bild der gegenwärtigen Krisengebiete wie kaum ein anderes Kampfmittel. Während atomare, biologische und chemische Waffen das größte abstrakte Gefährdungspotential haben, bedrohen konventionelle Rüstungsgüter ganz konkret eine Vielzahl von Menschen täglich weltweit: als Bomben, Flugkörper und militärische Luftfahrzeuge in Syrien oder als Sturmgewehre im (Süd-) Sudan, in Georgien, Libyen und Mexiko. Nichtregierungsorganisationen schätzen, dass fünfzig- bis hunderttausend Menschen jedes Jahr direkt durch Kleinwaffen getötet werden. Die Verfügbarkeit solcher Klein- und Leichtwaffen wird als wesentlicher Faktor für die Entwicklung von Konflikten und ihrer gewaltsamen Austragung,[1] sowie für den Zusammenbruch staatlicher Strukturen gesehen. Nichtregierungsorganisationen bezeichnen daher konventionelle Rüstungsgüter, insbesondere die Klein- und Leichtwaffen, als die eigentlichen Massenvernichtungswaffen unserer Zeit. Der ehemalige UN-Generalsekretär Kofi Annan erklärte in seiner Rede auf dem UN-Millenniumsgipfel im Jahr 2000:

> "In terms of the carnage they cause, small arms, indeed, could well be described as 'weapons of mass destruction'."[2]

Die Verfügbarkeit konventioneller Rüstungsgüter in Krisengebieten ist auch auf den verstärkten Rüstungsgüterexport westlicher Staaten und das sich daran anschließende Problem des Endverbleibs zurückzuführen. Da das Rüstungsbudget

---

1 *Weith u. a.*, Exportkontrolle, S. 23.

2 Vgl. *Annan*, „We the peoples", S. 52. Freie Übersetzung der Verfasserin: „Aufgrund des Gemetzels, das sie anrichten, könnten Kleinwaffen tatsächlich als ‚Massenvernichtungswaffen' bezeichnet werden."

in einigen westlichen Staaten nach dem Kalten Krieg schrumpfte[3] und die heute teils hochtechnologisierten konventionellen Rüstungsgüter kostenintensiv in ihrer Entwicklung und Herstellung sind[4], versuchen Unternehmen verstärkt, neue Absatzmärkte zu erschließen.[5] So erwirtschaftet beispielsweise die deutsche Rüstungsindustrie rund 70 Prozent ihres Umsatzes im Ausland.[6] Der Technologietransfer konventioneller Rüstungsgüter ist dabei fest im internationalen Rüstungsgüterhandel etabliert. Auf einem von Exporteuren hart umkämpften Käufermarkt[7] teilen Exporteure ihre Technologie mit den Käufern, um wettbewerbsfähig zu sein.[8] So ist bei umfangreichen Verträgen der Technologietransfer eine oft nicht mehr verhandelbare Bedingung des Erwerbers.[9] Indien, weltweit zweitgrößter Waffenimporteur,[10] knüpft beispielsweise seine Waffengeschäfte fest an sogenannte Offset- oder Kompensationsgeschäfte[11], welche in der Regel entweder ausländische Investitionen in Indien oder einen Technologietransfer nach Indien zum Inhalt haben.[12] Denn gemäß einer in Indien geltenden Richtlinie für die Beschaffung von Verteidigungsgütern (Defense Procurement Policy 2005)

---

3 *Bitzinger*, Int. Sec. 19/2 (1994), S. 170 (172); *Parker*, Int. Sec. 23/4 (1999), S. 119 (122).

4 Zur Kostenintensität *Lock/Wulf*, in: Kaldor/Eide (Hrsg.), The World Military Order, S. 210 (221); *Nünlist*, CSS 2013, Nr. 145, S. 1 (2); ähnlich *Bitzinger*, Int. Sec. 19/2 (1994), S. 170 (195). *Mützenich/Karádi* sprechen von einem qualitativem Wettrüsten, da „an die Stelle der zahlenmäßigen Erhöhung der Bestände an Waffen und Personal […] die technologisch gestützte Verbesserung und Modernisierung getreten“ sei, s. *dieselben* in: Neuneck/Mölling (Hrsg.), Die Zukunft der Rüstungskontrolle, S. 323 (326). Zu der Thematik der Hochtechnologiekriegsführung und ihrer Herausforderungen für die Rüstungskontrolle s. auch *Kahl/Mölling*, in: Neuneck/Mölling (Hrsg.), Die Zukunft der Rüstungskontrolle, S. 341–353.

5 *Mallik*, Technology and Security, S. 5; *Moltmann*, Gemeinsamer Standpunkt, HSFK-Report 3/2012, S. II.

6 *Mölling*, SWP-Aktuell 66 (2013), S. 1 (2).

7 Vgl. *Dembinski/Schumacher*, Rüstungsexport, HSFK-Report 9/2005, S. 17.

8 *Gruselle/Le Meur*, in: Recherches &documents n°02/2012, S. 5; *Mölling*, SWP-Aktuell 66 (2013), S. 1 (3); *Moltmann*, Gemeinsamer Standpunkt, HSFK-Report 3/2012, S. 23 f.; *Parker*, Int. Sec. 23/4 (1999), S. 119 (123); vgl. *Sumer/Chuah*, Int.T.L.R. 2007, 13(6), S. 111 (112 f.).

9 *Gruselle/Le Meur*, Recherches & documents n° 02/2012, S. 5; vgl. *Benson*, Int. Sec. 3/4 (1979), S. 3 (17).

10 SIPRI Arms Database, http://armstrade.sipri.org/armstrade/page/toplist.php, zuletzt abgerufen am 15.09.2016.

11 Näher zu Offset- oder Kompensationsgeschäften unter 1. Teil B.V.

12 *Behera*, Strategic Analysis 33/2 (2009), S. 242 (242); *Pant*, Asia-Pacific Review 17/1 (2010), S. 124 (140).

müssen ausländische Rüstungsunternehmen bei Verträgen mit einem Volumen von umgerechnet über 66 Millionen USD ein Offset-Geschäft in Höhe von 30 % des Vertragswertes vereinbaren.

In der Bundesrepublik Deutschland steht der Technologietransfer konventioneller Rüstungsgüter, gemessen an der Anzahl der im Jahr 2015 erteilten Genehmigungen, an sechster von 22 Stellen.[13] Der Rüstungsexportbericht 2015 der Bundesregierung zeigt auch, dass die Bundesrepublik Deutschland im Jahr 2015 rüstungsrelevante Technologien in 57 Staaten (im Jahr 2014 noch 51 Staaten)[14] exportierte.[15] Durch die Ertüchtigung anderer Staaten zur Herstellung konventioneller Rüstungsgüter multiplizieren sich die Quellen für deren Beschaffung.[16]

Die Relevanz des Technologietransfers konventioneller Rüstungsgüter überrascht nicht, betrachtet man die mit ihm verbundenen zahlreichen wirtschaftlichen, aus Seiten des Erwerbers auch sicherheitspolitischen Vorteile. Ein umfassender Technologietransfer ermöglicht dem Erwerber den Aufbau einer heimischen Industrie.[17] Der Erwerber verschafft sich so die Möglichkeit, Waffen selbst herzustellen, und damit die Unabhängigkeit von künftigen Waffenimporten, mithin einen wirtschaftlichen sowie politischen Vorteil. Durch den Industrie-

---

13 Bericht der Bundesregierung über ihre Exportpolitik für konventionelle Rüstungsgüter im Jahre 2015, http://www.bmwi.de/DE/Themen/Aussenwirtschaft/ruestungsexportkontrolle,did=772760.html, zuletzt abgerufen am 15.09.2016, Tabelle B, S. 21. Im Jahr 2015 wurden für die Ausfuhrposition A 0022 „Technologie“ 683 Genehmigungen mit einem Gesamtwert von 116.761.247 Euro erteilt.

14 Bericht der Bundesregierung über ihre Exportpolitik für konventionelle Rüstungsgüter im Jahre 2014, www.bmwi.de/DE/Themen/Aussenwirtschaft/ruestungsexportkontrolle,did=716882.html, zuletzt abgerufen am 15.09.2016.

15 Rüstungsexportbericht 2015, s. Fn. 13, Anlage 8. Diese 57 Staaten sind: Europäische Union: Belgien, Bulgarien, Dänemark, Finnland, Frankreich, Griechenland, Irland, Italien, Litauen, Luxemburg, Niederlande, Österreich, Polen, Rumänien, Schweden, Slowakei, Slowenien, Spanien, Tschechische Republik, Ungarn, Vereinigtes Königreich; NATO- und NATO-gleichgestellte Länder: Australien, Japan, Kanada, Norwegen, Schweiz, Türkei, USA; Drittländer: Algerien, Argentinien, Ägypten, Botsuana, Brasilien, China, Indien, Indonesien, Israel, Jordanien, Katar, Kolumbien, Republik Korea, Kuwait, Malaysia, Marokko, Mexiko, Oman, Pakistan, Peru, Russland, Saudi-Arabien, Singapur, Südafrika, Taiwan, Thailand, Venezuela, Vereinigte Arabische Emirate, Vietnam.

16 *Gimelli Sulashvili*, in: Berman u. a. (Hrsg.), Small Arms Survey Yearbook 2007, S. 7 (12).

17 *Borchert/Thiele*, ZFAS 7/2014, S. 365 (381).

aufbau verspricht man sich zudem einen positiven Effekt auf die Beschäftigung und einen Technologiefortschritt für die zivile Industrie.[18]

Für den Technologiegeber bietet sich die Möglichkeit, in Märkte einzudringen, die für eine direkte Waffenlieferung nicht zur Verfügung stehen.[19] Er profitiert davon, dass der Erwerber den heimischen Markt kennt und so notwendige Änderungen wie die Übersetzung der Labels und Hinweise oder auch erforderliche Anpassungen des Produkts an lokale Vorschriften leichter umsetzen kann. Der Technologieerwerber kann das Produkt aufgrund seiner Kenntnisse der lokalen Kultur regelmäßig auch gewinnbringend vermarkten.

Diesen Vorteilen stehen kaum kalkulierbare, vor allem außen- und sicherheitspolitische Risiken für den Technologiegeber gegenüber: Der Vorgang des Technologietransfers ist nicht wieder umkehrbar,[20] das weitergegebene Wissen in seiner Verbreitung kaum kontrollierbar.[21] So besteht die Gefahr, dass der Erwerber die selbst hergestellten Waffen später gegen die Sicherheitsinteressen des Staats des Technologiegebers einsetzt,[22] wenn dieser beispielsweise das Endprodukt an Drittstaaten weitergibt, die der Technologiegeber selbst nicht beliefert hätte.[23] Dem Bericht des ARD-Politmagazins „Kontraste" im Juli 2012[24] zufolge vergab das deutsche Rüstungsunternehmen Heckler & Koch mit Genehmigung des Bundes-

---

18 *Breunig/Strunz*, Rüstungspolitik, S. 159 ff. mit Beispielen; *Udis*, in: Bitzinger (Hrsg.), The Modern Defense Industry, S. 258; *Wezeman*, in: Tan (Hrsg.), The Global Arms Trade, S. 193 (198); differenzierend *Dunne/Uye*, in: Tan (Hrsg.), The Global Arms Trade, S. 293 (295). Zum Streit, inwieweit sich tatsächlich positive Effekte für die zivile Industrie ergeben, s. *Pankratz*, Europäische Rüstungskooperation, S. 105, Fn. 197; ausführlich zu den Auswirkungen des Technologietransfers im Waffenhandel auf das wirtschaftliche Wachstum vgl. *Li/Mirmirani*, Contemporary Economic Policy XVI/10 (1998), S. 486–498; zum deutschen Verfahren zur volkswirtschaftlichen Nutzung wehrtechnisch geschaffener Technologie s. *Breith*, Soldat und Technik, 10/1994, S. 509 (512 f.).

19 *Frank*, The Arms Trade in International Relations, S. 173; *Gimelli Sulashvili*, in: Berman u. a. (Hrsg.), Small Arms Survey Yearbook 2007, S. 7 (10); vgl. auch *Borchert/Thiele*, ZFAS 7/2014, S. 365 (381).

20 So auch *Bitzinger*, Int. Sec. 19/2 (1994), S. 170 (190); *Klare*, Int. Sec. 8/2 (1983), S. 68 (68).

21 *Klare*, Int. Sec. 8/2 (1983), S. 68 (68).

22 *Klare*, Int. Sec. 8/2 (1983), S. 68 (85); vgl. *Benson*, Int. Sec. 3/4 (1979), S. 3 (17); *Dawkins*, in: Cahn/Kruzel/Dawkins/Huntzinger (Hrsg.), Arms Trade, S. 109 (120).

23 *Gruselle/Le Meur*, Recherches & documents n°02/2012, S. 5; *Roeser*, Völkerrechtliche Aspekte des internationalen Handels mit konventionellen Waffen, S. 37.

24 „Kontraste" – Das Magazin aus Berlin, 19.07.2012, „Gewehre für Diktatoren – Lasches Kriegswaffenrecht ermöglicht illegalen Handel", http://www.rbb-online.de/kontraste/ueber_den_tag_hinaus/wirtschaft/gewehre_fuer_diktatoren.html, zuletzt abgerufen am 15.09.2016.

amtes für Wirtschaft und Ausfuhrkontrolle (BAFA)[25] im Jahr 2008 die Lizenz zur Herstellung des Sturmgewehrs G36 an das saudi-arabische Unternehmen Military Industry Corporation (MIC). Nach Recherchen von „Kontraste" wurde die Waffe in Saudi-Arabien nicht nur für die heimische Rüstung produziert, sondern auch von der MIC auf ihrer Homepage[26] sowie von ihrer Tochtergesellschaft auf der Waffenmesse International Defence Exhibition (IDEX) in Abu Dhabi (Vereinigte Arabische Emirate) präsentiert. Auch ist es möglich, dass der Technologieerwerber zu einem neuen Konkurrenten des Technologiegebers im Markt des internationalen Waffenhandels heranwächst,[27] ein wirtschaftlicher Nachteil für den Technologiegeber.

Für den Technologieerwerber kann der Nachteil entstehen, dass dieser von der Belieferung mit ausländischen Systemen abhängig wird,[28] falls nicht die gesamte Technologie übertragen wird. Für die Geberseite stehen folglich vorrangig wirtschaftliche Erwägungen außen- und sicherheitspolitischen Bedenken entgegen.

Auffällig ist, wie wenig der Technologietransfer – trotz seiner Relevanz im Handel mit konventionellen Rüstungsgütern – Gegenstand der Berichterstattung und öffentlicher politischer Diskussion ist.[29] Während Exporte fertig hergestellter Rüstungsgüter regelmäßig kritisiert werden, findet der Rüstungstechnologietransfer selten, allenfalls beiläufig Erwähnung. Nicht nur in der politischen, sondern auch in der juristischen Diskussion wird der Technologietransfer konventioneller Rüstungsgüter nur stiefmütterlich behandelt. Die juristische Literatur setzt sich zwar mit der Thematik des Technologietransfers auseinander, dies meist jedoch im Bereich des gewerblichen Rechtsschutzes.[30] Die wissenschaftlichen Untersuchungen auf dem Gebiet des internationalen Handels konventioneller

---

25 Die Genehmigungserteilung wurde bestätigt in der BT-Drs. 17/7926 vom 29.11.2011, S. 4, 8.

26 https://mic.gov.sa/Eng/our-products/Pages/default.aspx, zuletzt abgerufen am 15.09.2016.

27 *Bitzinger*, Int. Sec. 19/2 (1994), S. 170 (191); *Klenke*, in: Wacker, Chinas Aufstieg, S. 21 (23); *Moltmann*, Gemeinsamer Standpunkt, HSFK-Report 3/2012, S. 18; *Pankratz*, Europäische Rüstungskooperation, S. 104.

28 *Golich*, Int. Org. 46/4 (1992), S. 899 (928); *Pankratz*, Europäische Rüstungskooperation, S. 106.

29 Dieses Phänomen ist keines neues. Vielmehr beklagte Selbiges *Klare* bereits im Jahr 1983, *ders.*, in: Int. Sec. 8/2 (1983), 68 (68).

30 *Ann/Loschelder/Grosch*, Praxishandbuch Know-how-Schutz; *Armillotta*, Technology Pooling Licensing Agreements; *Burgstaller*, Patentrecht und Technologietransfer; *Ramsay*, Ramsay on technology transfer; *Rodriquez*, The Technology Transfer Law Handbook; u. a.

Rüstungsgüter sind oft im Schwerpunkt ethische, ökonomische und politische[31] und keine juristischen. An einer aktuellen Betrachtung der Schnittmenge – des Technologietransfers im internationalen Handel mit konventionellen Rüstungsgütern – fehlt es. Die vorliegende Arbeit soll diese Lücke schließen.

B. Fragestellung

Die Arbeit fragt danach, welche internationalen, europäischen und deutschen Vorgaben zur Auflösung der Kollision zwischen Außenwirtschaftsfreiheit sowie Außen- und Sicherheitspolitik bestehen. Die Untersuchung fokussiert auf die Frage, wann ein Technologietransfer konventioneller Rüstungsgüter kontrolliert wird und welche Kriterien der Kontrolle zu Grunde gelegt werden. Ziel ist es, einheitliche Leitlinien für den Technologietransfer konventioneller Rüstungsgüter zu erarbeiten und Regelungsdefizite aufzuzeigen.

Untersuchungsgegenstand soll der *Technologietransfer konventioneller Rüstungsgüter* sein, da dieser – wie oben dargestellt[32] – neben dem Transfer fertig hergestellter Rüstungsgüter für die Verfügbarkeit von konventionellen Rüstungsgütern in Krisengebieten kausal, juristisch aber noch nicht hinreichend beleuchtet ist. „Rüstungsgüter" ist ein Oberbegriff für alle Kriegswaffen und sonstigen Rüstungsgüter. Der Begriff der Kriegswaffen steht für diejenigen Rüstungsgüter, die dem Gesetz über die Kontrolle von Kriegswaffen[33] (KWKG)[34] unterfallen,[35] also in der Kriegswaffenliste aufgeführt sind, § 1 Abs. 1 KWKG. Dies sind „Kriegswaffen, auf deren Herstellung die Bundesrepublik Deutschland verzichtet hat (Atomwaffen, biologische und chemische Waffen)" und „sonstige Kriegswaffen" wie Flugkörper, Kampfflugzeuge und Kampfhubschrauber, Kriegsschiffe, Kampffahrzeuge, Rohrwaffen und Munition. Als „Sonstige Rüstungsgüter" werden jene Rüstungsgüter bezeichnet, die keine Kriegswaffen sind und nur den Regelungen

31 *Heidenkamp*, Deutsche Rüstungspolitik; *Lahti*, Gegengeschäfte in Waffensystemen; *Moltmann*, Rüstungsexporte: richtig oder falsch?.

32 S. A.

33 Ausführungsgesetz zu Art. 26 Abs. 2 GG in der Fassung der Bekanntmachung vom 22. November 1990, BGBl. I, S. 2506, das zuletzt durch Art. 30 der Verordnung vom 31. August 2015 (BGBl. I, S. 1474) geändert worden ist.

34 Das „Gesetz über die Kontrolle von Kriegswaffen" wird auch mit „KrWaffKontrG" abgekürzt, um eine Verwechslung mit dem „Gesetz für die Erhaltung, die Modernisierung und den Ausbau der Kraft-Wärme-Kopplung" (auch „KWKG") zu vermeiden. Da letzteres Gesetz in dieser Untersuchung keine Rolle spielt, wird hier die griffigere Abkürzung „KWKG" für das „Gesetz über die Kontrolle von Kriegswaffen" verwendet.

35 *Weith u. a.*, Exportkontrolle, S. 60.

des Außenwirtschaftsgesetzes[36] (AWG) und der Außenwirtschaftsverordnung[37] (AWV) unterliegen.[38] Teil I Abschnitt A der Ausfuhrliste[39], ein Anhang der AWV, ist mit „Liste für Waffen, Munition und Rüstungsmaterial" übertitelt und nennt in zweiundzwanzig Positionen die erfassten Rüstungsgüter, also Kriegswaffen und sonstige Rüstungsgüter. An konventionellen Rüstungsgütern werden hier beispielsweise Handfeuerwaffen (0001), großkalibrige Waffen (0002), Munition (0003), Bomben, Torpedos, Flugkörper (0004), militärische Ketten- und Radfahrzeuge (0006), Kriegsschiffe (0009), militärische Luftfahrzeuge/-technik (0010) gelistet. Darüber hinaus wird Technologie (0022), die für die Entwicklung, Herstellung oder Verwendung der von der oben genannten Liste erfassten Güter unverzichtbar ist, gelistet.[40] Die Analyse konzentriert sich darauf, festzustellen, welche Vorgaben und Regelungsdefizite für den Technologietransfer der in dieser Liste genannten konventionellen Rüstungsgüter bestehen.

Der Transfer kann einen Austausch von Waren oder auch Dienstleistungen meinen. Die Grenze zwischen Ausfuhr und Dienstleistung verläuft fließend, sodass folgende Aussagen nur Anhaltspunkte bieten können: Für die Technologieausfuhr sind grundsätzlich Unterlagen oder zumindest ein Handel auf Grundlage solcher Unterlagen notwendig.[41] Dienstleistung meint eine vergeistigte oder ma-

36 „Außenwirtschaftsgesetz 6. Juni 2013 (BGBl. I, S. 1482), das zuletzt durch Artikel 6 des Gesetzes vom 3. Dezember 2015 (BGBl. I, S. 2178) geändert worden ist."

37 „Außenwirtschaftsverordnung vom 2. August 2013 (BGBl. I, S. 2865), die zuletzt durch Artikel 1 der Verordnung vom 14. März 2016 (BAnz 18.03.2016 V1) geändert worden ist". Die AWV trat gem. § 83 AWV in Verbindung mit. Art. 4 Abs. 1 des Gesetzes zur Modernisierung des Außenwirtschaftsrechts (BGBl. I, S. 1482–1496, Fassung vom 6. Juni 2013) am ersten Tag des dritten auf die Verkündung des letzteren Gesetzes folgenden Monats in Kraft, mithin am 1. September 2013.

38 *Weith u. a.*, Exportkontrolle, S. 60.

39 „Anlage AL zur Außenwirtschaftsverordnung". Die Ausfuhrliste ist untergliedert in „Anwendungen der Ausfuhrliste" mit allgemeinen, vor die Klammer gezogenen Anmerkungen sowie in Teil I und Teil II. Teil I gliedert sich in die Abschnitte A (Liste für Waffen, Munition und Rüstungsmaterial), B (national erfasste Güter) und ein Verzeichnis für verwendete Abkürzungen sowie Begriffsbestimmungen. Teil II enthält eine Liste von Waren pflanzlichen Ursprungs und ist für diese Untersuchung nicht relevant.

40 Weitere gelistete konventionelle Rüstungsgüter sind: Feuerleitanlagen (0005), militärische Elektronik (0011), ballistische Schutzausrüstung (0013), Ausbildungs-/Simulationsausrüstung (0014), Infrarot-/Wärmebildausrüstung (0015), Halbzeug zur Herstellung von bestimmten Rüstungsgütern (0016), verschiedene Ausrüstungen (0017), Herstellungsausrüstung zur Produktion von Rüstungsgütern (0018), militärische Software (0021).

41 Vgl. *Weith u. a.*, Exportkontrolle, S. 135.

nuelle Leistung.[42] Die Ausfuhr wird teils auch mit Dienstleistungen kombiniert. Die Arbeit wird auf beide Transferformen eingehen.

Da die entscheidenden öffentlichen Vorgaben zum Technologientransfer konventioneller Rüstungsgüter dem *Außenwirtschaftsrecht* zu entnehmen sind[43], wird sich die Arbeit auf dieses Rechtsgebiet fokussieren. Eine einheitliche Definition des Begriffs „Außenwirtschaftsrecht" gibt es nicht.[44] In einem weiten Verständnis[45] werden unter „Außenwirtschaftsrecht" die Regelungen[46] gefasst, die den freien – durch seine grenzüberschreitenden[47] Komponenten geprägten – Außenwirtschaftsverkehr beschränken,[48] sei es aus handels-, wirtschafts-, außen- oder sicherheitspolitischen Gründen.[49] Außenwirtschaftsrecht wird auch definiert als Gesamtheit der internationalen, europäischen und nationalen Rechtsnormen, die nicht dem Privatrecht zugeordnet sind und die in ihrem sachlichen Anwendungsbereich eine internationale Wirtschaftsaktion zum Gegenstand haben.[50] Nimmt man beide Definitionen zusammen, so ergibt sich eine Beschreibung des Begriffs Außenwirtschaftsrecht, der alle Aspekte hinreichend beleuchtet: Das Außenwirtschaftsrecht ist die Gesamtheit der internationalen, europäischen und nationalen

---

42 *Wolffgang/Simonsen*, in: Ehlers u.a. (Hrsg.), Risikomanagement im Exportkontrollrecht, S. 107 (108 f.).

43 Dies wird unten noch näher dargelegt, s. 2. Teil A.I.

44 Vgl. *Wolffgang*, in: Wolffgang/Simonsen, AWR-Kommentar, Bd. 1, Einleitung, Rn. 1; *Bachmann* schreibt zu „Begriff und Rechtsgrundlagen des Außenwirtschaftsrechts" in AW-Prax 2000, S. 448 (448): „Kaum ein Begriff ist so schillernd wie der des Außenwirtschaftsrechts (AWR). […] Die begriffliche Unklarheit […] [macht] das AWR zu einem unübersichtlichen und damit schwierigen Gebiet.".

45 Unter Außenwirtschaftsrecht im *engeren* Sinne wird nur die Materie verstanden, die im AWG und der AWV geregelt ist, *Stein/Thoms*, in: Rüsken, Außenwirtschaftsgesetz, Einführung, Rn. 5.

46 *Wolffgang* fordert eine hoheitliche Reglementierung, die er aber nicht nur in nationalen, sondern auch in supranationalen und internationalen Regelwerken sieht, *Wolffgang*, in: Wolffgang/Simonsen, AWR-Kommentar, Bd. 1, Einleitung, Rn. 7.

47 Hier ist die Grenze zwischen dem deutschen Staatsgebiet und anderen Hoheitsgebieten gemeint, vgl. *Wolffgang*, in: Wolffgang/Simonsen, AWR-Kommentar, Bd. 1, Einleitung Rn. 12, beziehungsweise die gemeinsame Außengrenze der EU-Mitgliedstaaten zu Nicht-EU-Mitgliedstaaten, so auch *Wolffgang*, in: Wolffgang/Simonsen, AWR-Kommentar, Bd. 1, Einleitung, Rn. 13.

48 *Weith u.a.*, Exportkontrolle, S. 21.

49 Vgl. die ausführliche Darstellung der verschiedenen vertretenen Definitionen des Außenwirtschaftsrechtsbegriffs bei *Wolffgang*, in: Wolffgang/Simonsen, AWR-Kommentar, Bd. 1, Einleitung, Rn. 1–13.

50 *Stein/Thoms*, in: Rüsken, Außenwirtschaftsgesetz, Einführung, Rn. 8.

Rechtsnormen, die nicht dem Privatrecht zugeordnet sind und den freien – durch seine grenzüberschreitenden Komponenten geprägten – Außenwirtschaftsverkehr beschränken, sei es aus handels-, wirtschafts-, außen- oder sicherheitspolitischen Gründen. Es werden in der Untersuchung also Beschränkungen aller drei Ebenen – international, europäisch und national (sogenanntes Mehrebenensystem[51]) – betrachtet. Um eine umfassende Analyse der Beschränkungen leisten zu können, wird auch auf die außenwirtschafts*politischen* Vorgaben eingegangen werden, die auf die außenwirtschafts*rechtlichen* Regelungen einwirken.

C. Methodik

Die Untersuchung bedient beide klassischen Felder der Rechtswissenschaft, das Erfassen des gegenwärtigen Rechtszustands und dessen kritische Beleuchtung zur Vorbereitung eines künftigen Rechtszustands.[52] Einerseits wird die *lex lata* wissenschaftlich dargelegt: Das Regelungsfeld ist, an seiner realen Bedeutung gemessen, rechtswissenschaftlich nicht genügend erforscht. Die vorliegende Untersuchung hat zum Ziel, diese Lücke zu schließen. Mit der Darstellung und Analyse der außenwirtschaftlichen Regelungen soll somit ein ergänzender Beitrag geleistet werden.

Andererseits soll auf der Grundlage der erfolgten Darstellung und Analyse der Bedarf für die *lex ferenda* aufgezeigt werden. Gerade in dem politisch und humanitär hoch sensiblen Bereich des Rüstungstechnologietransfers ist eine ständige kritische Auseinandersetzung mit den bestehenden Regelungsdefiziten unverzichtbar. Formulierungsvorschläge für mögliche nationale, europäische oder internationale Regelungen kann und will die Untersuchung jedoch nicht unterbreiten. Es ist Aufgabe der Politik, zunächst die eigenen wirtschaftlichen sowie außen- und sicherheitspolitischen Interessen zu definieren[53] und dann unter Beachtung des im Folgenden analysierten Rechtsrahmens mit seinen etwaigen

51 Begriff nach *Simonsen,* in: Wolffgang/Simonsen, AWR-Kommentar, Bd. 2, § 1 AWG, Rn. 30.

52 *Binding* beschrieb diese beiden klassischen Felder der Rechtswissenschaft 1915 in seinem Werk „Strafrechtliche und prozessuale Abhandlungen, Erster Band Strafrecht, München und Leipzig 1915“ auf Seite 46 mit den Worten: „Alle Wissenschaft des geltenden positiven Rechts aber hat eine doppelte Aufgabe zu Lösen: der Gegenwart das Bewusstsein ihrer Rechtszustandes zu vermitteln und der Zukunft besseres Recht vorzubereiten.“.

53 Vgl. auch *Petermann u. a.*, Präventive Rüstungskontrolle, S. 134.

Regelungsdefiziten konkrete Formulierungen – gegebenenfalls unter Berücksichtigung europäischer und internationaler Vorgaben – zu finden.

Der Aufbau dieser Arbeit orientiert sich an den Ergebnissen, die im Verlauf der Untersuchung des Dissertationsthemas gefunden wurden. Dieser lässt sich wie folgt skizzieren: Um die bestehenden Vorgaben für den Technologietransfer ermitteln zu können, werden im 1. Teil dieser Arbeit Definitionen, definitorische Schwierigkeiten und Regelungsgegenstände bei der außenwirtschaftlichen Beschränkung des Technologietransfers konventioneller Rüstungsgüter untersucht. Ein Erarbeiten dieser Grundlagen ist erforderlich, da der Begriff des Technologietransfers in der Literatur sehr uneinheitlich verwendet wird. Auch bei den Verhandlungen über den Waffenhandelsvertrag (Arms Trade Treaty) erzielten die Staaten bis zuletzt keine Einigung über die Beschreibung des Begriffs „Technologietransfer".

Im 2. Teil wird nach Grundsatzentscheidungen zur Regelung des Technologietransfers gefragt. Es wird zuerst die Verortung des Technologietransfers im deutschen Außenwirtschaftsrecht erörtert. Dabei wird deutlich, dass aus dieser Verortung der Grundsatz der Freiheit des Technologietransfers folgt. Hierauf aufbauend erfolgt eine Analyse der gegebenen Beschränkungs*möglichkeiten*. Hierbei wird schwerpunktmäßig auf die strittige Frage nach dem Verhältnis zum Unionsrecht eingegangen.

Der 3. Teil befasst sich mit den tatsächlich *bestehenden* Beschränkungen des Technologietransfers. Untersucht werden hier zunächst die Embargos als absolute Beschränkungen. Anschließend werden die Genehmigungsvorbehalte als relative Beschränkungen analysiert. Hier wird auf die im Exportkontrollregime Wassenaar-Abkommen bestehende politisch verbindliche Vorgabe eines Genehmigungsvorbehalts in den nationalen Rechtssystemen eingegangen sowie ihre Umsetzung in deutsches Recht untersucht. Ebenso sollen die Leitlinien zur Ausfüllung des Genehmigungsvorbehalts, also die Kriterien für die Genehmigungsentscheidung, genauer betrachtet werden. Auch wird auf die Umsetzung der Leitlinien in deutsches Recht eingegangen.

1. Teil: Definitionen, definitorische Schwierigkeiten und Regelungsgegenstand

Um die außenwirtschaftlichen Beschränkungen des Technologietransfers untersuchen zu können, ist zunächst eine Klarstellung des Begriffs „Technologietransfer“ notwendig. Betrachtet man die wenige, hierzu einschlägige Literatur, so fällt auf, dass keine einheitliche, hinreichend genaue Begriffsdefinition existiert. Vielmehr wird der Begriff „Technologietransfer“ oft im Zusammenhang mit den Begriffen „Know-how-Transfer“, „Lizenzvergabe“, „Koproduktion“, „Gemeinsame Entwicklung und Herstellung“, „Offset-Geschäft“, „Rüstungskooperation“ oder „Technische Unterstützung“ gebraucht, teils als Synonym, Oberbegriff oder auch Unterfall.[54]

Zur Erfassung des Begriffs „Technologietransfer“ wird zunächst der Teilbegriff „Technologie“ betrachtet. Dieser dient in den für den Technologietransfer konventioneller Rüstungsgüter einschlägigen Vorgaben auch als Grundlage für die Beschreibung des Regelungsgegenstands. Sodann werden die eben genannten Begriffe eingeordnet. Schwerpunktmäßig wird auf die relevanten Transfermodelle der Lizenzvergabe und der gemeinsamen Herstellung und Entwicklung eingegangen. Zuletzt werden Definitionsschwierigkeiten und ihre Lösungsmöglichkeiten am Beispiel der Verhandlungen zum Waffenhandelsvertrag „Arms Trade Treaty“ untersucht.

A. Umfassender, international einheitlicher Technologiebegriff und darauf aufbauender Regelungsgegenstand

Etymologisch betrachtet hat der Begriff „Technologie“ seinen Ursprung in dem griechischen Wort „τεχνολογία“ (*technologia*),[55] welches mit Wissenschaft von der Technik übersetzt wird. Denn „Technologie“ leitet sich von „τέχνη“ (*technē*)

---

54 *Breith* bezeichnete 1994 den Begriff „Technologietransfer“ als „schillernd und vielgestaltig“, *Breith*, Soldat und Technik, 10/1994, S. 509 (509).

55 Duden, Stichwort: Technologie, http://www.duden.de/node/725198/revisions/1067918/view, zuletzt abgerufen am 15.09.2016.

und „λόγος" (*logos*) ab,[56] und ersteres wird mit „Technik",[57] letzteres vor allem mit „Lehre" übersetzt.[58] Eine einheitliche, internationale Definition des Begriffs „Technologie" fehlt. *Neuneck/Mutz* beschreiben die Begriffe „Technik" und „Technologie" wohl auch deshalb als Sammelbegriffe.[59]

I. Definition des international einheitlichen Technologiebegriffs

Der Technologiebegriff des deutschen Außenwirtschaftsrechts findet sich in den Begriffsbestimmungen der Ausfuhrliste, der Anlage 1 zur Außenwirtschaftsverordnung[60]. Die Bestimmung des Begriffs „Technologie" der Ausfuhrliste lautet:

> „‚Technologie' […] (technology): spezifisches technisches Wissen, das für die ‚Entwicklung', ‚Herstellung' oder ‚Verwendung' eines Produkts nötig ist. Das technische Wissen wird in der Form von ‚technischen Unterlagen' oder ‚technischer Unterstützung' verkörpert."

Die unbestimmten Begriffe der Entwicklung, Herstellung und Verwendung werden ebenfalls in den Begriffsbestimmungen erläutert. So schließt Entwicklung (*development*) „alle Stufen vor der Serienfertigung ein, z. B. Konstruktion, Forschung, Analyse, Konzepte, Zusammenbau und Test von Prototypen, Pilotserienpläne, Konstruktionsdaten, Verfahren zur Umsetzung der Konstruktionsdaten ins Produkt, Konfigurationsplanung, Integrationsplanung, Layout". Herstellung (*production*) „schließt alle Fabrikationsstufen ein, z. B. Fertigungsvorbereitung, Fertigung, Integration, Zusammenbau, Kontrolle, Prüfung (Test), Qualitätssicherung.". Verwendung (*use*) meint den „Betrieb, Aufbau (einschließlich Vor-Ort-Aufbau), [sowie die] Wartung (Test), Reparatur, Überholung, Wiederaufarbeitung".

Der Technologiebegriff umfasst also alle Phasen der Entwicklung von Produkten, ihrer Herstellung, aber auch ihrer Verwendung bis hin zur Reparatur und Wiederaufarbeitung. Es sind damit „alle Kenntnisse und Erfahrungen, die von einer originären erfinderischen Idee – über alle Stadien der technischen Entwicklung zur Produktionsreife mit zusätzlichen Erfindungen, Umkonstruktionen, etc. – bis hin zu einem neuen Produkt oder Produktionsverfahren führen" gemeint.[61]

---

56 Duden, Stichwort: Technologie, http://www.duden.de/node/725198/revisions/1067918/view, zuletzt abgerufen am 15.09.2016.

57 Duden, Stichwort: Technik, http://www.duden.de/node/654501/revisions/1236971/view, zuletzt abgerufen am 15.09.2016.

58 Duden, Stichwort: Logos, http://www.duden.de/node/662052/revisions/1205997/view, zuletzt abgerufen am 15.09.2016.

59 *Neuneck/Mutz*, Vorbeugende Rüstungskontrolle, S. 125.

60 Anlage 1 Anlage AL zur Außenwirtschaftsverordnung, BGBl. I, 2398–2928.

61 *Ebert*, Technologietransfer, S. 23.

Nach dem Technologiebegriff wird Technologie nur in Form technischer Unterlagen oder technischer Unterstützung verkörpert. Andere Verkörperungen von Technologie, wie etwa nachbaufähige Rüstungsgüter, soweit sie nicht als Muster für einen Nachbau dienen sollen[62] und von technischen Unterlagen oder technischer Unterstützung begleitet werden, sind somit nicht vom Technologiebegriff erfasst. Die Ausfuhr von Rüstungsgütern wird jedoch durch die Vorschriften des Kriegswaffenkontrollrechts oder Außenwirtschaftsrechts geregelt, sodass hier keine Regelungslücke anzunehmen ist.

In den Anmerkungen zur Begriffsbestimmung „Technologie" werden Beispiele für die beiden Verkörperungen der Technologie – technische Unterlagen und technische Unterstützung –genannt. Danach können technische Unterlagen (*technical data*) „verschiedenartig sein, z. B. Blaupausen, Pläne, Diagramme, Modelle, Formeln, Tabellen, Konstruktionspläne und -spezifikationen, Beschreibungen und Anweisungen in Schriftform oder auf anderen Medien aufgezeichnet, wie Magnetplatten, Bänder oder Lesespeicher" (Anmerkung 1). Ohne in die Analyse der nationalen Beschränkungen des Technologietransfers einsteigen zu wollen – diese folgt im 3. Teil der Untersuchung – sei hier bereits angemerkt, dass es für die Übertragung der technischen Unterlagen nicht darauf ankommt, ob diese in Papierform oder auf elektronischem Wege übermittelt werden, § 2 Abs. 3 Nr. 2 AWG.[63]

Auch technische Unterstützung (*technical assistance*) „kann verschiedenartig sein, z. B. Unterweisung, Vermittlung von Fertigkeiten, Schulung, Arbeitshilfe, Beratungsdienste, und kann auch die Weitergabe von ‚technischen Unterlagen' einbeziehen." (Anmerkung 2). Die technische Hilfe kann „in Verbindung mit der Reparatur, der Entwicklung, der Herstellung, der Montage, der Erprobung, [oder] der Wartung" einhergehen, § 2 Abs. 16 S. 1 AWG. Auch mündliche, fernmündliche und elektronische Formen der Unterstützung sind erfasst, § 2 Abs. 16 S. 3 AWG.

Beide Technologieanmerkungen zählen für die technischen Unterlagen und die technische Unterstützung nur Beispiele auf. Diese Aufzählungen sind nicht abschließend. Anmerkung 2 stellt zudem klar, dass die technische Unterstützung die Weitergabe von technischen Unterlagen einbeziehen kann. Kombinationen dieser beiden Formen sind in der Praxis häufig anzutreffen.[64]

---

62 Vgl. *Ebert*, Technologietransfer, S. 24, Fn. 2.

63 S. hierzu auch 3. Teil B.II.1.a).

64 *Ebert*, Technologietransfer, S. 24.

Der Technologiebegriff des Wassenaar-Abkommens ist in dem Abschnitt „Definitions" in gleicher Weise wie in der Ausfuhrliste definiert. Auch hier folgen der Definition zwei Anmerkungen, in denen die gleichen Beispiele für technische Unterlagen und eine technische Unterstützung genannt werden. Der gleichlautende Technologiebegriff der Gemeinsamen Militärgüterliste der Europäischen Union findet sich im Abschnitt „Begriffsbestimmungen". Betrachtet man den Technologiebegriff also im Kontext des Untersuchungsthemas, dem Technologietransfer konventioneller Rüstungsgüter, ist durchaus ein gemeinsames Verständnis des Technologiebegriffs erkennbar.

II. Kontrollpflichtige Technologien

Nicht jede Technologie im Sinne des oben erörterten Technologiebegriffs ist auch kontrollpflichtig. Welche Technologie der Kontrollpflicht unterfällt, regelt Nr. 0022 des Teil I Abschnitt A der Ausfuhrliste. Unternr. 0022 b) zählt Technologie in fünf Kategorien auf, die sich kurz wie folgt zusammenfassen lassen: Technologie für Herstellungsanlagen für gelistete Rüstungsgüter, Technologie für antike Handfeuerwaffen, toxische Wirkstoffe (0007a–0007g), Biopolymere oder spezifische Wirkstoffe (0007h) und Biokatalysatoren (0007i1). In Unternr. 0022 a) der Ausfuhrliste ist Technologie gelistet, soweit sie nicht von Unternr. 0022 b) erfasst ist und

> „für die ‚Entwicklung', ‚Herstellung' oder ‚Verwendung' der von der Liste für Waffen, Munition und Rüstungsmaterial (Teil I A) erfassten Güter unverzichtbar ist".

Unternr. 0022 a) ist damit Auffangtatbestand für Technologie, die nicht bereits von Unternr. 0022 b) erfasst ist. Auf das im Auffangtatbestand der Unternr. 0022 a) aufgestellte Unverzichtbarkeitskriterium sowie auf die in den Anmerkungen zu Nr. 0022 generell von der Kontrollpflicht ausgenommen Fälle soll hier genauer eingegangen werden.

1. *Positives Kriterium der Unverzichtbarkeit der Technologie für die Entwicklung, Herstellung und Verwendung bestimmter Güter*

„Unverzichtbar" meint nach den Begriffsbestimmungen der Ausfuhrliste „den Teil der ‚Technologie', der besonders dafür verantwortlich ist, dass die erfassten Leistungsmerkmale, Charakteristiken oder Funktionen erreicht oder überschritten werden". Als besonders verantwortlich ist Technologie nach dem BAFA dann anzusehen, wenn sie alle wesentlichen Elemente enthält, die für die Aufnahme in die Güterliste bestimmend waren.[65] Ob wiederum die Technologieunterlagen alle wesentlichen Elemente umfassen, richtet sich danach, ob sie Informationen

65 BAFA, Technologietransfer und Non-Proliferation, S. 11.

enthalten, die zur Erfüllung der technischen Parameter der jeweils einschlägigen Ausfuhrlistenposition führen.[66] Diese Informationen des BAFA dienen so kaum der Präzisierung, sondern umschreiben nur vage die Begriffsbestimmung. Anmerkung 1 zu Nr. 0022 stellt klar, dass von Unternr. 0022 a) erfasste Technologie auch dann erfasst bleibt „wenn sie für Güter einsetzbar ist, die nicht von der Liste für Waffen, Munition und Rüstungsmaterial (Teil I A) erfasst werden".

Für die nach dem Wassenaar-Abkommen gelistete Technologie ist die ihm anhängende Militärliste[67] heranzuziehen. Die Position ML22 a. der Militärliste fungiert dabei wie Unternr. 0022 a) der Ausfuhrliste als Auffangtatbestand und schließt Technologie ein, die nicht unter b. fällt und für die Entwicklung, Produktion oder Anwendung von Gütern, die in der Militärliste enthalten sind, erforderlich ist. ML22 b. listet fünf verschiedenen Technologiekategorien auf, welche denen der Unternr. 0022 b) der Ausfuhrliste entsprechen. Gleiches gilt für die Gemeinsame Militärgüterliste der Europäischen Union. Dies hat einen entstehungsgeschichtlichen Hintergrund. Seit Beginn der Ausfuhrkontrolle wurde auf Warenlisten, sogenannte Ausfuhrlisten oder Güterlisten, Bezug genommen.[68] Diese Listen sind als sogenannte CoCom[69]-Liste in deutsches Recht, später auch in europäisches[70] Recht umgesetzt worden.[71]

66 BAFA, Technologietransfer und Non-Proliferation, S. 11 f.

67 Wassenaar Arrangement, Munitions List, http://www.wassenaar.org/control-lists/, zuletzt abgerufen am 15.09.2016.

68 *Wahren*, in: Hohmann/John, Kommentar Ausfuhrrecht, Teil 4, Erläuterungen zur Ausfuhrliste, Teil 1, Rn. 1.

69 Coordinating Committee on Multilateral Export Controls (Koordinationsausschuss für mehrseitige Ausfuhrkontrollen); vorher: Coordinating Committee for East West Trade Policy.

70 So ist heute sowohl die Begriffsdefinition als auch die Systematik der Listung der kontrollpflichtigen Technologie des Außenwirtschaftsrechts wortlautgleich mit jenen des Anhangs I der Verordnung (EG) Nr. 428/2009 des Rates vom 5. Mai 2009 über eine Gemeinschaftsregelung für die Kontrolle der Ausfuhr, der Verbringung, der Vermittlung und der Durchfuhr von Gütern mit doppeltem Verwendungszweck, ABl. 2009 L134/1 (Dual-Use-VO). Diese betrifft zwar nicht den Technologietransfer im Rahmen des Handels mit konventionellen Rüstungsgütern, sondern Technologien, die sowohl für militärische als auch für zivile Zwecke verwendet werden können (Art. 1 Dual-Use-VO). Dass sich die Begriffsbestimmungen und die Systematik der Listung in den Anhängen zur AWV und Dual-Use-VO decken, zeigt jedoch die jeweils konsequente Orientierung an einem einheitlichen Technologiebegriff.

71 *Wahren*, in: Hohmann/John, Kommentar Ausfuhrrecht, Teil 4, Erläuterungen zur Ausfuhrliste, Teil 1, Rn. 1.

2. Ausdrückliche, international anerkannte Ausnahmetatbestände

Dass Tatbestände von der Listung ausdrücklich ausgenommen werden, bedeutet im Umkehrschluss für den Technologiebegriff, dass die ausgenommenen Fälle sehr wohl Technologie darstellen, sie sollen nur nicht der Kontrollpflicht unterliegen. Nach Anmerkung 2 a) erfasst Nr. 0022 der Ausfuhrliste nicht Technologie, „die das unbedingt notwendige Minimum für Aufbau, Betrieb, Wartung und Reparatur derjenigen Güter darstellt, die nicht erfasst werden oder für die eine Ausfuhrgenehmigung erteilt wurde". Dies führt beispielsweise dazu, dass üblicherweise zur Ware gehörige Handbücher mitgenehmigt sind.[72] Diese sind daher bei der Antragstellung nicht gesondert aufzuführen.[73]

Gemäß Anmerkung 2 b) erfasst die Kontrollpflicht zudem nicht „‚Technologie', bei der es sich um ‚allgemein, zugängliche' Informationen, ‚wissenschaftliche Grundlagenforschung' oder für Patentanmeldungen erforderliche Informationen handelt". Allgemein zugänglich ist nach den Begriffsbestimmungen eine Technologie, „wenn sie ohne Beschränkung ihrer weiteren Verbreitung erhältlich ist". So sind Informationen allgemein zugänglich, wenn sie in Büchern oder Zeitschriften veröffentlicht wurden.[74] Werden Informationen weitergegeben, deren Publikation noch nicht erfolgt, sondern nur beabsichtigt ist, sind diese Informationen noch nicht als allgemein zugänglich anzusehen und folglich genehmigungspflichtig.[75] Eine spätere Publikation lässt die Genehmigungspflicht auch nicht nachträglich entfallen, da der maßgebliche Zeitpunkt für das Feststellen einer Genehmigungspflicht derjenige der Weitergabe ist.[76] Das Kriterium der allgemeinen Zugänglichkeit ist nicht zu strapazieren. So sind beispielsweise Dissertationen allgemein zugänglich, wenn sie in allgemein zugänglichen Fachbibliotheken eingestellt worden sind.[77] Eine allgemeine Zugänglichkeit wird in der Praxis jedoch verneint, wenn die Monografie lediglich über das Prüfungsamt oder den Betreuer beziehbar ist.[78] Copyright–Beschränken

72 *Wahren*, in: Hohmann/John, Kommentar Ausfuhrrecht, Teil 4, Erläuterungen zur Ausfuhrliste, Teil 1, Rn. 92.

73 *Wahren*, in: Hohmann/John, Kommentar Ausfuhrrecht, Teil 4, Erläuterungen zur Ausfuhrliste, Teil 1, Rn. 92.

74 BAFA, Technologietransfer und Proliferation, S. 12. Für weitere Beispiele und deren Erläuterungen (Internet, Intranet) s. *Wolffgang/Simonsen*, in: Ehlers u. a. (Hrsg.), Risikomanagement im Exportkontrollrecht, S. 107 (111 f.).

75 BAFA, Technologietransfer und Non-Proliferation, S. 12.

76 BAFA, Technologietransfer und Non-Proliferation, S. 12.

77 BAFA, Technologietransfer und Non-Proliferation, S. 13.

78 BAFA, Technologietransfer und Non-Proliferation, S. 13.

heben die allgemeine Zugänglichkeit nicht auf.[79] Wissenschaftliche Grundlagenforschung meint nach den Begriffsbestimmungen „experimentelle oder theoretische Arbeiten hauptsächlich zur Erlangung von neuen Erkenntnissen über grundlegende Prinzipien von Phänomenen oder Tatsachen, die nicht in erster Linie auf ein spezifisches praktisches Ziel oder einen spezifischen praktischen Zweck gerichtet sind".

Im Wassenaar-Abkommen werden die gleichen Fälle (Minimum-Technologie, allgemein zugängliche Informationen, Grundlagenforschung, Informationen für Patentanträge) von der Kontrollpflicht ausgenommen. Gleiches trifft auf den Regelungsgegenstand der Gemeinsamen Militärgüterliste der Europäischen Union (Position ML22) zu. Der Hintergrund hierfür ist – wie oben erläutert[80] – ein entstehungsgeschichtlicher.

III. Fazit

Betreffend den Technologietransfer konventioneller Rüstungsgüter existiert ein umfassender, entstehungsgeschichtlich erklärbarer, international einheitlicher Technologiebegriff. Es ist von einem spezifischen Wissen auszugehen. Aus der Definition lässt sich zudem die Wichtigkeit jeder Stufe des kommerziellen Unternehmens – von der Entwicklung bis hin zu Verwendung – ableiten. Hervorzuheben ist, dass nach den oben dargestellten Begriffsbestimmungen Technologie ausschließlich in der Form der technischen Unterlagen oder technischer Unterstützung vorliegen kann.

Der den Technologietransfer konventioneller Rüstungsgütern betreffende, ebenfalls international einheitliche Regelungsgegenstand baut auf dem Technologiebegriff auf. Er erfasst vor allem Technologie, die für die Entwicklung, Herstellung oder Verwendung der von der Liste (Teil I A) erfassten Güter unverzichtbar ist. Allgemein zugängliche Informationen, Grundlagenforschung, Informationen für Patentanmeldung sowie ein Minimum an Technologie werden dem Regelungsbereich ausdrücklich ausgenommen.

B. Technologietransfer und Abgrenzungen

Das Wort „Transfer" geht auf das lateinische Verb „*transferre*" (hinübertragen, übertragen) zurück.[81] In Zusammenschau mit der oben erfolgten etymologischen Herleitung des Begriffs „Technologie" meint „Technologietransfer" im Allgemeinen die

---

79 *Ehrlich,* in: Bieneck (Hrsg.), Außenwirtschaftsrecht, § 11, Rn. 6.

80 A.II.1.

81 Duden, Stichwort: transferieren, http://www.duden.de/node/644669/revisions/1221089/view, zuletzt abgerufen am 15.09.2016.

Weitergabe von technischem Wissen für die Anwendung im Produktionsprozess.[82] Wie oben bei der Definition des Technologiebegriffs dargestellt[83], kann Technologie in Form technischer Unterlagen oder technischer Unterstützung verkörpert sein. Die Transferformen orientieren sich an den Verkörperungen – es kommen ein Export von technischen Unterlagen oder das Leisten technischer Unterstützung in Betracht. Die genauen Vereinbarungen der Vertragspartner sind bei einem Technologietransfer in der Regel komplex und der Öffentlichkeit nicht zugänglich. Dies steht einer abschließenden Aufzählung der Gestaltungen eines Transfers[84] oder einer generalisierenden Einordnung[85] entgegen. Im Folgenden sollen aber verschiedene Begrifflichkeiten, die im Zusammenhang mit dem Technologietransfer verwendet werden, in Zusammenhang gesetzt beziehungsweise abgegrenzt werden.

I. Lizenzvergabe

1. Übertragung von Nutzungsrechten

Im internationalen Waffenhandel war die Lizenzvergabe bis in die frühen achtziger Jahre des 20. Jahrhunderts[86] das vorherrschende Modell für einen Technologietransfer,[87] das bereits in dieser Zeit den reinen Kauf fertiger Waffensysteme immer mehr in den Hintergrund drängte.[88] Bei der Lizenzvergabe werden weder komplette Waffensysteme noch einzelne Teile hieraus geliefert.[89] Vielmehr erwirbt der Lizenznehmer die erforderlichen Rechte, um das gewünschte Waffensystem selbst zu produzieren.[90]

---

82 Meyers Lexikon online, Artikel: Technologietransfer, http://web.archive.org/web/20080205041655/http://lexikon.meyers.de/meyers/Technologietransfer, zuletzt abgerufen am 15.09.2016. Für weitere Ausführungen zum allgemeinen Technologietransferbegriff s. *Stoll*, Technologietransfer Internationalisierungs- und Nationalisierungstendenzen, S. 2–7.

83 S. A.I.

84 So auch *Klare*, Int. Sec. 8/2 (1983), S. 68 (69).

85 *Ebert*, Technologietransfer, S. 24.

86 Für eine detaillierte Übersicht der Lizenzen, welche im Jahr 1984 gekauft wurden, zur Produktion genutzt wurden oder deren Nutzung zur Produktion im Jahr 1984 endete, s. *Brzoska/Ohlson*, in: SIPRI Yearbook 1985, S. 424–439 (Anhang 11C).

87 *Bitzinger*, Int. Sec. 19/2 (1994), S. 170 (175).

88 *Brzoska/Ohlson*, in: SIPRI Yearbook 1985, S. 345.

89 *Roeser*, Völkerrechtliche Aspekte des internationalen Handels mit konventionellen Waffen, S. 36.

90 *Roeser*, Völkerrechtliche Aspekte des internationalen Handels mit konventionellen Waffen, S. 36.

Inhalt und Ausgestaltung der Lizenzen sind gesetzlich nicht geregelt.[91] Die Vereinbarungen über Lizenzproduktionen können die unterschiedlichsten rechtlichen und organisatorischen Absprachen enthalten.[92] Bei einer einfachen Lizenzvergabe behält sich der Lizenzgeber das Recht vor, das lizenzierte Recht selbst weiter zu nutzen und es Dritten anzubieten.[93] Seltener sind alleinige Lizenzen, bei denen der Lizenzgeber zwar das Recht zur Nutzung des Rechts weiterhin behält, es jedoch nicht mehr an Dritte weitergeben darf,[94] oder auch die ausschließliche Lizenz, bei der nicht einmal der Lizenzgeber eigene Nutzungsrechte zurückbehält.[95] Weitere Abreden können die Lizenzproduktion in ihrem Umfang einschränken oder auch die Lizenzdauer, den Endgebrauch oder Endverbleib regeln.[96] Des Weiteren können Absprachen zu Qualitätsstandards[97] oder für die Situation, in welcher ein Vertragspartner das Produkt verbessert,[98] getroffen werden. Auch wird die Gegenleistung zur Lizenzvergabe, oft eine Lizenzgebühr, vereinbart,[99] die in einer einmaligen oder in einer auf Dauer angelegten Zahlung bestehen kann.

2. Übertragung technologischen Wissens

Die Übertragung der Nutzungsrechte führt jedoch nicht automatisch dazu, dass der Lizenznehmer dieses Recht auch tatsächlich nutzen kann. Deshalb geht mit der Lizenzvergabe oft die Übertragung technologischen Wissens einher. Diese kann in Form der Übermittlung technischer Unterlagen, z. B. solche zur Materialbearbeitung, Arbeitsmethodik und Betriebsorganisation,[100] erfolgen. Der Lizenzgeber wird jedoch, insbesondere bei Technologieerwerbern, die ihren Sitz

---

91 *Stumpf/Groß*, Lizenzvertrag, S. 35. Die Rechtsnatur des Lizenzvertrages ist nicht unumstritten. Man sah in diesem einen Rechtskauf, eine Miete, eine Pacht oder einen Gesellschaftsvertrag, *Stumpf/Groß*, Lizenzvertrag, S. 42 m.w.N. In letzter Zeit wird dieser überwiegend als ein Vertrag eigener Art betrachtet, der im Gesetz nicht ausdrücklich geregelt ist, *Burgstaller*, Patentrecht und Technologietransfer, S. 142; *Stumpf/Groß*, Lizenzvertrag, S. 43.

92 *Gimelli Sulashvili*, in: Berman u. a. (Hrsg.), Small Arms Survey Yearbook 2007, S. 7 (8).

93 Zu einfachen Lizenzen im Allgemeinen s. *Stumpf/Groß*, Lizenzvertrag, S. 56.

94 Zu alleinigen Lizenzen im Allgemeinen s. *Stumpf/Groß*, Lizenzvertrag, S. 55.

95 Zu ausschließlichen Lizenzen im Allgemeinen s. *Stumpf/Groß*, Lizenzvertrag, S. 55.

96 *Frank*, The Arms Trade in International Relations, S. 174; *Gimelli Sulashvili*, in: Berman u. a. (Hrsg.), Small Arms Survey Yearbook 2007, S. 7 (8).

97 *Stumpf/Groß*, Lizenzvertrag, S. 166.

98 *Stumpf/Groß*, Lizenzvertrag, S. 119.

99 Hierzu ausführlich *Stumpf/Groß*, Lizenzvertrag, S. 83–109.

100 *Neuneck/Mutz*, Vorbeugende Rüstungskontrolle, S. 148.

in Entwicklungsländern haben, oft weitergehende Pflichten als die Übermittlung von Unterlagen als Nebenpflichten übernehmen.[101] Solch weitergehende Pflichten sind beispielsweise die technische Unterstützung, so die Unterrichtung von Angestellten des Lizenznehmers oder die Entsendung von Ingenieuren, die den Aufbau und die Produktion überwachen. Aber auch die Lieferung einer bestimmten Anzahl eigener Produkte,[102] wie Werkzeuge, Maschinen und solche Produkte, die im Empfängerland selbst nicht hergestellt werden können, ist nicht ungewöhnlich.[103]

3. *Vor- und Nachteile*

Wie eingangs erläutert, sind die Vorteile eines Technologietransfers für die Technologiegeber und -nehmer vielfältig. Bei der Lizenzvergabe sind insbesondere für den Lizenzgeber die Reduktion der Entwicklungs- und Forschungskosten durch das zusätzliche Einkommen dank der Lizenzgebühr,[104] die größere politische Einflussnahme auf den Lizenznehmer[105] sowie die Möglichkeit einer stärkeren politischen und militärischen Kooperation und die Standardisierung der Militärgüter ausschlaggebend. Für den Lizenzgeber besteht neben dem Nachteil des möglichen Aufbaus eines neuen Konkurrenten[106] das Risiko einer Unterlizenzvergabe, also der Weitergabe des Wissens, sowie die Produktion mangelhafter Ware.[107] Für den Endverbraucher ist es nicht immer ersichtlich, wer die Waffe hergestellt hat, und so kann das Image des Originalherstellers beziehungsweise des Originalprodukts geschädigt werden.[108] Diese beiden Risiken sind zumindest theoretisch durch vertragliche Vereinbarungen einschränkbar.[109]

Die Vorteile für den Lizenznehmer sind vor allem der Technologiegewinn – ohne das Risiko eines Scheiterns von Forschungs- und Entwicklungsprojekten eingehen zu müssen –,[110] der Aufbau einer eigenen Waffenindustrie, wirtschaftliches Wachstum, Schaffung von Arbeitsplätzen, ebenfalls eine stärkere politische

101 *Stumpf/Groß*, Lizenzvertrag, S. 146.
102 *Stumpf/Groß*, Lizenzvertrag, S. 146.
103 *Stumpf/Groß*, Lizenzvertrag, S. 30.
104 *Gimelli Sulashvili*, in: Berman u. a. (Hrsg.), Small Arms Survey Yearbook 2007, S. 7 (12).
105 *Gimelli Sulashvili*, in: Berman u. a. (Hrsg.), Small Arms Survey Yearbook 2007, S. 7 (12).
106 *Gimelli Sulashvili*, in: Berman u. a. (Hrsg.), Small Arms Survey Yearbook 2007, S. 7 (12).
107 *Muchlinski*, Multinational Enterprises and the Law, S. 431.
108 *Gimelli Sulashvili*, in: Berman u. a. (Hrsg.), Small Arms Survey Yearbook 2007, S. 7 (12).
109 *Muchlinski*, Multinational Enterprises and the Law, S. 431.
110 *Susanek*, Joint Ventures, S. 66.

und militärische Zusammenarbeit sowie die Standardisierung von Rüstungssystemen.[111] Als nachteilig für den Lizenznehmer haben sich die langfristigen Kosten[112] und die politische Abhängigkeit[113] gezeigt.

4. *Beispiel einer Lizenzvergabe*

Ein Beispiel einer Lizenzvergabe ist die Geschichte des Sturmgewehrs G3 der Firma Heckler & Koch, welches seit 1959 das Standardgewehr der Bundeswehr ist. Einen vollständigen Überblick über die Lizenzvergaben und die Laufdauer der Lizenzen zu gewinnen, ist schwierig. Im Rüstungsexportbericht sind Lizenzvergaben nicht aufgeführt, da sie, ebenso wie Kaufverträge über Waffen, nicht Gegenstand der Ausfuhrkontrolle sind.[114] Vielmehr ist die Technologie Kontrollgegenstand. Nach einer Zusammenstellung[115] *Grässlins*, Sprecher der Deutschen Friedensgesellschaft – Vereinigte KriegsdienstgegnerInnen (DFG-VK), wurde die Lizenz für das G3, an Rüstungsunternehmen in 15 verschiedenen Ländern vergeben: Portugal (1961), Pakistan (1963), Schweden (1964), Norwegen (1967), Iran (1967), Türkei (1967), Saudi-Arabien (1969), Frankreich (1970), Thailand (1971), Brasilien (ca. 1976), Griechenland (1977), Mexiko (1979), Myanmar (1981), Philippinen (keine Angabe) und Malaysia (keine Angabe). In den siebziger und achtziger Jahren wurde wohl auch in der britischen Royal Small Arms Factory das Gewehr G3 gefertigt.[116] Nachfolger des G3 ist das Sturmgewehr G36 – nicht nur in technischer Hinsicht. Denn wie oben im Fall Saudi-Arabien gesehen[117], werden auch für dieses Sturmgewehr Lizenzen vergeben.

Die Lizenzvergaben sind bis heute folgenreich. Die Sturmgewehre G3 oder G36 finden sich – wie Medienberichte zeigen[118] – in zahlreichen Krisengebieten dieser Erde wieder: In Libyen, als Rebellen im Jahr 2011 beim Sturm einer Gaddafi-

111 *Gimelli Sulashvili*, in: Berman u. a. (Hrsg.), Small Arms Survey Yearbook 2007, S. 7 (12).
112 *Muchlinski*, Multinational Enterprises and the Law, S. 431.
113 *Gimelli Sulashvili*, in: Berman u. a. (Hrsg.), Small Arms Survey Yearbook 2007, S. 7 (12).
114 Da die konkreten Ausfuhren, die zur Erfüllung solcher Lizenzverträge notwendig sind, Gegenstand der Ausfuhrkontrolle sind, sieht die Bundesregierung hier keine Kontrolllücke (BT-Drs. 17/4383, S. 5).
115 *Grässlin*, Versteck dich, wenn sie schießen, S. 365.
116 *Grässlin*, Versteck dich, wenn sie schießen, S. 365.
117 S. Einleitung, A.
118 Zusammenstellung mit weiteren aktuellen Beispielen unter http://www.tagesspiegel.de/weltspiegel/sonntag/heckler-und-koch-von-libyen-bis-iran-15-beispiele-wohundk-waffen-benutzt-werden/8620102-4.html, zuletzt abgerufen am 15.09.2016.

Residenz eine große Stückzahl G36 erbeuteten,[119] in den Händen georgischer Spezialkräfte in Südossetien,[120] in Unruheprovinzen Mexikos,[121] in Propagandavideos der Taliban aus dem Swat-Tal in Pakistan[122]. Nicht nur ermöglichen Lizenzvergaben eine unkontrollierte Verbreitung von Waffen, sondern auch den Aufbau einer eigenen Waffenindustrie in zahlreichen Ländern. Die Quellen für Waffen multiplizieren sich damit.[123]

5. *Fazit*

Festzuhalten ist, dass die Lizenzvergabe als solche nicht ein Fall des Technologietransfers ist. Vielmehr handelt es sich bei der Lizenzvergabe um eine Übertragung der Nutzungsrechte. Da diese allein oft nicht dazu führt, dass der Erwerber die Rechte auch tatsächlich nutzen kann, geht die Lizenzvergabe aber oft mit einem Technologietransfer einher. Der Transfer kann sich dabei auf beide Verkörperungen von Technologie – technische Unterlagen und technische Unterstützung – beziehen. Der bei einer Lizenzvergabe einhergehende Technologietransfer zeichnet sich dadurch aus, dass er in der Regel nur in eine Richtung stattfindet.[124] Die oben dargestellten Vor- und Nachteile eines Technologietransfers im Rahmen der Lizenzvergabe sind vielfältig. Betrachtet man die Technologiegeberseite, so stehen hauptsächlich wirtschaftliche Vorteile schwer vorhersehbaren außen- und sicherheitspolitischen Risiken gegenüber. Dies zeigen beispielsweise die Folgen des mit der Lizenzvergabe einhergegangenen Technologietransfers im Fall des Sturmgewehrs G3 beziehungsweise G36.

---

119 Zum Beispiel http://www.sueddeutsche.de/politik/g-gewehre-in-libyen-gefunden-gaddafis-truppen-schiessen-mit-deutschen-waffen-1.1137489, zuletzt abgerufen am 15.09.2016.

120 Zum Beispiel http://www.swr.de/report/deutsche-kriegswaffen-im-kaukasus/-/id=233454/did=3743458/nid=233454/1qwf32t/index.html, zuletzt abgerufen am 15.09.2016.

121 Zum Beispiel http://www.zeit.de/wirtschaft/unternehmen/2015-05/g-36-heckler-koch-untersuchungsausschuss, zuletzt abgerufen am 15.09.2016.

122 Zum Beispiel http://www.welt.de/politik/ausland/article4983378/Taliban-kaempfen-mit-modernen-deutschen-Waffen.html, zuletzt abgerufen am 15.09.2016.

123 *Gimelli Sulashvili*, in: Berman u. a. (Hrsg.), Small Arms Survey Yearbook 2007, S. 7 (12). In den Worten *Ranaus*: „Käufer von heute sind die Produzenten von morgen und wiederum die Verkäufer von übermorgen.“, *Ranau*, AW-Prax 2013, S. 154 (156).

124 *Bitzinger*, Int. Sec. 19/2 (1994), S. 170 (176).

II. Gemeinsame Entwicklung und Herstellung

1. *Technologieweitergabe*

Aufgrund wachsender Forderungen der Technologie gebenden Länder nach einer Teilung der Kosten und Risiken für die Entwicklung und Herstellung von Waffen, sowie um einen Technologietransfer in beide Richtungen zu ermöglichen, wurde die gemeinsame Entwicklung und Herstellung in den frühen achtziger Jahren des vergangenen Jahrhunderts immer beliebter. Diese ist wie die Lizenzvergabe ein Modell, das in der Regel mit der Weitergabe von Technologie einhergeht. Diese Weitergabe kann sich auch hier auf beide Formen – die technischen Unterlagen und die technische Unterstützung – beziehen.[125] Die Zusammenarbeit muss nicht immer ganze Waffensysteme betreffen, sondern wird auch bei der Entwicklung und Herstellung von Komponenten oder Subsystemen eingesetzt.[126] Bei der Koproduktion wird beispielsweise dem späteren Erwerber ein Teil des Herstellungsvorganges zur Durchführung übertragen.[127] So liefert der Verkäufer zum Beispiel eigens hergestellte Teile an den Käufer, der diese dann zu einem fertigen Produkt zusammensetzt.[128]

In der Regel handelt es sich bei Koproduktionen um eine Zusammenarbeit zweier Wettbewerber unterschiedlicher Wirtschaftsstufen,[129] mithin um eine vertikale Kooperation.[130] Bei der Zusammenarbeit zwischen Wettbewerbern gleicher Wirtschaftsstufen spricht man dagegen von einer horizontalen Kooperation.[131] Ein Beispiel für solch eine horizontale Kooperation ist die Zusammenarbeit bereits im Entwicklungsstadium eines neuen Waffensystems (co-development).[132] Die gemeinsame Entwicklung ermöglicht beiden Seiten ihre Vorstellungen von dem Endprodukt bereits bei der Planung mit einzubringen.[133] In manchen Fällen

---

125 *Parker*, Int. Sec. 23/4 (1999), S. 119 (133).

126 *Bitzinger*, Int. Sec. 19/2 (1994), S. 170 (184).

127 *Roeser*, Völkerrechtliche Aspekte des internationalen Handels mit konventionellen Waffen, S. 36.

128 *Roeser*, Völkerrechtliche Aspekte des internationalen Handels mit konventionellen Waffen, S. 36.

129 *Parker*, Int. Sec. 23/4 (1999), S. 119 (124).

130 Gabler Wirtschaftslexikon, Stichwort: Kooperation, http://wirtschaftslexikon.gabler.de/Archiv/7992/kooperation-v11.html, zuletzt abgerufen am 15.09.2016.

131 Gabler Wirtschaftslexikon, Stichwort: Kooperation, http://wirtschaftslexikon.gabler.de/Archiv/7992/kooperation-v11.html, zuletzt abgerufen am 15.09.2016.

132 *Parker*, Int. Sec. 23/4 (1999), S. 119 (124).

133 *Roeser*, Völkerrechtliche Aspekte des internationalen Handels mit konventionellen Waffen, S. 36.

wird auch eine gemeinsame (Tochter)gesellschaft (Joint Venture) gegründet, der die Entwicklung, Herstellung und der Vertrieb eines noch zu fertigenden neuen Waffensystems übertragen wird.[134]

2. *Vor- und Nachteile*

Ein entscheidender Vorteil des Technologietransfers im Rahmen einer gemeinsamen Entwicklung und Koproduktion ist die Kostenersparnis für beide Vertragspartner.[135] Das wirtschaftliche Ziel der Kostenreduktion lässt sich durch Senkung der System- und Stückkosten erreichen,[136] welche bei einer Anhebung der Produktionsmenge eintritt. Zugleich wird Doppelarbeit vermieden, und die Exportchancen steigen aufgrund der Multinationalität der Produkte.[137] Bei den Technologietransfers innerhalb der North Atlantic Treaty Organization (NATO) und der Europäischen Union spielt die Herstellung der Kompatibilität der verschiedenen Waffensysteme eine immer größere Rolle.[138] Zudem wächst durch den Austausch auch die Identifikation mit einer gemeinsam definierten Sicherheitsvorstellung.[139] Auf den Zusammenhang zwischen technologischem Austausch und der Herstellung einer guten Beziehung hat *Golich* bereits hingewiesen:

> „Sharing technology could be a confidence-building measure that serves to generate a critical ingredient for stable transnational joint ventures-trust.“.[140]

---

134 *Oeter*, Neutralität und Waffenhandel, S. 245.

135 *Brzoska u.* a., in: SIPRI Yearbook 1985, S. 237; *Frank*, The Arms Trade in International Relations, S. 175; *Gimelli Sulashvili*, in: Berman u. a. (Hrsg.), Small Arms Survey Yearbook 2007, S. 7 (10); *Parker*, Int. Sec. 23/4 (1999), S. 119 (123).

136 *Schmidt*, in: Huber u. a. (Hrsg.), European and Transatlantic Armaments Cooperation, S. 13 (14).

137 *Schmidt*, in: Huber u. a. (Hrsg.), European and Transatlantic Armaments Cooperation, S. 13 (14).

138 *Benson*, Int. Sec. 3/4 (1979), S. 3 (16); *Dawkins*, in: Cahn/Kruzel/Dawkins/Huntzinger (Hrsg.), Arms Trade, S. 119; *Klare*, Int. Sec. 8/2 (1983), S. 68 (75); zur Herstellung der Kompatibilität von Waffensystemen im Rahmen von Rüstungskooperationen s. auch *Schmidt*, in: Huber u. a. (Hrsg.), European and Transatlantic Armaments Cooperation, S. 13 (20).

139 *Schmidt*, in: Huber u. a. (Hrsg.), European and Transatlantic Armaments Cooperation, S. 13 (14); ähnlich *Pankratz*, Europäische Rüstungskooperation, S. 91. Er spricht von einer Vertiefung sicherheitspolitischer Strukturen.

140 *Golich*, Int. Org. 46/4 (1992), S. 899 (927).

3. Beispiel einer gemeinsamen Entwicklung und Herstellung

Ein Beispiel einer gemeinsamen Entwicklung und Herstellung ist das Projekt des Eurofighter Typhoon, einem Mehrzweckkampfflugzeug der Bundesrepublik Deutschland, Großbritanniens, Italiens und Spaniens.[141] Um dieses Projekt zu managen, wurde im Jahr 1986 in München die Eurofighter Jagdflugzeug GmbH gegründet.[142] In jedem Staat werden Komponenten für das Kampfflugzeug hergestellt und Teilsysteme montiert.

Bei der Ausfuhr des Endprodukts aus einem Kooperationsstaat ist die Bundesrepublik Deutschland nicht an der Genehmigungsentscheidung beteiligt.[143] Der Export von Kooperationsprodukten fällt vielmehr in die ausschließliche wirtschaftliche und rechtliche Verantwortung desjenigen Kooperationspartners, in dem das Endprodukt hergestellt wird.[144]

4. Fazit

Der Begriff der gemeinsamen Entwicklung und Herstellung ist ebenso wenig wie der Begriff der Lizenzvergabe dem des Technologietransfers gleichzusetzen. Die gemeinsame Entwicklung und Herstellung ist jedoch ein Modell, das in der Regel mit der Weitergabe von Technologie einhergeht. Die Weitergabe kann sich auch hier auf beide Formen – die technischen Unterlagen und die technische Unterstützung – beziehen. Den wirtschaftlichen Vorteilen des Technologietransfers stehen – wie das oben angeführte Beispiel zeigt – auch hier außen- und sicherheitspolitische Risiken gegenüber, da die Genehmigungsentscheidung über das fertig hergestellte Produkt nicht allen Kooperationspartnern obliegt. Vielmehr trifft der Staat, in dem das Produkt fertig hergestellt wurde, alleine die Entscheidung.

III. Uneinheitlicher Begriff des Know-how-Transfers

Der Begriff des Know-hows wird nicht einheitlich verwendet. So wird unter Know-how teils nur warenunabhängige Technologie, beispielsweise in Form von

---

141 https://www.eurofighter.com/about-us, zuletzt abgerufen am 15.09.2016.

142 https://www.eurofighter.com/about-us, zuletzt abgerufen am 15.09.2016.

143 Auf die Kleine Anfrage der Fraktion DIE LINKE, BT-Drs. 16/2483, Frage 6 „Wurde die Bundesregierung im Vorfeld der Vertragsunterzeichnung zwischen der britischen und saudischen Regierung zu diesem Geschäft von einer der beiden Seiten konsultiert […]?“ antwortete die Bundesregierung mit „Nein.“.

144 Deutscher Bundestag, Stenographischer Bericht, 150. Sitzung, Plenarprotokoll 8/150, S. 12003.

Schulungen, gefasst.[145] Diese Meinung verbindet mit einem Know-how-Transfer also vor allem technische Unterstützung.

Nach einer anderen Ansicht handelt es sich bei Know-how „um technische, kaufmännische und betriebswirtschaftliche Kenntnisse und Erfahrungen, deren Benutzung dem Know-how-Nehmer Produktion und Vertrieb von Gegenständen, aber auch sonstige betriebliche Tätigkeiten, wie Organisation und Verwaltung, gestatten beziehungsweise ermöglichen“.[146] Nach dieser Definition schließt Know-how also weitaus mehr ein als technologisches Wissen, so auch Kenntnisse der Organisation und Verwaltung. Auf die Verkörperung dieses Wissens – ausschließlich in technischer Unterstützung wie erstgenannte Meinung oder auch in technischen Unterlagen – wird nicht näher eingegangen. Nach dieser Ansicht ist Know-how jedoch ausschließlich Wissen, das nicht durch gewerbliche Schutzrechte geschützt ist.[147]

Im internationalen Handel mit konventionellen Rüstungsgütern wird wohl schwerpunktmäßig Technologie geschützter Produkte übertragen, sodass hier nicht von einem Know-how-Transfer nach der zweiten Auffassung gesprochen werden kann. Der Technologietransfer kann jedoch einhergehen mit einem Know-how-Transfer, gerade im organisatorischen Bereich.[148]

IV. Uneinheitlicher Begriff der Kooperation

Der Begriff der Kooperation wird in vielen einschlägigen Enzyklopädien und Wörterbüchern der politikwissenschaftlichen Literatur nicht erwähnt.[149] Eine Meinung fasst verschiedene Definitionsansätze zusammen und versteht unter Kooperation das Zusammenarbeiten beziehungsweise Zusammenwirken mehrerer Akteure, die gemeinsame Ziele verfolgen und den eigenen Nutzen auf den des Kooperationspartners abstimmen.[150] Zudem wird als Ziel vorwiegend die Vermeidung von Konfrontationen oder Konflikten verstanden (negativer Kooperationsbegriff).[151]

Im Rüstungsbereich wird der Begriff der Kooperation teils eng, teils auch weit verwendet – von „jegliche[r] Zusammenarbeit auf dem Gebiet der Rüstung“ bis

---

145 *Rosiny*, RIW 9/1990, S. 702 (702).

146 *Stumpf/Groß*, Lizenzvertrag, S. 41.

147 *Stumpf/Groß*, Lizenzvertrag, S. 41; so auch *Busche*, in: Paschke/Graf/Olbrisch (Hrsg.), Hamburger Handbuch des Exportrechts, Abschnitt 11, Rn. 50.

148 S. hierzu auch die Ausführungen zur Lizenzvergabe, B.I.

149 *Pankratz*, Europäische Rüstungskooperation, S. 77 m.w.N.

150 *Pankratz*, Europäische Rüstungskooperation, S. 78.

151 *Pankratz*, Europäische Rüstungskooperation, S. 79.

hin zur „gemeinsamen Entwicklung und Produktion von Rüstungsgütern".[152] Unter den Begriff „Kooperation" können beispielsweise Joint Ventures[153], gemeinsame Entwicklung und Ausgleichsgeschäfte fallen.[154] Je nachdem, wie weit oder eng der Kooperationsbegriff gefasst wird, fällt auch die Lizenzproduktion unter diesen Begriff[155] oder wird von der Literatur als Form des nichtgemeinschaftlichen Technologietransfers behandelt[156]. Für eine Behandlung als Kooperationsform spricht, dass der mit der Lizenzvergabe einhergehende Technologietransfer ein gewisses Maß an struktureller und organisatorischer Zusammenarbeit[157] benötigt. Für eine Behandlung als nichtgemeinschaftlicher Technologietransfer lässt sich hingegen anführen, dass der Technologietransfer bei einer Lizenzvergabe in der Regel nur in eine Richtung stattfindet, nämlich vom Lizenzgeber hin zum Lizenznehmer.[158]

Letztlich hilft die Einordnung von Transfermodellen als Kooperationsform oder Nichtkooperationsform bei der Auflösung der Kollision zwischen der Außenwirtschaftsfreiheit und der Außen- und Sicherheitspolitik nicht weiter, sodass der Streit hier keiner Entscheidung bedarf. Festzuhalten ist aber, dass der Kooperationsbegriff sehr uneinheitlich verwendet wird und einen Technologietransfer einschließen kann oder auch nicht.

V. Einordnung des Offset-Geschäfts

Abzugrenzen ist der Begriff des Technologietransfers von dem des Offset-, Kompensations-, oder Gegengeschäfts. Dies sind Geschäfte, in denen nicht nur Geld, sondern auch Waren oder Dienstleistungen als Bezahlung akzeptiert werden. Zu unterscheiden ist zwischen dem direkten und dem indirekten Offset-Geschäft.[159]

---

152 Vgl. die Darstellung bei *Pankratz*, Europäische Rüstungskooperation, S. 84 f. m.w.N.

153 Das UNCTAD Sekretariat organisierte 1988 einen Workshop zum Thema „Joint ventures as a channel for the transfer of technology" um die praktischen Aspekte des Technologietransfers anhand einiger Beispielsfälle im Rahmen von Joint Ventures zu analysieren, s. hierzu die Aufsatzsammlung mit gleichnamigen Titel von 1990, UNCTAD/ITP/TEC/9.

154 *Neuneck/Mutz*, Vorbeugende Rüstungskontrolle, S. 164.

155 So z. B. *Neuneck/Mutz*, Vorbeugende Rüstungskontrolle, S. 164; *Pankratz*, Europäische Rüstungskooperation, S. 85.

156 So z. B. *Parker*, Int. Sec. 23/4 (1999), S. 119 (124).

157 Zur vertraglichen Ausgestaltung solcher Rüstungskooperationen vgl. *Breith*, Soldat und Technik, 10/1994, S. 509 (509–512).

158 S. B.I.5.

159 *Behera*, Strategic Analysis, 33/2 (2009), S. 242 (242).

Bei einem indirekten Offset-Geschäft weist die Kompensation zu dem aktuellen Waffengeschäft keinen Bezug auf.[160] So verlangt zum Beispiel der Käufer, dass der Verkäufer im Gegenzug zu dem Waffengeschäft Güter der Landwirtschaft oder industrielle Güter, die nicht der Verteidigung dienen, erwirbt.

Das direkte Offset-Geschäft bezeichnet eine Vereinbarung, die sich auf das Exportprodukt bezieht.[161] Hier sind verschiedene Absprachen denkbar und auch in der Praxis vertreten. Beispielsweise übernimmt der Käufer als Gegenleistung die teilweise Herstellung des Produkts.[162] Dabei kann auch zur Bedingung gemacht werden, dass der Verkäufer Technologie auf den Käufer überträgt.[163] Offset-Geschäfte können also zu einer Lizenzproduktion[164] oder auch gemeinsamen Entwicklung und Herstellung des Produkts[165] führen. Direkte Offset-Geschäfte stehen somit in einem engen Zusammenhang mit Kooperationen[166] und Technologietransfers[167]. Tatsächlich bedingen Offset-Geschäfte aber nicht notwendigerweise einen Technologietransfer. So können als direkte Offset-Geschäfte auch Investitionen im Abnehmerland, Vergabe von Unteraufträgen an die Industrie des Abnehmerlandes oder eine Exporthilfe vereinbart werden.[168]

VI. Weitere Abgrenzungen zu hier nicht einschlägigen Technologiediffusionen

Bei ausländischen Direktinvestitionen bleibt die Technologie unter Kontrolle des Technologieinhabers.[169] Ein Technologietransfer, wie er nach oben gemachten Ausführungen verstanden wird, findet somit nicht statt. Auch Imitationen entsprechen dem hier beschriebenen Verständnis eines Technologietransfers nicht. Bei Imitationen analysiert der Imitator das zu imitierende Produkt, beispielsweise durch Zerlegung in seine Einzelteile, und versucht die dem Produkt zugrunde liegende

---

160 *Behera*, Strategic Analysis, 33/2 (2009), S. 242 (242); *Gimelli Sulashvili*, in: Berman u. a. (Hrsg.), Small Arms Survey Yearbook 2007, S. 7 (12).

161 *Behera*, Strategic Analysis, 33/2 (2009), S. 242 (242).

162 *Gimelli Sulashvili*, in: Berman u. a. (Hrsg.), Small Arms Survey Yearbook 2007, S. 7 (12).

163 *Behera*, Strategic Analysis, 33/2 (2009), S. 242 (242). Solche Geschäfte erfreuen sich immer größerer Beliebtheit, *Hammond*, Countertrade, Offsets and Barter, S. 37.

164 *Gimelli Sulashvili*, in: Berman u. a. (Hrsg.), Small Arms Survey Yearbook 2007, S. 7 (12).

165 *Lahti*, Gegengeschäfte, S. 27; *Parker*, Int. Sec. 23/4 (1999), S. 119 (123).

166 *Parker*, Int. Sec. 23/4 (1999), S. 119 (123).

167 *Hammond*, Countertrade, Offsets and Barter, S. 37.

168 *Lahti*, Gegengeschäfte, S. 27.

169 *Muchlinski*, Multinational Enterprises and the Law, S. 432; vgl. auch *Pausenberger*, in: Dichtl/Issing (Hrsg.), Exportnation Deutschland, S. 200 (206).

Technologie herauszufinden.[170] Dies kann legal oder illegal erfolgen, je nachdem, ob das Produkt geschützt ist oder nicht.[171] In jedem Fall liegt bei solchen Imitationen kein Technologietransfer im Sinne dieser Untersuchung vor, da die Technologie nicht in Form technischer Unterlagen oder technischer Unterstützung übergeben wird. Eine (zielgerichtete, freiwillige)[172] Übergabe findet gerade nicht statt. Nicht Gegenstand der Arbeit ist ferner der *illegale* Technologietransfer[173], beispielsweise in Form von Spionage, Bestechung oder Erpressung der Mitarbeiter in Wirtschaftsunternehmen oder staatlichen Organisationen. Hier mangelt es ebenso an einer zielgerichteten, freiwilligen Übergabe. Diese Fälle unterliegen den Vorschriften des Strafrechts, dem Gesetz gegen unlauteren Wettbewerb und können zivilrechtliche Unterlassungs- und Schadensersatzansprüche begründen.

VII. Fazit

Technologie kann in vielen verschiedenen Formen verkörpert sein; die Transfermöglichkeiten sind vielfältig. Im internationalen Handel mit konventionellen Rüstungsgütern sind die Lizenzvergabe sowie die gemeinsame Entwicklung und Herstellung besonders relevante Modelle für einen Technologietransfer. Bei der Lizenzvergabe erwirbt ein Vertragspartner die erforderlichen Rechte, um das gewünschte Rüstungsgut selbst zu produzieren. Die Übertragung führt jedoch nicht automatisch dazu, dass der Lizenznehmer dieses Recht nutzen kann. Daher wird zusätzlich oft Technologie in Form technischer Unterlagen oder technischer Unterstützung übertragen. Den vielfältigen Vorteilen eines Technologietransfers im Rahmen einer Lizenzvergabe stehen auch vielfältige Nachteile, insbesondere im außen- und sicherheitspolitischen Bereich entgegen.

Die gemeinsame Entwicklung und Herstellung bietet sich insbesondere in Kooperationen wie dem NATO-Verbund oder der Europäischen Union zur Herstellung von kompatiblen Rüstungssystemen an. Auch hier kann Technologie in Form der technischen Unterlagen oder technischer Unterstützung übertragen werden. Nachteilig kann insbesondere die fehlende Kontrolle über das Endprodukt sein, denn die diesbezügliche wirtschaftliche und sicherheitspolitische Verantwortung liegt bei demjenigen Kooperationspartner, in dessen Land das Endprodukt hergestellt wird.

---

170 *Helmschrott,* Technologietransfer, S. 7.

171 *Helmschrott,* Technologietransfer, S. 7.

172 Auch nach dem Verständnis *Breiths* vom Technologietransfers ist eine planvolle und freiwillige Übertragung erforderlich, *ders.*, Soldat und Technik, 10/1994, S. 509 (509).

173 Bei Interesse s. *Wamers* Werk „Illegaler Technologietransfer" aus der Reihe „Organisierte Kriminalität in Deutschland".

Der Technologietransfer kann mit einem Know-how-Transfer, also einem Transfer nicht geschützten Wissens – gerade im organisatorischen – Bereich einhergehen und kann verschiedene Stufen der Kooperation erreichen. Der Technologietransfer kann, muss aber nicht im Rahmen eines Offset-Geschäfts stattfinden. Der in dieser Untersuchung verwendete Begriff des Technologietransfers umfasst nicht Direktinvestitionen, Imitationen und den illegalen Technologietransfer.

C. Definitionsschwierigkeiten und Lösungsansätze am Beispiel der Verhandlungen über den Waffenhandelsvertrag (Arms Trade Treaty)

Die Verhandlungen zum Waffenhandelsvertrag lohnen einer näheren Betrachtung, da die Einbeziehung des Technologietransfers in den Anwendungsbereich des Vertrags Gegenstand der Verhandlungen war und die definitorischen Schwierigkeiten hier deutlich zu Tage traten. Diskutiert wurde nicht nur die Listung militärbezogener Technologie als Regelungsgegenstand. Auch die Erfassung des Technologietransfers und des Transfermodels Lizenzproduktion als Aktivitäten wurden überlegt und finden sich im Non-Paper des Vorsitzenden Roberto García Moritán vom 14. Juli 2011[174] bei der Definition des Anwendungsbereichs wieder.

I. Technologie als gelistete Kategorie

Nach Ziff. 1 (l) wird Technologie und Ausrüstung erfasst, welche spezifisch und ausschließlich entwickelt wurde und verwendet wird, um Güter der Kategorien (a) bis (k) zu entwickeln, herzustellen oder zu erhalten:

> „1. For the purposes of this Treaty, conventional arms shall include any items that fall within the following categories:
> (a) Tanks; (b) Military vehicles; (c) Artillery systems; (d) Military aircraft (manned or unmanned); (e) Military helicopters (manned or unmanned);
> (f) Naval vessels (surface and submarine vessels armed or equipped for military use);
> (g) Missiles and missile systems (guided or unguided);
> (h) Small arms;
> (i) Light weapons; (j) Ammunition for use with weapons referred to in paragraphs (a) to (i); (k) Parts or components specially and exclusively designed for any of the categories set out in paragraphs (a) to (j);

---

174 Dem Bericht des vorbereitenden Ausschusses für die Konferenz über einen Waffenhandelsvertrag (A/CONF.217/1 vom 7. März 2012) der Generalversammlung hängt in Anhang II das inoffizielle Dokument des Vorsitzenden Roberto García Moritán (Argentinien) vom 14. Juli 2011 an.

(l) *Technology and equipment specially and exclusively designed and used to develop, manufacture or maintain any of the items in the categories set out in paragraphs (a) to (k).".*[175]

Der hier unternommene Versuch, Technologie kontrollpflichtig zu stellen, weist Parallelen zu dem oben dargestellten[176] Technologiebegriff im Wassenaar-Abkommen, der Güterliste der Europäischen Union und der Ausfuhrliste auf. Nach diesen ist Technologie „spezifisches technisches Wissen, das für die ‚Entwicklung', ‚Herstellung' oder ‚Verwendung' eines Produkts nötig ist.". Allein der Zweck „Verwendung" wurde im Entwurf für den Waffenhandelsvertrag ausgespart und stattdessen die „Erhaltung" als relevanter Zweck aufgenommen. Die „Erhaltung" stellt ein Minus zur „Verwendung" dar, da letztere nach den Begriffsbestimmungen der Ausfuhrliste den Betrieb, Aufbau, die Wartung, Reparatur, Überholung und Wiederaufarbeitung umfasst. Jedenfalls der Betrieb und der Aufbau lassen sich nicht unter den Begriff „Erhaltung" fassen.

Die beiden Verkörperungen nach dem international einheitlichen Technologiebegriff – technischen Unterlagen und technischer Unterstützung – werden im Entwurf für den Waffenhandelsvertrag nicht aufgegriffen. Auch fehlt es hier an Ausnahmetatbeständen (Minimum-Technologie, wissenschaftliche Grundlagenforschungen, Informationen für die Patentanmeldung) der kontrollpflichtigen Technologie. Die Nennung von Ausnahmetatbeständen hätte die Akzeptanz der an dem Waffenhandelsvertrag beteiligten Staaten zur Aufnahme des Technologietransfers fördern können.

II. Lizenzproduktion und Technologietransfer als gelistete Aktivitäten

Nach Ziff. 2 (e) und (f) sollen auch die Lizenzproduktion *(manufacture under foreign licence)* und der Technologietransfer *(technology transfer)* als Aktivitäten neben dem Export erfasst sein.

1. Lizenzproduktion

Die Lizenzproduktion wird im Vertragsentwurf in Anhang A wie folgt definiert:

"(c) Manufacture under foreign license: An agreement whereby a person or entity in the exporting State grants a person or entity in the importing State an authorisation to manufacture conventional arms that involves technology transfer or the use of technology of conventional arms previously supplied by the exporting State"

175 Betonung hinzugefügt.

176 A.I.

Eine kontrollierte Aktivität soll nach dem hier vorliegenden Vertragsentwurf die Lizenzvereinbarung sein, soweit diese einen Technologietransfer oder die Verwendung von Technologie mit einschließt. Die Listung der Lizenzproduktion als eigene Aktivität wurde von einigen der verhandelnden Staaten als überflüssig kritisiert.[177] Es erschließt sich nicht, warum bereits die Lizenzvereinbarung, also die Übertragung der Nutzungsrechte für die Technologie, eine zu kontrollierende Aktivität sein soll. Wollte man diesen frühen Ansatzpunkt für die Kontrolle auf den Export fertig hergestellter Rüstungsgüter übertragen, so müsste bereits der Waffenhandelsvertrag einer Kontrolle unterstellt werden. Beim Abschluss solch einer Vereinbarung treten die mit dem Technologietransfer verbundenen Risiken gerade noch nicht ein. Diese werden lediglich vorbereitet. Der Ansatzpunkt für die Kontrolle erscheint hier zu früh gewählt.

2. *Technologietransfer*

Der Technologietransfer wird im Vertragsentwurf in Anhang A wie folgt definiert:

> "(d) Technology transfer: The export, by tangible or intangible means, of information that is required for the design, development, production, manufacture, assembly, operation, repair, testing, maintenance or modification of conventional arms.".

Sowohl der sichtbare, als auch der unsichtbare Technologietransfer sollen hiernach erfasst sein. Dies entspricht auch der oben dargestellten Technologiedefinition.[178] In der Definition werden die oben genannten Stufen „Entwicklung", Herstellung" und „Erhaltung" aufgegriffen und weiter aufgefächert. Unklar bleibt, warum hier bei den erfassten Stufen feiner differenziert wird als oben bei der Listung der Technologie als Kategorie. Aufgrund des Wortlauts ist jedoch davon auszugehen, dass keine weiteren Stufen erfasst werden sollen, sondern die feinere Differenzierung nur der Verdeutlichung dient.

Die Erfassung des Technologietransfers als eigene Aktivität neben dem Export erscheint hier ebenfalls überflüssig. Begreift man Technologie bereits als ein gelistetes Gut und unterwirft man die Ausfuhr der gelisteten Güter einer Kontrolle, so ist eine zusätzliche Erfassung des Technologietransfers als eigene Kategorie entbehrlich.

---

177 *Parker*, Analysis of States Views on an ATT, http://www.unidir.org/programmes/conventional-weapons/analysis-of-states-views-on-an-arms-trade-treaty, zuletzt abgerufen am 16.09.2016: Bulgarien, S. 13; Kanada, S. 17; Costa Rica, S. 21; Polen; S. 80, Schweden, S. 88.

178 A.I.

III. Doppelte Erfassung

Die Erfassung von Technologie als Kategorie und die zusätzliche Erfassung des Technologietransfers und der Lizenzproduktion als Aktivität erscheint – wie oben bereits angesprochen – als nicht notwendig. In diesem Sinne kommentierte auch die Europäische Union:

> "We consider theses activities as already covered by the reference to "technology and equipment, designed and used to develop, manufacture, or maintain military systems listed in the scope of an ATT" that you propose in your paper"[179]

Deutlicher wurde hier Schweden:

> "The concept of technology transfer as an activity should be deleted entirely if specially related technology is included in the scope of the treaty.".[180]

Das Fürstentum Liechtenstein schlug vor, den Begriff „Transfer" als Bezugspunkt für den Vertrag zu wählen, welcher im Anwendungsbereich definiert wird und alle relevanten Aktivitäten umfassen soll, wie den Import, Export, „Brokering", Lizenzproduktion und Technologietransfer.[181] Die Kritik der Schweiz zielte in eine ähnliche Richtung, denn diese will den Technologietransfer und die Lizenzproduktion als eine Art der „Ausfuhr" definiert sehen.[182]

Der Vorsitzende erklärte diese doppelte Referenz (Technologie als Kategorie und Technologietransfers als eigene Aktivität) mit der Doppelnatur der Technologie.[183] Unklar bleibt, was genau die Doppelnatur der Technologie sein soll. Die doppelte Referenz kann insgesamt nicht überzeugen. Begreift man Technologie als eigene Kategorie neben der Warenkategorie, so ist es ausreichend und auch klarer, eine Aktivität wie den Export oder den Transfer auf beides – Technologie und Waren – zu beziehen.

D. Fazit

Betreffend den Technologietransfer konventioneller Rüstungsgüter existiert ein umfassender, entstehungsgeschichtlich erklärbarer, international einheitlicher Technologiebegriff. Nach diesem ist von einem spezifischen Wissen auszugehen,

---

179 Statement of the European Union, 28.02.2011, Ziff. 12, http://www.nonproliferation.eu/activities/ad-hoc-seminars/att/, zuletzt abgerufen am 15.09.2016.

180 *Parker*, Analysis of States Views on an ATT, S. 88.

181 *Parker*, Analysis of States Views on an ATT, S. 52, ähnlich der Vorschlag Norwegens, S. 74.

182 *Parker*, Analysis of States Views on an ATT, S. 89.

183 *Gruselle/Le Meur*, Recherches & documents, n°02/2012, S. 23.

das für die Entwicklung, Herstellung oder Verwendung eines Produkts nötig ist. Technologie kann in Form technischer Unterlagen oder technischer Unterstützung vorliegen. Der den Technologietransfer konventioneller Rüstungsgütern betreffende, ebenfalls international einheitliche Regelungsgegenstand baut auf dem Technologiebegriff auf. Er erfasst vor allem Technologie, die für die Entwicklung, Herstellung oder Verwendung bestimmter Güter unverzichtbar ist. Allgemein zugängliche Informationen, Grundlagenforschung, Informationen für Patentanmeldung sowie ein Minimum an Technologie werden aus dem Regelungsbereich ausdrücklich ausgenommen.

Schwerer greifbar ist der Begriff „Technologietransfer". Dieser vollzieht sich vor allem im Rahmen der Lizenzvergabe und der gemeinsamen Entwicklung und Koproduktion. Der Technologietransfer kann mit einem Know-how-Transfer, also einem Transfer nicht geschützten Wissens, einhergehen und verschiedene Stufen der Kooperation erreichen. Der Technologietransfer kann, muss aber nicht, im Rahmen eines Offset-Geschäfts stattfinden.

Wie die Diskussion um den Anwendungsbereich des Waffenhandelsvertrages gezeigt hat, genügt die Erfassung von Technologie als Regelungsgegenstand. Eine zusätzliche Erfassung des Technologietransfers als eigene zu kontrollierende Aktivität wie im Entwurf des Waffenhandelsvertrags ist überflüssig, da hierdurch keine weiteren Aspekte des Technologietransfers abgedeckt werden.

2. Teil: Mögliche Beschränkungen des Technologietransfers

Nachdem die definitorischen Schwierigkeiten bei der Beschränkung des Technologietransfers und ihre möglichen Lösungen aufgezeigt wurden, will dieser Teil nun untersuchen, welche Beschränkungsmöglichkeiten des Technologietransfers für den deutschen Gesetzgeber bestehen. Es wird hier noch nicht um die Frage gehen, wie diese Möglichkeiten genutzt wurden und welche Beschränkungen tatsächlich bestehen. Hierauf wird im 3. Teil ausführlich eingegangen.

Um die Beschränkungsmöglichkeiten analysieren zu können, wird im 2. Teil zuerst das Grundverständnis zur Beschränkung des Technologietransfers erörtert. In einem zweiten Schritt wird sodann untersucht, welche Beschränkungsmöglichkeiten das deutsche Recht für den Gesetzgeber konkret bereit hält. Hier werden die deutschen Ermächtigungsnormen analysiert. Aufgrund der Determination des deutschen Außenwirtschaftsrechts durch das Unionsrecht ist es zudem angezeigt, zu untersuchen, inwieweit der deutsche Gesetzgeber bei der Beschränkung des Technologietransfers in seiner Kompetenz durch das Unionsrecht eingeschränkt ist.

A. Grundsatz der Freiheit des Technologietransfers als Folge seiner ausschließlichen Regelung im Außenwirtschaftsrecht

Eine Verortung des Technologietransfers konventioneller Rüstungsgüter ist in beiden Rechtsgebieten – dem Außenwirtschaftsrecht und dem Kriegswaffenkontrollrecht denkbar. Ein möglicher Ansatz wäre, den Technologietransfer sonstiger Rüstungsgüter im Außenwirtschaftsrecht und den Technologietransfer von Kriegswaffen im Kriegswaffenkontrollrecht zu regeln. Die Darstellung der Verortung dient nicht nur dem Auffinden der einschlägigen Rechtsnormen. Vielmehr ist sie entscheidend für das Grundverständnis der Kontrolle des Technologietransfers konventioneller Rüstungsgüter. Beide Rechtsgebiete verfolgen nämlich konträre Zielrichtungen. Während das Kriegswaffenkontrollrecht eine Ausfuhr grundsätzlich verbietet (Verbot mit Erlaubnisvorbehalt), ist diese nach dem Außenwirtschaftsrecht grundsätzlich frei. Wird der Technologietransfer also im Kriegswaffenkontrollrecht geregelt, ist er grundsätzlich verboten und wird unter bestimmten Voraussetzungen erlaubt. Ist der Technologietransfer hingegen im Außenwirtschaftsrecht verortet, ist er grundsätzlich frei und untersteht in bestimmten Fällen einem Verbotsvorbehalt.

I. Ausschließliche Regelung des Technologietransfers im Außenwirtschaftsrecht

1. Genehmigungspflicht nach dem Außenwirtschaftsrecht, nicht nach dem Kriegswaffenkontrollrecht

Das Grundgesetz ordnet in Art. 26 Abs. 2 GG eine Genehmigungspflicht für den Umgang mit Kriegswaffen an:

> „Zur Kriegsführung bestimmte Waffen dürfen nur mit Genehmigung der Bundesregierung hergestellt, befördert und in Verkehr gebracht werden. Das Nähere regelt ein Bundesgesetz.".

Als Ausführungsgesetz zu Art. 26 Abs. 2 GG hat der Gesetzgeber das KWKG geschaffen.[184] Gemäß § 1 Abs. 1 KWKG sind zur Kriegsführung bestimmte Waffen (Kriegswaffen) die in der Kriegswaffenliste (Anlage zum KWKG) aufgeführten Gegenstände, Stoffe und Organismen. Die Kriegswaffenliste nennt in Teil A Atomwaffen, biologische Waffen und chemische Waffen und in Teil B sonstige, also konventionelle Kriegswaffen. Technologien, die für die Entwicklung, Herstellung oder Verwendung dieser Kriegswaffen unverzichtbar sind, werden nicht gelistet. So fehlt es an einer Regelung zum Technologietransfer im KWKG.[185]

Der Versuch, eine Regelung des Technologietransfers im KWKG einzuführen, wurde durchaus unternommen. Die SPD–Bundestagsfraktion brachte den „Entwurf eines Gesetzes zur Sicherung der Kriegswaffenkontrolle" in der 10.[186] und 11.[187] Wahlperiode des Bundestags ein, welcher unter anderem die Aufnahme von Konstruktionszeichnungen und Fertigungsunterlagen in die Kriegswaffenliste vorsah. Diese Änderung entspräche der Zielsetzung des Art. 26 GG.[188] Der Gesetzesentwurf fand jedoch keine Mehrheit. Der Wirtschaftsausschuss empfahl sowohl in der 10.[189], als auch in der 11.[190] Wahlperiode den Gesetzesentwurf abzulehnen, denn die Ausweitung der Kriegswaffenliste auf beispielsweise Konstruktionszeichnungen würde den Kriegswaffenbegriff des KWKG aufgeben.[191]

---

184 Zur Erfüllung des Verfassungsauftrages aus Art. 26 Abs. 2 GG durch den Gesetzgeber s. die Dissertation *Eppings*, Grundgesetz und Kriegswaffenkontrolle. Zur Entstehungsgeschichte des KWKG s. *Roeser*, Völkerrechtliche Aspekte des internationalen Handels mit konventionellen Waffen, S. 98 ff.

185 Vgl. auch *Oeter*, ZRP 1992, S. 49 (52); *Pottmeyer*, KWKG, § 1, Rn. 3.

186 BT-Drs. 10/3342.

187 BT-Drs. 11/2920.

188 BT-Drs. 10/4275, S. 4.

189 BT-Drs. 10/4275, S. 3; s. auch *Pottmeyer*, KWKG, Einleitung, Rn. 57 ff.

190 BT-Drs. 11/6427, S. 4.

191 BT-Drs. 10/4275, S. 5.

Betrachtet man die Regelungssystematik des KWKG müsste man den Kriegswaffenbegriff jedoch nicht zwangsweise erweitern. Nach § 2 Abs. 2 KWKG ist das Überlassen der tatsächlichen Gewalt über eine Kriegswaffe an einen anderen genehmigungspflichtig. Kriegswaffen sind nach § 1 Abs. 1 KWKG die in der Kriegsliste aufgeführten Gegenstände. Neben dem Ansatz, die Kriegswaffenliste um die Position „Technologie" zu erweitern, wäre es auch denkbar, § 2 Abs. 2 KWKG so zu modifizieren, dass sich die Genehmigungspflicht auch auf die Technologie der Kriegswaffen bezieht. Der Begriff Technologie wäre dann im KWKG zu definieren. Angesichts der außen- und sicherheitspolitischen Risiken des Technologietransfers sowie seiner Folgen für Konfliktgebiete erscheint das bloße Argument einer Aufgabe des Kriegswaffenbegriffs zu kurz gegriffen.

Nach § 8 Abs. 1 Nr. 1 AWV beziehungsweise § 11 Abs. 1 S. 1 AWV bedürfen die in Teil I Abschnitt A der Ausfuhrliste genannten Güter bei ihrer Ausfuhr beziehungsweise Verbringung einer Genehmigung.[192] Wie oben gesehen[193], ist Technologie in Teil I Abschnitt A auf Nr. 0022 genannt, und zwar jene, die für Entwicklung, Herstellung und Verwendung der von Teil I Abschnitt A erfassten Güter unverzichtbar ist. Auch Kriegswaffen im Sinne des KWKG werden in Teil I Abschnitt A gelistet.[194] Nach § 50 Abs. 1 AWV kann auch die technische Unterstützung im Zusammenhang mit einer militärischen Endverwendung genehmigungspflichtig sein.[195] Folglich ist also nicht nur der Technologietransfer hinsichtlich sonstiger Rüstungsgüter, sondern auch hinsichtlich bestimmter Kriegswaffen nach der AWV genehmigungspflichtig.

Ein Vergleich der Kriegswaffenliste mit der viel umfassenderen Ausfuhrliste zeigt, dass das Verhältnis des KWKG zum AWG als *lex specialis* zu *lex generalis* zu beurteilen ist.[196] Dies würde nach der Regel *lex specialis derogat legi generali* bedeuten, dass der Technologietransfer betreffend Kriegswaffen nicht dem AWG unterliegen würde.[197] Sowohl das AWG als auch das KWKG regeln in § 6 Abs. 4 KWKG beziehungsweise in § 1 Abs. 2 Nr. 1 AWG jedoch ausdrücklich, dass die Vorschriften in anderen Gesetzen unberührt bleiben. Folglich sind beide Geset-

192 Hierzu ausführlich 3. Teil B.II.1.a).

193 1. Teil A.I.

194 Für Beispiele s. Einleitung, B.

195 Hierzu ausführlich 3. Teil B.II.1.b).

196 *Epping*, DWiR 1991, S. 276 (281). Im Ergebnis so auch *Fink*, in: Mangoldt/Klein/Stark, GG, Bd. 2, Art. 26, Rn. 77; *Harder*, in: Wabnitz/Janovsky (Hrsg.), Handbuch des Wirtschafts- und Steuerstrafrechts, Kap. 23, Rn. 3; a.A. *Pottmeyer*, KWKG, Einleitung, Rn. 185.

197 So auch *Epping*, DWiR 1991, S. 276 (281).

ze nebeneinander anwendbar. Bei einer Einschlägigkeit beider Gesetze wären damit zwei Genehmigungen notwendig (sogenannte „Zweispurigkeit der Kontrolle“[198]).[199]

Für den Fall des Technologietransfers ist abschließend festzuhalten, dass dieser für konventionelle Rüstungsgüter, also Waffen, Munition und sonstige Rüstungsgüter, nur im Außenwirtschaftsrecht, nicht im Kriegswaffenkontrollrecht geregelt ist, sodass nur eine Genehmigung nach dem Außenwirtschaftsrecht erforderlich ist. Dieses Ergebnis führt zu dem unten näher dargestellten[200] Grundsatz der Freiheit des Technologietransfers konventioneller Rüstungsgüter.

2. Regelungssystem des Außenwirtschaftsrechts

Das AWG ist Teil des besonderen Verwaltungsrechts[201] und unterliegt der ausschließlichen Gesetzgebungskompetenz des Bundes, Art. 73 Nr. 5 GG („Freizügigkeit des Warenverkehrs“). Das AWG ist ein sogenanntes Rahmen- oder Ermächtigungsgesetz im Sinne des Art. 80 GG.[202] Als solches legt es lediglich fest, unter welchen Umständen und in welchem Ausmaß der Staat den grundsätzlich freien Außenwirtschaftsverkehr beschränken darf.[203] In § 12 Abs. 1 S. 1 AWG ermächtigt es die Bundesregierung, beziehungsweise in besonderen Fällen

---

198 *Bryde*, in: Schmidt, Öffentliches Wirtschaftsrecht BT 2, § 14, VI, Rn. 71.

199 *Epping*, DWiR 1991, S. 276 (281); im Ergebnis so auch *Harder*, in: Wabnitz/Janovsky (Hrsg.), Handbuch des Wirtschafts- und Steuerstrafrechts, Kap. 23, Rn. 3; *Herdegen*, in: Maunz/Dürig, GG, Bd. IV, Art. 26, Rn. 58; *Pottmeyer*, KWKG, Einleitung, Rn. 186.

200 A.II.

201 Eine Einordnung des Außenwirtschaftsrechts in die dogmatische Kategorie des Wirtschaftsverwaltungsrechts wird teilweise als nicht mehr überzeugend angesehen, da die Rechtsquellen immer mehr im Mehrebenensystem und nicht im rein innerstaatlichen Recht zu finden sind, s. *Simonsen*, in: Wolffgang/Simonsen, AWR-Kommentar, Bd. 2, § 1 AWG, Rn. 28; *Tietje*, in: Tietje (Hrsg.), Internationales Wirtschaftsrecht, § 15, Rn. 3; a.A. noch *Bryde*, in: Schmidt (Hrsg.), Öffentliches Wirtschaftsrecht, BT 2, § 14, Rn. 2 m.w.N.

202 *Epping*, DWiR 1991, S. 276 (280); *Reuter*, Außenwirtschaftsrecht, Rn. 623; *Simonsen*, in: Wolffgang/Simonsen, AWR-Kommentar, Bd. 2, § 1 AWG, Rn. 3; *Vollbrecht*, Warenverkehrslenkung, S. 62, 64; *von Bogdandy*, VerwArch 1992, S. 53 (59). Der Begriff „Ermächtigungsgesetz“ erscheint passender, da unter „Rahmengesetz“ in der Regel ein Gesetz verstanden wird, welches einer legislativen Ausführung durch den Landesgesetzgeber bedarf, während „Ermächtigungsgesetz“ die Eingriffsentscheidung dem Verordnungsgeber überlässt, vgl. dazu *von Bogdandy*, VerwArch 1992, S. 53 (59, Fn. 37) m.w.N.

203 *Epping*, DWiR 1991, S. 276 (280).

das Bundesministerium für Wirtschaft und Technologie im Einvernehmen mit dem Auswärtigen Amt und dem Bundesministerium der Finanzen (vergleiche § 12 Abs. 1 S. 2 AWG), Rechtsverordnungen zu erlassen. Die Rechtsverordnungen bedürfen nach § 12 Abs. 2 AWG nicht der Zustimmung des Bundesrates. Der Ausgleich zwischen der Notwendigkeit, schnell handeln zu können, und der anderen Notwendigkeit, die oftmals politisch sensiblen und weitreichenden Handlungsmöglichkeiten der Bundesregierung auch einer parlamentarischen Kontrolle zu unterwerfen, wurde in einer parlamentarischen Nachkontrolle gesucht.[204] So sind gemäß § 12 Abs. 4 AWG Rechtsverordnungen aufzuheben, falls dies der Bundestag innerhalb von vier Monaten nach ihrer Verkündung verlangt.

Von der Ermächtigung des AWG zum Erlass von Rechtsverordnungen wurde in der AWV Gebrauch gemacht. Die AWV gliedert sich in die Kapitel „Allgemeine Vorschriften" (Kapitel 1), „Ausfuhr und Verbringung" (Kapitel 2), „Einfuhr" (Kapitel 3), „Sonstiger Güterverkehr" (Kapitel 4), „Dienstleistungsverkehr" (Kapitel 5), „Beschränkungen des Kapitalverkehrs" (Kapitel 6), „Meldevorschriften im Kapital- und Zahlungsverkehr" (Kapitel 7), „Beschränkungen gegen bestimmte Länder und Personen" (Kapitel 8), „Straftaten und Ordnungswidrigkeiten" (Kapitel 9) und „Inkrafttreten" (Kapitel 10).

Als Anlage wurde der AWV die Ausfuhrliste angefügt. Diese teilt somit auch deren Rechtsnormqualität als Rechtsverordnung.[205] Als Anlage kann die Ausfuhrliste aber unabhängig von der AWV geändert werden, sodass die Bundesregierung flexibel auf technische Entwicklung reagieren kann.[206] Die Ausfuhrliste gliedert sich in zwei Teile. Teil I enthält Güter, auf die sich die in den §§ 8, 11, 46, 74, 75, 77 und 79 AWV angeordneten Beschränkungen beziehen. Teil II nennt Waren pflanzlichen Ursprungs, auf die sich die in § 10 AWV angeordnete Beschränkung bezieht. Teil I unterteilt sich in Abschnitt A, welcher aus einer Liste für Waffen, Munition und Rüstungsmaterial besteht, und Abschnitt B, welcher eine Liste für national erfasste Güter enthält. Diesen Abschnitten nachgestellt ist das Verzeichnis für verwendete Abkürzungen und die Begriffsbestimmungen. Der für die vorliegende Untersuchung einzig relevante Teil I Abschnitt A besteht aus 22 Kontrollposten, die laufend durchnummeriert sind. Dieser Abschnitt gleicht im Wesentlichen der Gemeinsamen Militärgüterliste der Europäischen Union[207]. Im Kern entspricht diese der alten „munitions list" des im Jahr 1994 aufgelösten

204 *Reuter*, Außenwirtschaftsrecht, Rn. 604.

205 *Weith u. a.*, Exportkontrolle, S. 161.

206 *Simonsen/Beutel*, in: Wolffgang/Simonsen, AWR-Kommentar, Bd. 3, § 5 AWV, Rn. 14.

207 Abl. 2012 C 90/01; vgl. auch *Simonsen/Beutel*, in: Wolffgang/Simonsen, AWR-Kommentar, Bd. 3, § 5 AWV, Rn. 6.

CoCom-Regimes.[208] Dem Teil I vorangestellt sind Bemerkungen für die „Anwendung der Ausfuhrliste". In der alten Fassung war die allgemeine Technologieanmerkung (ATA) noch von Bedeutung. Diese Anmerkungen wurden nun in die Nr. 0022 der Ausfuhrliste aufgenommen.

Das AWG und die AWV mit der Ausfuhrliste sind in einer Zusammenschau zu betrachten. Dabei sind die Runderlasse Außenwirtschaft des Bundesministeriums für Wirtschaft und Technologie als Verwaltungsvorschriften und die Bekanntmachungen der zuständigen Behörden mit einzubeziehen.[209] Die Runderlasse enthalten unter anderem Erläuterungen der Änderungen des AWG und der AWV, Warnhinweise und wichtige Verfahrensregeln. Die Bekanntmachungen informieren beispielsweise über Allgemeine Genehmigungen[210], erläutern Embargovorschriften und geben Hinweise zum Ausfüllen der Antragsformulare oder der Endverbleibsdokumente.

3. Novelle des Außenwirtschaftsrechts im Jahr 2013[211]

Erklärtes Ziel der durch die Bundesregierung initiierten AWG-Novelle war, die Vorgabe des Koalitionsvertrages zwischen der CDU, CSU und FDP[212] umzusetzen. Dieser sah vor, „das Außenwirtschaftsrecht zu entschlacken und zu vereinfachen und deutsche Sondervorschriften aufzuheben, die deutsche Exporteure gegenüber ihren europäischen Konkurrenten benachteiligen".[213] Eine Überarbeitung schien aufgrund der Unübersichtlichkeit der Regelungen dringend geboten.[214] Die

---

208 *Simonsen/Beutel*, in: Wolffgang/Simonsen, AWR-Kommentar, Bd. 3, § 5 AWV, Rn. 6.

209 Die Runderlasse und Bekanntmachungen werden im Bundesanzeiger veröffentlicht.

210 S. hierzu 3. Teil B.II.2.b)dd).

211 Nicht dargestellt werden soll die gesamte Entstehungsgeschichte des Außenwirtschaftsgesetzes und der Außenwirtschaftsverordnung. Solche Darstellungen sind bereits in der Literatur in verschiedenen Längen ausreichend vorhanden. S. beispielsweise die kompakte und aktuelle Darstellung der Entstehungsgeschichte in *Stein/Thoms*, in: Rüsken, Außenwirtschaftsgesetz, Einführung, Rn. 10–13 sowie der Änderungen des AWG in Rn. 14–18. Für eine ausführlichere Darstellung der Geschichte des Außenwirtschaftsrechts, s. *Bryde*, in: Schmidt (Hrsg.), Öffentliches Wirtschaftsrecht, Bd. 2, Rn. 8–16.

212 Koalitionsvertrag zwischen CDU, CSU und FDP vom 26.10.2009, S. 55.

213 BT-Drs. 17/11127, S. 19.

214 In Wirtschaftskreisen wurde der Gesetzesdschungel teils als Handelshemmnis bezeichnet, vgl. *Vollbrecht*, Warenverkehrslenkung, S. 23. Für den Anwender sei das AWG von 1961 schwer verständlich und die Gefahr eines Verstoßes für mittlere und kleinere Unternehmen bei Entscheidungen ohne juristischen Beistand groß, Leiter Exportkontrolle Diehl Defence Holding GmbH, Ausschuss-Drs. 17(9)1048.

angestrebte Entschlackung des AWG glückte, denn die Anzahl der Paragraphen wurde von 52 auf 28 reduziert.[215] Das AWG wurde zudem neu strukturiert und seine Begriffe wurden klar definiert. Die sprachlich überarbeiteten und an die Vorgaben des Rechts der Europäischen Union angepassten Begriffsbestimmungen finden sich nun konzentriert in § 2 AWG wieder. Ermächtigungsgrundlagen, die seit Inkrafttreten des Gesetzes noch nie genutzt wurden, sind weggefallen. Grundlegend inhaltlich überarbeitet wurden nur die Straf- und Bußgeldvorschriften.[216] Neu eingeführt wurde die Möglichkeit zur Selbstanzeige.[217] Der Rüstungsexport sollte durch die AWG-Novelle nicht erleichtert werden.[218]

Die Neufassung des AWG beruht auf Art. 1 des Gesetzes zur Modernisierung des Außenwirtschaftsrechts vom 6. Juni 2013.[219] Den unter der Federführung des Bundesministeriums für Wirtschaft und Technologie entstandenen Entwurf eines Gesetzes zur Modernisierung des Außenwirtschaftsrechts übermittelte die Bundesregierung am 31. August 2012 an den Bundesrat.[220] Der Bundesrat erhob keine Einwendungen.[221] Der Bundestag beschloss am 8. November 2012 die Überweisung an die Ausschüsse für Wirtschaft und Technologie (federführend), an den Auswärtigen Ausschuss und an den Rechtsausschuss.[222] Nachdem der Ausschuss für Wirtschaft und Technologie dem Bundestag ein paar kleinere Änderungen vorschlug,[223] passierte der Gesetzesentwurf in der Ausschussfassung am 31. Januar 2013 den Bundestag mit den Stimmen der Koalitionsfraktionen CDU, CSU und FDP gegen das Votum der Fraktionen Bündnis 90/Die Grünen und Die Linke und bei Enthaltung der SPD–Fraktion.[224] Der Bundesrat beschloss, den Vermittlungsausschuss nicht einzuberufen.[225] Nach Unterzeichnung durch den Bundespräsidenten konnte das Gesetz am 13. Juni 2013 im Bundesgesetzblatt

215 In der AWV stieg die Anzahl der Paragraphen hingegen von 72 auf 83 an.

216 Ausführlich hierzu: *Voland*, GWR 2013, S. 264 (266 f.).

217 *Stein/Thoms*, in: Rüsken, Außenwirtschaftsrecht, Einführung, Rn. 14.

218 *Fritz*, in: BT-PlPr. 17/204, S. 24919 (A); *Lindner*, in: BT-PlPr. 17/204, S. 24921 (B), *Wendling*, AW-Prax 2013, S. 157 (158).

219 Basisinformationen über den Vorgang der Gesetzgebung zur Modernisierung des Außenwirtschaftsrechts sind auch über das Dokumentations- und Informationszentrum des Deutschen Bundestags abrufbar, http://dipbt.bundestag.de/extrakt/ba/WP17/470/47089.html, zuletzt abgerufen am 15.09.2016.

220 BR-Drs. 519/12.

221 BR-PlPr. 901 TOP 24, S. 444 (A), 459*(D).

222 BT-Drs. 17/204, S. 24923 (B).

223 BT-Drs. 17/1201.

224 BT-PlPr. 17/219, S. 27208 (B)–(C).

225 BR-PlPr. 907, TOP 11, S. 100 (A).

verkündet werden (BGBl. I 2013, S. 1482). Das AWG trat gemäß Art. 4 Abs. 1 S. 1 am 1. September 2013 in Kraft; ausgenommen sind die §§ 4, 5, und 11 AWG, die gemäß Art. 4 Abs. 2 des Gesetzes zur Modernisierung des Außenwirtschaftsrechts seit dem 14. Juni 2013 gelten.

An die Novellierung des AWG hat sich die Neufassung der AWV[226] angeschlossen. Auch hier gelang eine Straffung.[227] Die Anzahl der Kapitel wurde von 28 auf 10 reduziert. Sonderregelungen, für die es bei ihrer Einführung noch keine entsprechenden Bestimmungen der Europäischen Union gab, wurden abgeschafft. Die Vorschriften zu den Waffenembargos in §§ 69a ff. AWV a. F. sind nun deutlich übersichtlicher gestaltet. Die novellierte AWV wurde am 5. August 2013 verkündet (BGBl. I 2013, S. 2865 ff.).

II. Verfassungsrechtlich verbürgte und international anerkannte Freiheit des Außenwirtschaftsverkehrs

Das AWG regelt den Außenwirtschaftsverkehr, der nach der Legaldefinition[228] des § 1 Abs. 1 S. 1 AWG den Verkehr von Gütern, Dienstleistungen, Kapital, Zahlungen und sonstigen Wirtschaftsverkehr mit dem Ausland sowie den Verkehr mit Auslandswerten und Gold zwischen Inländern erfasst. Der Außenwirtschaftsverkehr ist nach § 1 Abs. 1 S. 1 AWG grundsätzlich frei.[229] Er unterliegt nach § 1 Abs. 1 S. 2 AWG den Einschränkungen, die das AWG enthält oder die durch Rechtsverordnung aufgrund des AWG vorgeschrieben werden.

---

226 Außenwirtschaftsverordnung vom 02.08.2013, BGBl. I, S. 2865. Für eine ausführliche Übersicht zu allen Änderungen der AWV s. Runderlass Außenwirtschaft Nr. 5/2013 vom 02.08.2013, BAnz. AT 05.08.2013 B1.

227 *Wolffgang* beschrieb die AWV a. F. als „wilden Flickenteppich aus weggefallenen und nachträglich zugefügten Vorschriften“, *Wolffgang*, Stellungnahme zur Novelle des Außenwirtschaftsgesetzes, Ausschuss-Drs. 17(9)1057, S. 4.

228 Diese Definition des Außenwirtschaftsverkehrs ist immer noch gültig, verschleiert aber die Tatsache, dass das nationale Rechtssystem durch supranationale und internationale Regelungen überlagert ist, s. *Simonsen*, in: Wolffgang/Simonsen, AWR-Kommentar, Bd. 2, § 1 AWG, Rn. 40.

229 Kritisch zur Formulierung der Außenwirtschaftsfreiheit („Der […] (Außenwirtschaftsverkehr) ist grundsätzlich frei.“) *Kuss*, da der Eindruck erweckt wird, also ob die Freiheit erst durch den Gesetzgeber gewährt wird, *ders.*, Die Verwaltung 1989, S. 55 (57). Die Konzeption der Außenwirtschaftsfreiheit versteht sich jedoch in Ausführung verfassungsrechtlicher Anforderungen, *von Bogdandy*, Europäische und nationale Steuerung des Außenhandels, in: *Siedentopf* (Hrsg.), Europäische Integration und nationalstaatliche Verwaltung, S. 135 (138).

Der Grundsatz der Freiheit im Außenwirtschaftsverkehr,[230] auch Liberalitätsprinzip genannt,[231] gilt in Abkehr vom Verbotsprinzip mit Genehmigungsvorbehalt, das den alliierten Militärgesetzen zugrunde lag, seit der Einführung des Außenwirtschaftsgesetzes im Jahr 1961[232]. Vielfach zitiert wird die Begründung zur Einführung dieses Grundsatzes:

> „Der Grundsatz des Verbotes mit Erlaubnisvorbehalt, der die Devisenbewirtschaftungsgesetze und damit zugleich alle auf ihnen beruhenden Vorschriften kennzeichnet, ist wirtschaftspolitisch nicht mehr tragbar [...]. Eingriffe in die Entscheidungsfreiheit des einzelnen [sollen] nur dann vorgenommen werden, wenn dies aus zwingenden Gründen geboten ist. [...] [es] muß vielmehr der Grundsatz der Freiheit mit dem Vorbehalt von Beschränkungen, sofern und soweit solche notwendig werden sollten, Gesetzesrecht werden."[233]

Weiter heißt es, die Betonung der Außenwirtschaftsfreiheit soll

> „den Leitgedanken der Artikel 2 Abs. 1, Artikel 12 Abs. 1, Artikel 14 GG, die Freiheit der wirtschaftlichen Betätigung im Rahmen der verfassungsmäßigen Ordnung zu gewährleisten, für das Gebiet des Außenwirtschaftsverkehrs besonders herausstellen."[234]

Durch die letzte Novellierung des Außenwirtschaftsrechts sollten die „bewährten Grundstrukturen des deutschen Außenwirtschaftsrechts", insbesondere der „Grundsatz der Außenwirtschaftsfreiheit",[235] unberührt bleiben.[236] Das Gesetz legt damit weiterhin die Freiheit des Außenwirtschaftsverkehrs als Regel und die Beschränkungen als „legitimationsbedürftige Ausnahme" fest.[237]

Folge des Grundsatzes der Außenwirtschaftsfreiheit für den Technologiegeber ist, dass dieser grundsätzlich einen Anspruch auf die Ausfuhr oder Verbringung von Technologie oder die Erbringung technischer Unterstützung hat. Dies ist hinsichtlich des Technologietransfers bezüglich konventioneller Kriegswaffen deshalb besonders hervorzuheben, da ein Anspruch auf den Export von Kriegswaffen gerade nicht besteht. Denn Art. 26 Abs. 2 GG stellt ein Verbot mit Er-

---

230 Ausführlich hierzu: *Epping*, Die Außenwirtschaftsfreiheit.
231 *Wolffgang*, in: Bieneck (Hrsg.), Außenwirtschaftsrecht, § 4, Rn. 58.
232 BGBl. I, S. 481.
233 BT-Drs. III/1285, S. 230.
234 BT-Drs. III/1285, S. 231. Zum grundrechtlichen Schutz gegen Europarecht, vgl. *Bryde*, in: Schmidt (Hrsg.), Öffentliches Wirtschaftsrecht, Bd. 2, § 14, Rn. 33–35.
235 BT-Drs. 17/11127, S. 19.
236 *Wendling*, AW-Prax 2013, S. 157 (157).
237 *Simonsen*, in: Wolffgang/Simonsen, AWR Kommentar, Bd. 2, § 1 AWG, Rn. 1; *von Bogdandy*, VerwArch 1992, S. 53 (58).

laubnisvorbehalt für Kriegswaffen auf. Daher heißt es in § 6 KWKG: „Auf die Erteilung einer Genehmigung besteht kein Anspruch.".

Der Grundsatz der Freiheit des Außenwirtschaftsverkehrs ist auch im Unions- und Völkerrecht anerkannt. Nach Art. 1 der Ausfuhr-Verordnung[238] der Europäischen Union sind die Ausfuhren in Drittländer frei. Das heißt, sie sind keinen mengenmäßigen Beschränkungen unterworfen. Eine Ausnahme gilt für diejenigen Beschränkungen, die in Übereinstimmung mit den Vorschriften dieser Verordnung Anwendung finden. In den Übergangs- und Schlussbestimmungen der Ausfuhr-Verordnung hält Art. 10 eine Ausnahmevorschrift zugunsten der Mitgliedstaaten aus Gründen der Öffentlichen Sicherheit und Ordnung bereit.

Die Vertragsordnung der Welthandelsorganisation (World Trade Organisation, WTO)[239] regelt den Handel mit Waren (Allgemeine Zoll- und Handelsabkommen[240], GATT) und Dienstleistungen (Allgemeines Abkommen über den Dienstleistungshandel[241], GATS) sowie Handelsaspekte der Rechte des Geistigen Eigentums (Abkommen über handelsbezogene Aspekte der Rechte des geistigen Eigentums[242], TRIPS). Ihr oberstes Prinzip ist die Offenheit der Märkte. Sie stellt ein Verbot auch nichttarifärer Handelshemmnisse auf (Art. XI Nr. 1 GATT). Nach Art. XXI b) (ii) GATT[243], der den Handel mit Waffen, Munition und Kriegsmaterial sowie den unmittelbar oder mittelbar zur Versorgung von Streitkräften

---

238 Verordnung (EG) Nr. 1071/2009 des Rates vom 19. Oktober 2009 zur Festlegung einer gemeinsamen Ausfuhrregelung, Abl. 2009 L 291/1.

239 Für eine vollständige Zusammenstellung s. *Rogmann*, in: Wolffgang/Simonsen, AWR-Kommentar, Bd. 1, Ordnungs-Nr. 40, Rn. 27.

240 The General Agreement on Tarifes and Trade, BGBl. II, S. 173, Abl. EG 1994 Nr. L 336/11; www.wto.org/english/docs_e/legal_e/gatt47_e.pdf, zuletzt abgerufen am 15.09.2016.

241 BGBl. II, S. 1643; Abl. EG 1994 Nr. L 336/190.

242 BGBl. II, S. 1730; Abl. EG 1994 Nr. L 336/213.

243 Für das GATS und das TRIPS existieren nicht wortlautgleiche, aber sehr ähnliche Parallelregelungen zu Art. XXI b) (ii) GATT.
Art. XIV GATS: „Nothing in this Agreement shall be construed: […] (b) to prevent any Member from taking any action which it considers necessary for the protection of its essential security interests (i) relating to the supply of services as carried out directly or indirectly for the purpose of provisioning a military establishment; […]";
Art. 73 TRIPS: „Nothing in this Agreement shall be construed: […] (b) to prevent a Member from taking any action which it considers necessary for the protection of its essential security interests […] (ii) relating to the traffic in arms, ammunition and implements of war and to such traffic in other goods and materials as is carried on directly or indirectly for the purpose of supplying a military establishment; […]".

dienenden Handel mit anderen Waren und Materialen betrifft, kann von den Verpflichtungen des GATT nur im Interesse wesentlicher Sicherheitsinteressen eines WTO-Mitglieds abgewichen werden.[244]

III. Fazit

Der Technologietransfer konventioneller Rüstungsgüter ist nur im Außenwirtschaftsrecht, nicht im Kriegswaffenkontrollrecht geregelt, sodass nur eine Genehmigung nach dem Außenwirtschaftsrecht erforderlich ist. Mit dieser Verortung hat sich der Gesetzgeber für einen grundsätzlich freien Technologietransfer – auch hinsichtlich von Kriegswaffen – entschieden. Denn der Außenwirtschaftsverkehr – und damit auch der Technologietransfer – ist nach § 1 Abs. 1 S. 1 AWG grundsätzlich frei. Es wäre auch eine Verortung des Technologietransfers von Kriegswaffen im Kriegswaffenkontrollgesetz denkbar gewesen. Damit wäre ein solcher Technologietransfer grundsätzlich verboten gewesen, eine Genehmigung jedoch möglich.

Der Grundsatz der Freiheit des Außenwirtschaftsverkehrs ist im Unionsrecht auch bezüglich der Ausfuhr in Drittländer nach Art. 1 der Ausfuhr-Verordnung anerkannt. Der gleiche Grundsatz findet sich im Völkerrecht in Art. XI Nr. 1 GATT. Wie das deutsche Außenwirtschaftsrecht sehen auch das Unionsrecht und das Völkerrecht Ausnahmen von diesem Grundsatz vor.

B. Beschränkungsmöglichkeiten nach deutschem Recht

Die Freiheit des Technologietransfers unterliegt nach § 1 Abs. 1 S. 2 AWG den Einschränkungen, die das AWG enthält oder die durch Rechtsverordnung aufgrund des AWG vorgeschrieben werden. Das AWG hält selbst keine unmittelbar wirkenden Beschränkungen des Außenwirtschaftsverkehrs bereit,[245] jedoch Ermächtigungsgrundlagen für solche Beschränkungen. Die Ermächtigungsnormen § 4 AWG und § 5 AWG geben sowohl die zulässigen Beschränkungsziele als auch Beschränkungsgegenstände vor. Des Weiteren werden Vorgaben für das Maß der Beschränkung aufgestellt.

---

244 So auch *A. Rogmann*, in: Wolffgang/Simonsen, AWR-Kommentar, Bd. 1, Ordnungs-Nr. 40, Rn. 146. S. hierzu ausführlicher unter B.I.1.

245 *Hucko*, in: Hucko/Wagner (Hrsg.), Außenwirtschaftsrecht, S. 12. Es wird daher auch als „Blankettgesetz“ bezeichnet, *Harder*, in: Wabnitz/Janovsky (Hrsg.), Handbuch des Wirtschafts- und Steuerstrafrechts, Kap. 23, Rn. 7.

I. Zulässige Ziele für eine Beschränkung des Außenwirtschaftsverkehrs

Zulässige Ziele einer Beschränkung („[es können] durch Rechtsverordnung Rechtsgeschäfte und Handlungen beschränkt [...] werden, *um* [...]")[246] normiert § 4 AWG. Er regelt die „Beschränkungen und Handlungspflichten zum Schutz der öffentlichen Sicherheit und der auswärtigen Interessen". Zu unterscheiden ist zwischen Abs. 1, der in den Nrn. 1 bis 5 konkrete Schutzgüter nennt, und Abs. 2, der eine Verordnungsermächtigung für die Umsetzung zwischenstaatlicher Vereinbarungen enthält.

1. Schutzgüter des § 4 Abs. 1 AWG

§ 4 Abs. 1 AWG nennt vier Ziele, aufgrund derer der Außenwirtschaftsverkehr durch Rechtsverordnung beschränkt werden kann.[247] Anzumerken ist, dass nach § 6 Abs. 1 AWG auch eine Beschränkung durch einen Verwaltungsakt möglich ist, um eine im Einzelfall bestehende Gefahr für die in § 4 Abs. 1 AWG genannten Rechtsgüter abzuwenden. Dies setzt voraus, dass die Gefahr nicht durch eine beschränkende Rechtsverordnung abgewendet werden kann.[248] Die Beschränkung nach § 6 Abs. 1 AWG kann durch einen einfachen Verwaltungsakt (§ 35 S. 1 VwVfG) oder auch durch eine Allgemeinverfügung (§ 35 S. 2 VwVfG) erfolgen.[249] Letzteres bietet sich vor allem an, wenn eilbedürftige Embargoentscheidungen der Europäischen Union oder Vereinten Nationen umgesetzt werden sollen.[250] Problematisch ist, inwieweit solche eine Beschränkung, die eine unbestimmte Anzahl an Ausfuhren von einer unbestimmten Anzahl an Ausführern betrifft, noch einen Einzelfall regelt. Dass solche Beschränkungen dennoch von § 6 Abs. 1 AWG erfasst werden, zeigt § 6 Abs. 2 AWG, nach dem die Anordnung durch eine Rechtsverordnung abgelöst werden kann.

a) Gewährleistung wesentlicher Sicherheitsinteressen

Nach § 4 Abs. 1 Nr. 1 AWG können im Außenwirtschaftsverkehr

> „durch Rechtsverordnung Rechtsgeschäfte und Handlungen beschränkt oder Handlungspflichten angeordnet werden, um wesentliche Sicherheitsinteressen der Bundesrepublik Deutschland zu gewährleisten".

---

246 Betonung hinzugefügt.

247 Nach der Rechtsprechung des BVerfG gehen diese ineinander über, BVerfG vom 25.10.1991, 2 BvR 374/90, NJW 1992, 2624 (2624).

248 *Friedrich*, in: Hocke/Friedrich, Außenwirtschaftsrecht, Bd. 1, § 6 AWG, Rn. 1.

249 *Friedrich*, in: Hocke/Friedrich, Außenwirtschaftsrecht, Bd. 1, § 6 AWG, Rn. 3.

250 *Friedrich*, in: Hocke/Friedrich, Außenwirtschaftsrecht, Bd. 1, § 6 AWG, Rn. 3.

Diese Regelung gewährt der Sicherheit des Staats Vorrang gegenüber den wirtschaftlichen Interessen des Einzelnen.[251] Der Begriff der wesentlichen Sicherheitsinteressen (vormals: „Sicherheit“) wurde durch das 11. Gesetz zur Änderung des AWG und der AWV vom 23. Juli 2004[252] eingeführt. Durch den neuen Begriff wurden die Beschränkungsmöglichkeiten erweitert. Denn der neue Begriff schließt nicht nur den alten Begriff „Sicherheit“, unter den die innere und äußere Sicherheit der Bundesrepublik Deutschland gefasst wird,[253] mit ein, sondern auch „Beschränkungen zur Gewährleistung der sicherheitspolitischen Interessen der Bundesrepublik und der militärischen Versorgungssicherheit“.[254] Der Gesetzesbegründung nach sind die Gewährleistung des sicherheitspolitischen Interesses der Bundesrepublik Deutschland und der militärischen Sicherheitsvorsorge Kernaufgabe des Staats.[255] Um diese wesentlichen Sicherheitsinteressen zu gewährleisten[256], bedürfe es einer Reihe von Vorsorgemaßnahmen, um für einen Verteidigungsfall oder sonstigen Militäreinsatz gerüstet zu sein.[257] Deutsche Schlüsseltechnologien sollen auch deshalb so weit wie möglich erhalten werden, um sie als nationalen Beitrag auf europäischer Ebene einbringen zu können.[258] Die Beschreibungen und Annäherungsversuche an diesen Begriff können jedoch nicht darüber hinwegtäuschen, dass dieser recht vage ist[259] und einen weiten Spielraum lässt.[260]

---

251 *Stein/Thoms*, in: Rüsken, § 4 AWG, Rn. 4. Wie zuvor gezeigt, ist dieser Schutzgedanke auch international anerkannt, vgl. Ausführungen zu Art. XXI GATT oben A.II.

252 BGBl. I, S. 1859.

253 *Ebert*, Technologietransfer, S. 103; *Epping*, Außenwirtschaftsfreiheit, S. 341 m.w.N.

254 Vgl. Gesetzesentwurf der Bundesregierung, BT-Drs. 15/2537, S. 7.

255 Gesetzentwurf der Bundesregierung, BT-Drs. 15/2537, S. 7.

256 Der Wortlaut („gewährleisten“) zeigt, dass auch präventive Maßnahmen angeordnet werden können, s. *Ebert*, Technologietransfer, S. 103.

257 Gesetzentwurf der Bundesregierung, BT-Drs. 15/2537, S. 7.

258 Gesetzentwurf der Bundesregierung, BT-Drs. 15/2537, S. 7 f.

259 Zur Verfassungsmäßigkeit des § 4 AWG, insbesondere zur Erfüllung des Bestimmtheitsgebots des Art. 80 Abs. 1 S. 2 GG s. *Reuter*, Außenwirtschaftsrecht, Rn. 605; ebenfalls kritisch *Epping*, Außenwirtschaftsfreiheit, S. 341 ff. Bezüglich der verfassungsrechtlichen Bedenken hinsichtlich der Unbestimmtheit der Ermächtigungstatbestände des AWG im Allgemeinen sei auch verwiesen auf *Braun*, VerwArch 1985, S. 24 ff., 158 ff.; *Ipsen*, Außenwirtschaft und Außenpolitik; *Kuss*, Die Verwaltung 1989, S. 55 (66 ff.).

260 Vgl. hierzu die Ausführungen zu dem Begriff „wesentliche Sicherheitsinteressen“ im Rahmen des Art. 346 Abs. 1 lit. b Hs. 1 AEUV, s. C.II.

Der Begriff „wesentliche Sicherheitsinteressen“ korrespondiert nun mit dem des Rechtsfertigungsgrunds in Art. 346 Abs. 1 lit. b Hs. 1 AEUV.[261] Der in § 4 Abs. 1 Nr. 1 AWG formulierte Schutzgedanke ist nicht nur auf europäischer Ebene, sondern auch international anerkannt. Dies zeigt ein Blick auf Art. XXI GATT, der notwendige Maßnahmen der Vertragsparteien zum Schutz ihrer wesentlichen Sicherheitsinteressen zulässt:

> "Nothing in this Agreement shall be construed [...] (b) to prevent any contracting party from taking any action which it considers necessary for the protection of its essential security interests [...] (ii) relating to the traffic in arms, ammunition and implements of war and to such traffic in other goods and materials as is carried on directly or indirectly for the purpose of supplying a military establishment.".

Der Anwendungsbereich dieser Ausnahmevorschrift ist breit, da unbestimmte Rechtsbegriffe wie „considers necessary“ und „essential security interests“ nicht durch das GATT definiert werden. Es bleibt somit jedem Staat selbst überlassen, was „notwendig“ und „wesentlich“ ist.[262] *Wolffgang/Hölscher* führen an, „security interests“ meine gerade nicht „foreign policy interests“.[263] Solch eine Differenzierung sei durchaus üblich, so beispielsweise in § 7 AWG a. F.,[264] jetzt § 4 AWG. Aufgrund der engen Verflechtung von Außen- und Sicherheitspolitik wird sich eine Unterscheidung in der Praxis jedoch als recht schwierig darstellen. Dass den Vertragsstaaten bewusst war, welchen Spielraum diese Vorschrift eröffnet, zeigt eine in der GATT–Session 1949 an sie gerichtete wie folgt lautende Warnung:

> „... the CONTRACTING PARTIES should be cautious not to take any step which might have the effect of undermining the General Agreement.“.[265]

Es kann auf zweierlei Weise begründet werden, dass man sich für die Möglichkeit solcher Schutzmaßnahmen entschieden hat.[266] Nach einer Ansicht war für die Einführung der Vorschrift die Annahme ausschlaggebend, dass die meisten Staaten von diesen Maßnahmen – sei es mit oder ohne Regelung im GATT – Gebrauch gemacht hätten. Andere deuten die Aufnahme dieser Vorschrift in das GATT als Zeichen des

---

261 Vgl. C.II.

262 So auch *Senti*, GATT, S. 279; *Wolffgang/Hölscher*, Wassenaar-Arrangement, in: Hübner/Ebke, Festschrift für Bernhard Großfeld, S. 1329 (1331).

263 *Wolffgang/Hölscher*, Wassenaar-Arrangement, in: Hübner/Ebke, Festschrift für Bernhard Großfeld, S. 1329 (1331).

264 *Wolffgang/Hölscher*, Wassenaar-Arrangement, in: Hübner/Ebke, Festschrift für Bernhard Großfeld, S. 1329 (1331).

265 GATT, Doc. CP. 3/SR.22, at 7 (1949), zit. nach *Senti*, GATT, S. 279.

266 Beide Begründungen stellt *Senti* in GATT, S. 281 dar.

Bestrebens vieler Staaten, sich ihre Maßnahmen zum Schutz sicherheitspolitischer Interessen durch die internationale Staatengemeinschaft zusprechen zu lassen. Die Ausnahmebestimmung gilt für jeden Vertragsstaat („any contracting party“). In der Folge muss diese Ausnahmevorschrift auch auf gemeinsame Vereinbarungen einiger oder auch aller Vertragsstaaten des GATT Anwendung finden.

Der Technologietransfer im internationalen Handel mit konventionellen Rüstungsgütern ist grundsätzlich tauglich, die wesentlichen Sicherheitsinteressen eines Staates zu beinträchtigen. So kann transferierte Technologie dazu führen, dass der Erwerber die mit dem erworbenen Wissen hergestellten Rüstungsgüter entgegen der Sicherheitsinteressen des Staates des Technologiegebers einsetzt. Auch besteht die Gefahr der Weitergabe der Technologie an Staaten, die den Staat des Technologiegebers in seiner Sicherheit beeinträchtigen kann. Beschränkungen des Technologietransfers konventioneller Rüstungsgüter lassen sich damit auf § 4 Abs. 1 Nr. 1 stützen.

b) Verhütung einer Störung des friedlichen Zusammenlebens der Völker

Nach § 4 Abs. 1 Nr. 2 AWG können Beschränkungen zur Verhütung einer erheblichen Störung des friedlichen Zusammenlebens der Völker angeordnet werden. Der Schutzgedanke des § 4 Abs. 1 Nr. 2 AWG entspringt Art. 26 GG, der bestimmt, dass „Handlungen, die geeignet sind und in der Absicht vorgenommen werden, das friedliche Zusammenleben der Völker zu stören, insbesondere die Führung eines Angriffskrieges vorzubereiten“, verfassungswidrig und unter Strafe zu stellen sind.[267] Der gleiche Gedanke findet sich auch im völkerrechtlichen Gewaltverbot, das in Art. 2 Nr. 4 VN-Charta verankert ist.[268]

Eine Störung des friedlichen Zusammenlebens der Völker ist „jede Handlung, die nicht völkerrechtlich als Verteidigung gegen einen Angriff oder als Kollektivmaßnahme der Vereinten Nationen gerechtfertigt ist und zu schwerwiegenden, ernsten und nachhaltigen Beeinträchtigungen im zwischenstaatlichen Verkehr führen kann.[269] Neben zwischenstaatlichen Konflikten erfasst die Regelung wegen ihres weiten Wortlauts jedoch auch innerstaatliche Auseinandersetzungen zwischen verschiedenen Völkern.[270] Die Ermächtigung des § 4 Abs. 1 Nr. 2 AWG ist vor allem Grundlage für Waffenembargos gegenüber Spannungsgebieten und für die Kontrolle des Exports von Produktionsanlagen für atomare, biologische und chemische Waffen einschließlich ihrer Träger.[271]

---

267 *Simonsen/Beutel*, in: Wolffgang/Simonsen, AWR-Kommentar, Bd. 2, § 7, Rn. 26.
268 *Simonsen/Beutel*, in: Wolffgang/Simonsen, AWR-Kommentar, Bd. 2, § 7, Rn. 26.
269 *Stein/Thoms*, in: Rüsken, § 4 AWG, Rn. 5 m.w.N.
270 *Stein/Thoms*, in: Rüsken, § 4 AWG, Rn. 5 m.w.N.
271 *Rosiny, RIW 9/1990*, S. 702 (703 f.).

c) *Verhütung einer Störung der auswärtigen Beziehungen*

Gemäß § 4 Abs. 1 Nr. 3 AWG[272] sind auch Beschränkungen zur Verhütung einer erheblichen Störung der auswärtigen Beziehungen der Bundesrepublik Deutschland zulässig. Auswärtige Beziehungen sind dabei die Beziehungen der Bundesrepublik Deutschland zu anderen Staaten wie auch zu Internationalen Organisationen.[273] Eine erhebliche Störung im Sinne der Norm liegt vor, wenn die Bundesrepublik Deutschland „in eine Lage gebracht wird, die es ihr unmöglich macht oder ernsthaft erschwert, der Wahrnehmung ihrer Interessen an den Beziehungen zu anderen Staaten und Internationalen Organisationen gerecht zu werden".[274] Dies ist beispielsweise dann der Fall, wenn ihr seitens anderer Staaten aufgrund einer Ausfuhr starke Missbilligung entgegen gebracht wird und ihr guter Ruf als ein verlässlicher Partner mit einem effektiven Exportkontrollsystem in Zweifel gezogen wird.[275] Auf der Grundlage des § 4 Abs. 1 Nr. 3 AWG werden vor allem allgemeine Handelsembargos gegenüber einzelnen Ländern angeordnet.[276] Sind diese auf europäischer Ebene abgesprochen, was meist der Fall ist, so kommt auch § 4 Abs. 2 AWG als Beschränkungsgrundlage in Betracht.[277]

d) *Gewährleistung der öffentlichen Ordnung oder Sicherheit im Sinne der Art. 36, 52 Abs. 1 und 65 Abs. 1 AEUV*

§ 4 Abs. 1 Nr. 4 AWG normiert als Beschränkungsziel die Gewährleistung der öffentlichen Ordnung oder Sicherheit der Bundesrepublik Deutschland im Sinne der Art. 36, 52 Abs. 1 und 65 Abs. 1 AEUV. Diese Vorschrift wurde zur Einführung von Investitionsbeschränkungen für ausländische Unternehmen eingeführt und betrifft vor allem die Beschränkung der Kapitalverkehrsfreiheit.[278]

---

272 Zu der Frage der hinreichenden Bestimmtheit der Vorschrift s. *Simonsen/Beutel*, in: Wolffgang/Simonsen, AWR-Kommentar, Bd. 2, § 7, Rn. 30–32.

273 *Simonsen/Beutel*, in: Wolffgang/Simonsen, AWR-Kommentar, Bd. 2, § 7, Rn. 28.

274 *Simonsen/Beutel*, in: Wolffgang/Simonsen, AWR-Kommentar, Bd. 2, § 7, Rn. 28.

275 *Simonsen/Beutel*, in: Wolffgang/Simonsen, AWR-Kommentar, Bd. 2, § 7, Rn. 28.

276 *Rosiny, RIW 9/1990*, S. 702 (703 f.).

277 *Rosiny, RIW 9/1990*, S. 702 (704). Zu der Beschränkungsgrundlage des § 4 Abs. 2 AWG und dem Verhältnis zwischen § 4 Abs. 1 und Abs. 2 AWG vgl. B.I.3.

278 *Simonsen/Beutel*, in: Wolffgang/Simonsen, AWR-Kommentar, Bd. 2, § 7, Rn. 34 f.; zur Kontrolle von Unternehmenserwerben vgl. *Marquardt/Pluskat*, DStR 2009, S. 1314–1320.

e) *Deckung des lebenswichtigen Bedarfs*

Nach § 4 Abs. 1 Nr. 5 AWG dürfen Einschränkungen vorgenommen werden, um einer Gefährdung der Deckung des lebenswichtigen Bedarfs im Inland oder in Teilen des Inlands entgegenzuwirken und dadurch im Einklang mit Art. 36 AEUV die Gesundheit und das Leben von Menschen zu schützen. Im Gegensatz zur Vorgängervorschrift § 8 Abs. 1 AWG a.F., die Beschränkungen bereits in einem frühen Stadium zuließ, knüpft § 4 Abs. 1 Nr. 5 AWG an eine tatsächliche Gefährdung an.[279] Bei der Beschränkung des Technologietransfers ist diese Ermächtigungsgrundlage aber nicht von entscheidender Bedeutung.

2. *Ermächtigungsgrundlage des § 4 Abs. 2 AWG*

Nach § 4 Abs. 2 AWG können durch Rechtsverordnung auch Rechtsgeschäfte und Handlungen beschränkt werden, um Beschlüsse des Rats der Europäischen Union über wirtschaftliche Sanktionsmaßnahmen im Bereich der Gemeinsamen Außen- und Sicherheitspolitik umzusetzen (Nr. 1), Verpflichtungen durchzuführen, die in unmittelbar geltenden Rechtsakten der Europäischen Union zur Durchführung wirtschaftlicher Sanktionsmaßnahmen im Bereich der Gemeinsamen Außen- und Sicherheitspolitik vorgesehen sind (Nr. 2), Resolutionen des Sicherheitsrates der Vereinten Nationen umzusetzen (Nr. 3) oder zwischenstaatliche Vereinbarungen umzusetzen, denen die gesetzgebenden Körperschaften in Form von Bundesgesetzen zugestimmt haben (Nr. 4).

Die Vorgängervorschrift § 5 AWG a.F. war wesentlich kürzer:

> „Zur Erfüllung zwischenstaatlicher Vereinbarungen, denen die gesetzgebenden Körperschaften in der Form eines Bundesgesetzes zugestimmt haben, können Rechtsgeschäfte und Handlungen im Außenwirtschaftsverkehr beschränkt oder bestehende Beschränkungen aufgehoben werden.“.[280]

Die Vorschrift wurde im Zuge der Novellierung des Außenwirtschaftsrechts ohne materiell-rechtliche Änderungen an die nun gebräuchliche Terminologie angepasst, vergleiche § 23c des Luftfahrtgesetzes.[281]

§ 4 Abs. 2 Nr. 4 AWG ist an § 5 AWG a.F. angelehnt und fungiert nunmehr als Auffangtatbestand.[282] Die Vorschrift ist aufgrund ihres offenen Wortlauts aus-

279 BT-Drs. 17/11127, S. 22.

280 Es war umstritten, ob diese Vorschrift den Anforderungen der Bestimmtheitstrias des Art. 80 Abs. 1 S. 2 GG genügt; vgl. *Simonsen/Beutel*, in: Wolffgang/Simonsen, AWR-Kommentar, Bd. 2, § 5, Rn. 5 m.w.N.

281 BT-Drs. 17/11127, S. 22.

282 *Stein/Thoms*, in: Rüsken, § 4 AWG, Rn. 21.

legungsbedürftig.[283] „Zwischenstaatliche Vereinbarungen" meint völkerrechtliche Verträge, also Übereinkünfte zwischen zwei oder mehr Völkerrechtssubjekten, durch die die zwischen ihnen bestehende Rechtslage verändert werden soll.[284] Die Vorschrift erfasst in sachlicher Hinsicht alle Vereinbarungen, die für die Bundesrepublik Deutschland außenwirtschaftliche Umsetzungspflichten mit sich bringen.[285] In formeller Hinsicht findet die Vorschrift nur auf solche Vereinbarungen Anwendung, zu denen ein Zustimmungsgesetz der gesetzgebenden Körperschaften im Sinne des Art. 59 Abs. 1 GG ergangen ist.[286] Vom Anwendungsbereich ausgenommen sind einfache zwischenstaatliche Vereinbarungen im Sinne des Art. 59 Abs. 2 S. 2 GG, da andernfalls die Exekutive den Ermächtigungstatbestand des § 4 Abs. 2 Nr. 4 AWG, der selbst keine inhaltliche Vorgaben enthält, ohne Zustimmung der Legislative durch den Abschluss entsprechender Verwaltungsabkommen eigenständig vervollständigen könnte.[287] Der verfassungsrechtliche Grundsatz der Gewaltenteilung wäre verletzt.[288] Die Umsetzung zwischenstaatlicher Vereinbarungen bedeutet die Erfüllung von Verpflichtungen aus diesen Vereinbarungen.[289] Nicht erfasst werden daher beispielsweise „gentlemen's agreements"[290] wie das Wassenaar-Abkommen.[291]

3. *Verhältnis zwischen § 4 Abs. 1 AWG und § 4 Abs. 2 AWG*

Beide Absätze können nebeneinander angewendet werden.[292] Der Weg über § 4 Abs. 2 AWG sollte der schnellere sein.[293] Denn Rechtsverordnungen nach § 4 Abs. 2 AWG können gemäß § 12 Abs. 1 S. 2 AWG vom Bundesministerium für Wirtschaft und Energie im Einvernehmen mit dem Auswärtigen Amt und dem Bundesministerium der Finanzen erlassen werden. Für Rechtsverordnungen nach § 4 Abs. 1 AWG ist hingegen nach § 12 Abs. 1 S. 1 AWG die Bundesregierung, also die Bundeskanzlerin oder der Bundeskanzler und alle Bundesminister, zuständig.

283 *Stein/Thoms*, in: Rüsken, § 4 AWG, Rn. 21.
284 *Stein/Thoms*, in: Rüsken, § 4 AWG, Rn. 22.
285 *Stein/Thoms*, in: Rüsken, § 4 AWG, Rn. 23.
286 *Stein/Thoms*, in: Rüsken, § 4 AWG, Rn. 24.
287 *Stein/Thoms*, in: Rüsken, § 4 AWG, Rn. 25.
288 *Stein/Thoms*, in: Rüsken, § 4 AWG, Rn. 25.
289 *Stein/Thoms*, in: Rüsken, § 4 AWG, Rn. 26.
290 S. 3. Teil B.I.
291 *Stein/Thoms*, in: Rüsken, § 4 AWG, Rn. 27.
292 So beispielsweise *Beutel*, in: Wolffgang/Simonsen, AWR-Kommentar, Bd. 2, § 5 AWG, Rn. 6; a.A. *Hohmann*, in: Hohmann/John, Kommentar Ausfuhrrecht, § 5, Rn. 10.
293 *Beutel*, in: Wolffgang/Simonsen, AWR-Kommentar, Bd. 2, § 5, Rn. 6.

II. Zulässige Fälle der Beschränkung

§ 5 Abs. 1 AWG zählt die Hauptanwendungsfälle für Beschränkungen nach § 4 Abs. 1 AWG auf.[294] Nach § 5 Abs. 1 Nr. 1 Hs. 1 AWG können Beschränkungen und Handlungspflichten nach § 4 Abs. 1 AWG

> „insbesondere angeordnet werden für Rechtsgeschäfte und Handlungen in Bezug auf Waffen, Munition und sonstige Rüstungsgüter sowie Güter für die Entwicklung, Herstellung oder den Einsatz von Waffen, Munition und Rüstungsgütern".

Durch die Verwendung des Worts „insbesondere" ist erkennbar, dass eine beispielhafte Aufzählung vorliegt.[295] Eine Beschränkung anderer als dort genannter Rechtsgeschäfte und Handlungen ist also möglich.[296] Die Begriffe „Rechtsgeschäft" und „Handlung" werden allgemein weit ausgelegt. So ist ein Rechtsgeschäft jede Handlung, die eine Rechtsfolge herbeiführen soll, das heißt eine Änderung in den Rechtsbeziehungen einzelner Personen.[297] Damit werden unter anderem einseitige, mehrseitige, dingliche und schuldrechtliche Verträge erfasst.[298] Der Begriff „Handlung" meint jedes reale menschliche Tun.[299] Gemäß § 2 XIII AWG sind Güter „Waren, Software und Technologie", wobei „Technologie" auch die „Unterlagen zur Fertigung von Waren oder von Teilen dieser Waren" umfasst.[300] Was genau unter dem Begriff „Technologie" zu verstehen ist, wird im AWG nicht definiert.[301] Es sind jedenfalls nicht nur die Fertigungsunterlagen[302] gemeint, dies

---

294 *Simonsen/Beutel*, in: Wolffgang/Simonsen, AWR Kommentar, Bd. 2, § 7 AWG, Rn. 39.

295 So auch die Gesetzesbegründung, vgl. BT-Drs. III/1285, S. 239; *Ehrenberg*, Deutscher Rüstungsexport, S. 70.

296 *Simonsen/Beutel*, in: Wolffgang/Simonsen, AWR Kommentar, Bd. 2, § 7 AWG, Rn. 39, nach ihrer Ansicht bedürfen solche Beschränkungen aber einer besonderen Begründung. Vgl. hierzu näher *Stein/Thoms*, in: Rüsken, § 5 AWG, Rn. 1.

297 *Reuter*, Außenwirtschaftsrecht, Rn. 600 m.w.N.

298 *Reuter*, Außenwirtschaftsrecht, Rn. 600 m.w.N.

299 *Reuter*, Außenwirtschaftsrecht, Rn. 600 m.w.N.

300 Im Ergebnis ebenso *Stein/Thoms*, in: Rüsken, § 5 AWG, Rn. 4, die jedoch nicht auf die Definition des Art. 2 Abs. XIII AWG zurückgreifen, sondern die Erfassung von Technologie mit der gesetzgeberischen Intention, nicht vom Anwendungsbereich der Vorgängerregelung abweichen zu wollen, begründen.

301 Der Technologiebegriff wird in der AWV konkretisiert, s. 1. Teil A.II.

302 Unter Fertigungsunterlagen versteht man solche Unterlagen, die den Empfänger in die Lage versetzen, die jeweilige Ware herzustellen, *Pottmeyer*, KWKG-Kommentar, Einleitung, Rn. 169. *Rosiny* zählt für den Begriff „Fertigungsunterlagen" folgende Beispiele auf: „Anforderungsliste, Pflichtheft, Funktionsplan, Blockschaltbild, Prinzipskizze, Schaltplan (hydraulisch), Stromlaufplan, Entwurfszeichnung, Realisie-

zeigt bereits der Wortlaut („auch"). Nach § 5 Abs. 1 Nr. 1 Hs. 1 AWG können also Beschränkungen für Rechtsgeschäfte und Handlungen in Bezug auf Technologien für die Entwicklung, Herstellung oder den Einsatz von Waffen, Munition und Rüstungsgütern angeordnet werden.

Die durch die Modernisierung des Außenwirtschaftsrechts angestrebte „Entschlackung" zeigt hier Wirkung. Nach § 7 Abs. 2 Nr. 1 c) AWG a.F. konnte insbesondere die Ausfuhr von Konstruktionszeichnungen und sonstigen Fertigungsunterlagen für die in lit. a und b bezeichneten Gegenstände (Waffen, Munition, Kriegsgerät; Gegenstände, die bei der Entwicklung, Erzeugung oder dem Einsatz von Waffen, Munition und Kriegsgerät nützlich sind) eingeschränkt werden. Nach Art. 7 Abs. 2 Nr. 4 AWG a.F. konnten zudem Rechtsgeschäfte über gewerbliche Schutzrechte, Erfindungen, Herstellungsverfahren und Erfahrungen in Bezug auf die in Nr. 1 bezeichneten Waren und sonstige Gegenstände beschränkt werden. Rechtsgeschäfte im Sinne dieser Norm waren beispielsweise Lizenz- und Patentverträge sowie Dienst- und Werkverträge.[303] Die Ermächtigungsregelung zur Beschränkung des Technologietransfers wurde mit der AWG–Novelle damit deutlich übersichtlicher gestaltet. Die Beschränkungsgegenstände werden nun in einer eigenen Norm (§ 5 AWG) – zuvor waren sie mit den Beschränkungszielen in einer gemeinsamen Norm (§ 7 AWG a. F.) aufgeführt – genannt. Es bedarf keiner Auflistung besonderer Unterlagen, da die Technologie wie auch die Ware unter den Begriff „Gut" gefasst wird und nun für Güter eine einheitliche Regelung existiert.

III. Zulässiges Maß der Beschränkung

Da das Außenwirtschaftsrecht dem Grundsatz der Freiheit des Außenwirtschaftsverkehrs unterliegt[304], sind an die Einschränkungen, die zugunsten dieser Sicherheit angeordnet werden, besondere Anforderungen zu stellen. So schreibt § 4 Abs. 4 S. 1 AWG vor, dass die Beschränkungen nach Art und Umfang auf das Maß zu begrenzen sind, das notwendig ist, um den in der Ermächtigung angegeben Zweck – hier also vor allem die Wahrung der Sicherheitsinteressen der Bundesrepublik Deutschland[305] – zu erreichen. Es sind also die Beschränkungen

rungsplan, Einstell-, Modell-, Ausbau-, Bestell-, Zusammenstellungs-, Montage-, Vorbereitungszeichnungen, Konstruktions-, Fertigungs-, Liefer-, Montagevorbereitungs-, Terminstücklisten", *ders.*, RIW 1990, S. 702 (705).

303 *Hohmann/John*, Kommentar zum Ausfuhrrecht, § 7, Rn. 25.

304 S. Ausführungen unter A.II.

305 S. B.I.1.a).

so zu wählen, dass in die Freiheit der wirtschaftlichen Betätigung so wenig wie möglich eingegriffen wird (Schonungsgebot)[306], § 4 Abs. 4 S. 2 AWG.[307] Dies gilt auch für die zeitliche Dimension, denn nach § 4 Abs. 4 S. 4 AWG sind Beschränkungen aufzuheben, sobald und soweit die Gründe, die ihre Anordnung rechtfertigten, nicht mehr vorliegen.

IV. Fazit

Es gilt nach § 1 Abs. 1 S. 1 AWG die Außenwirtschaftsfreiheit, die nach § 1 Abs. S. 2 AWG den Einschränkungen unterliegt, die durch Rechtsverordnung aufgrund dieses Gesetzes vorgeschrieben werden. Solche Ermächtigungsnormen sind die §§ 4 und 5 AWG, die das Beschränkungsziel und den Beschränkungsgegenstand vorgeben. Betrachtet man die zulässigen Beschränkungsziele des § 4 AWG, so sind zur Beschränkung des Technologietransfers konventioneller Rüstungsgüter insbesondere Abs. 1 Nr. 1 (wesentliche Sicherheitsinteressen) und Abs. 2 (Umsetzung zwischenstaatlicher Vereinbarungen) relevant. § 5 AWG nennt (in Verbindung mit § 2 XIII AWG) als zulässiges Beschränkungsziel die Technologie für die Entwicklung, Herstellung oder den Einsatz von Rüstungsgütern. Art, Umfang und Dauer der Beschränkung müssen entsprechend des Grundsatzes der Freiheit der Außenwirtschaftsfreiheit notwendig sein, § 4 Abs. 4 AWG.

C. Kompetenz der Mitgliedstaaten der Europäischen Union zur Regelung des Technologietransfers?

Das deutsche Außenwirtschaftsrecht wird durch primärrechtliche und sekundärrechtliche Regelungen des Unionsrechts stark beeinflusst. Ansatzpunkt für die Bestimmung des Verhältnisses zwischen nationaler und europäischer Regelungskompetenz ist die Selbstbeschränkungsklausel des § 1 Abs. 2 Nr. 3 AWG. Danach bleiben unberührt

> „Rechtsvorschriften der Organe zwischenstaatlicher Einrichtungen, denen die Bundesrepublik Deutschland Hoheitsrechte übertragen hat."

Seit der Gründung der europäischen Gemeinschaften EWG, EAG und EGKS in den 1950er Jahren entwickelt sich das europäische Außenwirtschaftsrecht.[308] Durch Zustimmungsgesetze übertrug die Bundesrepublik Deutschland ihre Ho-

---

306 Begriff nach *Rosiny, RIW 9/1990*, S. 702 (704).

307 Vgl. zu § 4 Abs. 4 AWG ausführlich die aktuelle Darstellung, die auch die Konsequenzen für die Praxis darstellt, in *Stein/Thoms*, in: Rüsken, § 4 AWG, Rn. 39–52.

308 *Wolffgang*, in: Bieneck (Hrsg.), Außenwirtschaftsrecht, § 1, Rn. 16.

heitsbefugnisse im Außenwirtschaftsrecht nach Art. 23 GG Schritt für Schritt auf supranationale Einrichtungen.[309]

Die Abgrenzung der Regelungskompetenzen für den Handel mit Rüstungsgütern stellt sich in der Literatur als äußerst strittig dar. Dieser Teil der Untersuchung soll nicht eine Aufrollung des gesamten Streits um die Kompetenzverteilung zwischen der Europäischen Union und den Mitgliedstaaten unternehmen. Dies ist angesichts der bereits bestehenden umfassenden juristischen Literatur zu dieser Problematik[310] auch nicht gewinnbringend. Es werden daher im Folgenden die Regelungssystematik der Kompetenzverteilung erörtert und die hier problematischen Punkte unter Nennung weiterführender Literaturhinweise aufgeworfen.

I. Vorrang europarechtlicher Vorschriften

Bei den bestehenden europarechtlichen Vorschriften ist zwischen solchen, die den Handel innerhalb der Europäischen Union betreffen, und solchen, die den Handel mit Drittstaaten im Rahmen der Gemeinsamen Außen- und Sicherheitspolitik regeln, zu unterscheiden. Bezüglich des Handels innerhalb der Europäischen Union gelten unmittelbar die Warenverkehrs- (Art. 28–37 AEUV) und die Dienstleistungsfreiheit (Art. 56–62 AEUV). Auf diese Regelungen soll hier nicht näher eingegangen werden, sondern es sei auf die einschlägigen Darstellungen verwiesen.[311] Bezüglich des Technologietransfers ist aber festzuhalten, dass beide Grundfreiheiten einschlägig sein können, da Technologie sowohl als Ware (technische Unterlagen) als auch als Dienstleistung (technische Unterstützung) transferiert werden kann.[312] Entgegenstehendes nationales Recht findet in diesem Fall keine Anwendung. Eine Regelungskompetenz der Mitgliedstaaten ist für den Handel innerhalb der Europäischen Union daher weitgehend – zu den Ausnahmevorschriften siehe unten[313] – ausgeschlossen.[314]

309 Zur historischen Entwicklung der Außen- und Sicherheitspolitik von der Haager Gipfelkonferenz der Staats-und Regierungschefs 1969 bis zum Maastrichter Vertrag 1992 s. *Augustesen*, Europäische Rüstungsexportkontrolle, S. 3–5.

310 Zu einer ausführlichen Behandlung der Ausnahmevorschrift des Art. 346 AEUV einschließlich weiterer Nachweise zur Rechtsprechung und Literatur s. vor allem die Dissertationen *Eisenhut*, Europäische Rüstungskooperation und *Richter*, Rüstungsindustrie.

311 Zu den Grundfreiheiten speziell im Rüstungsmarkt s. *Richter*, Rüstungsindustrie, S. 389–406.

312 S. 1. Teil A.I.

313 S. C.II.

314 *Weber*, JA 1990, S. 73 (74).

Gegenüber Drittstaaten ist grundsätzlich die Europäische Union für den Bereich der gemeinsamen Handelspolitik nach Art. 3 Abs. 1 lit. e AEUV ausschließlich zuständig. Art. 207 Abs. 1 AEUV[315] beschreibt exemplarisch[316] die Gegenstände, die unter die gemeinsame Handelspolitik fallen:

> „Die gemeinsame Handelspolitik wird nach einheitlichen Grundsätzen gestaltet; dies gilt insbesondere für die Änderung von Zollsätzen, für den Abschluss von Zoll- und Handelsabkommen, die den Handel mit Waren und Dienstleistungen betreffen, und für die Handelsaspekte des geistigen Eigentums, die ausländischen Direktinvestitionen, die Vereinheitlichung der Liberalisierungsmaßnahmen, die Ausfuhrpolitik sowie die handelspolitischen Schutzmaßnahmen, zum Beispiel im Fall von Dumping und Subventionen. Die gemeinsame Handelspolitik wird im Rahmen der Grundsätze und Ziele des auswärtigen Handelns der Union gestaltet.".

Diese Norm vermittelt der Europäischen Union nach ständiger Rechtsprechung des Europäischen Gerichtshofs[317] eine ausschließliche Kompetenz zur Regelung des Außenhandels („Handel mit Waren") der Europäischen Union. Bei einer Kollision des nationalen Rechts mit unionsrechtlichem ist ein Fall des Anwendungsvorranges gegeben.[318] Wegen dieses Anwendungsvorrangs sind Bestimmungen des nationalen Rechts unangewendet zu lassen, die mit dem Unionsrecht nicht im Einklang stehen.[319]

Die Kompetenz der Europäischen Union bezieht sich nicht nur auf eine autonome Rechtsetzung, sondern auch auf den Abschluss völkerrechtlicher Verträge (Art. 37 EUV). Solche Verträge gehen als Bestandteil des Unionsrechts dem deutschen Recht ebenfalls vor.[320] Gesprochen wird daher auch von einer „völkerrechtlichen Determination des Außenwirtschaftsrechts".[321]

---

315 Die Literatur und Rechtsprechung bezieht sich teils noch auf die Vorgängervorschriften Art. 133 EGV und Art. 113 EGWV. Zu den materiell-rechtlichen Grundlagen des Art. 207 AEUV s. *Tietje*, in: Tietje (Hrsg.), Internationales Wirtschaftsrecht, § 15, Rn. 21–28.

316 Es besteht also kein Numerus Clausus von handelspolitischen Maßnahmen, vgl. *Tietje*, in: Tietje (Hrsg.), Internationales Wirtschaftsrecht, § 15, Rn. 21.

317 Vgl. EuGH, Gutachten, vom 11.11.1975, G-1/75 (Lokale Kosten), Slg. 1975, 1355, 1363 ff.; Gutachten vom 15.11.1994, G-1/94 *(GATS/TRIPS)*, Slg. 1994, I-5267 (5395, Rn. 22); Urteil vom 17.10.1995, Rs. C-83/94 *(Leifer)*, Slg. 1995, I-3231, Rn. 12 ff.

318 EuGH, Urteil vom 07.02.1991, Rs. C-184/89 *(Nimz)*, Slg. 1991, I-397, Rn. 21; BVerfGE 75, 233, 244.

319 Vgl. EuGH, Urteil vom 22.06.1989, Rs. 103/88 *(Fratelli)*, Slg. 1989, 1839, Rn. 28.

320 EuGH, Urteil vom 30.04.1974, Rs. 181/73 *(Haegemann)*, Slg. 1974, 449 (460).

321 *Simonsen*, in: Wolffgang/Simonsen, AWR-Kommentar, Bd. 2, § 1 AWG, Rn. 6. So auch *Tietje*, in: Tietje (Hrsg.), Internationales Wirtschaftsrecht, § 15, Rn. 9.

In weiten Teilen hat das deutsche Außenwirtschaftsrecht daher nur noch eine dienende Funktion, indem es unionsrechtliche Vorgaben aus Richtlinien umsetzt oder unmittelbar geltendes Gemeinschaftsrecht durchführt.[322] In § 4 Abs. 2 Nr. 1 und 2 AWG wird diese dienende Funktion des deutschen Außenwirtschaftsrechts deutlich, denn es heißt dort:

> „Ferner können im Außenwirtschaftsrecht durch Rechtsverordnung Rechtsgeschäfte und Handlungen beschränkt oder Handlungspflichten angeordnet werden, um
> 1. Beschlüsse des Rates der Europäischen Union über wirtschaftliche Sanktionsmaßnahmen im Bereich der Gemeinsamen Außen- und Sicherheitspolitik umzusetzen,
> 2. Verpflichtungen der Mitgliedstaaten der Europäischen Union durchzuführen, die in unmittelbar geltenden Rechtsakten der Europäischen Union zur Durchführung wirtschaftlicher Sanktionsmaßnahmen im Bereich der Gemeinsamen Außen- und Sicherheitspolitik vorgesehen sind, [...]“

Festzuhalten ist, dass aufgrund der ausschließlichen Kompetenz der Europäischen Union im Außenhandel (Art. 3 Abs. 1 lit. e AEUV in Verbindung mit Art. 207 Abs. 1 AEUV) nach der Rechtsprechung des Europäischen Gerichtshofs nationale außenhandelspolitische Maßnahmen nur noch mit einer besonderen Ermächtigung der Union zulässig sind.[323]

II. Ausnahmevorschriften, insbesondere Art. 346 Abs. 1 lit. b Hs. 1 AEUV

Ausnahmevorschriften finden sich für den innergemeinschaftlichen Handel in den Art. 36, 45, 52, 65 und für den inner- und außergemeinschaftlichen Handel in Art. 346 und 347 AEUV. Im Folgenden ist vor allem auf Art. 346 AEUV einzugehen, der die Handlungsfreiheit der Mitgliedstaaten in bestimmten, sicherheitssensiblen Bereichen wahren soll.[324] Denn die Praxis sieht die Existenz des die Technologieausfuhr regelnden § 8 Abs. 1 Nr. 1 AWV und des die Technologiever-

---

322 *Epping*, in: Wolffgang/Simonsen, AWR-Kommentar, Bd. 1, Ordnungs-Nr. 20, Rn. 3. Von einer Hilfsfunktion spricht *Bryde*, in: Schmidt (Hrsg.), Öffentliches Wirtschaftsrecht, Bd. 2, § 14, Rn. 16; vgl. auch *Ehlers/Pünder*, in: Grabitz/Hilf, Das Recht der Europäischen Union, Bd. V, E 15, Rn. 56.

323 EuGH, Urteil vom 15.12.1976, Rs. 41/76 *(Donckerwolcke)*, Slg. 1976, 1921 (1937); Urteil vom 18.02.1986, Rs. 174/84 *(Bulk-Oil)*, Slg. 1986, 559, Rn. 31; Urteil vom 17.10.1995, Rs. C-70/94 *(Werner)*, Slg. 1995, I-3189, Rn. 12; Urteil vom 17.10.1995, Rs. C 83/94 *(Leifer)*, Slg. 1995, I-3231, Rn. 12 f.

324 EuG, Urteil vom 30.09.2003, Rs. T-26/01 *(Fiocchi munizioni/Kommission)*, Slg. 2003, II-3951, Rn. 58; *Weber*, JA 1990, S. 73 (75).

bringung regelnden § 11 Abs. 1 AWV durch Art. 346 Abs. 1 lit. b Hs. 1 AEUV[325] legitimiert. Die beschränkenden Vorschriften der AWV stützen sich auf die Ermächtigung des § 4 AWG,[326] der Beschränkungen zum Schutz der öffentlichen Sicherheit zulässt. Dieses Regelungsziel unterfällt dem Begriff der wesentlichen Sicherheitsinteressen.[327]

Art. 346 AEUV bestimmt:

> „Die Vorschriften der Verträge stehen folgenden Bestimmungen nicht entgegen [...]
> b) jeder Mitgliedstaat kann die Maßnahmen ergreifen, die seines Erachtens für die Wahrung seiner wesentlichen Sicherheitsinteressen erforderlich sind, soweit sie die Erzeugung von Waffen, Munition und Kriegsmaterial oder den Handel damit betreffen; diese Maßnahmen dürfen auch auf dem Binnenmarkt die Wettbewerbsbedingungen hinsichtlich der nicht eigens für militärische Zwecke bestimmten Waren nicht beeinträchtigen.".

Diese Vorschrift, wie auch die des Art. 347 AEUV, ist vor dem Hintergrund entstanden, dass die damaligen Gemeinschaftsverträge vorrangig auf einen wirtschaftspolitischen, nicht jedoch auf den sicherheitspolitischen oder militärischen Bereich abzielten.[328] Da es aufgrund der Bedeutung der verteidigungsrelevanten Industriezweige für die europäische Wirtschaft und Technologie zu Wechselwirkungen kommen könnte, erschien jedoch eine Regelung erforderlich.[329] Die Vorschriften sollten so die Spannungen mildern, die einerseits aus der Letztverantwortlichkeit der Mitgliedstaaten für ihre nationale Sicherheit (Art. 4 Abs. 2

---

325 So beispielsweise *Simonsen/Beutel*, in: Wolffgang/Simonsen, AWR-Kommentar, Bd. 3, § 5 AWV, Rn. 1 mit einem Satz und ohne Beleg. Auch nach *Tietje* bleiben Ausfuhrbeschränkungen, die den Handel mit Waffen, Munition oder Kriegsmaterial betreffen, in der Kompetenz der Mitgliedstaaten, *Tietje*, in Tietje (Hrsg.), Internationales Wirtschaftsrecht, § 15, Rn. 83. Vgl. auch *Ehlers/Pünder*, in: Grabitz/Hilf, Das Recht der Europäischen Union, Bd. V, E 15, Rn. 60. Die Literatur bezieht sich teilweise noch auf die Vorgängervorschriften Art. 296 EGV oder Art. 223 EWGV.

326 *Simonsen/Beutel*, in: Wolffgang/Simonsen, AWR-Kommentar, Bd. 3, § 5 AWV, Rn. 1.

327 Zu dem § 4 Abs. 1 AWG n. F. entsprechenden § 7 Abs. 1 AWG a. F. vgl. BGH, BeckRS 2010, 10962, Rn. 105 ff.

328 *Hummer*, in: Grabitz/Hilf, Altbd. II, Vorb. zu Art. 223–225 EWGV, Rn. 1. Anders noch die Idee *Schumans*, der in seiner Erklärung vom 09.05.1950 meinte: „Die Zusammenlegung der Kohle- und Stahlproduktion wird [...] die Bestimmung jener Gebiete ändern, die lange Zeit der Herstellung von Waffen gewidmet waren, deren sicherste Opfer sie gewesen sind." (Schuman-Erklärung vom 09.05.1950, http://europa.eu/about-eu/basic-information/symbols/europe-day/schuman-declaration/index_de.htm, zuletzt abgerufen am 15.09.2016).

329 *Hummer*, in: Grabitz/Hilf, Altbd. II, Vorb. Zu Art. 223–225 EWGV, Rn. 1.

EUV) und andererseits aus der Verantwortung der Europäischen Union für einen funktionsfähigen Binnenmarkt resultieren können.[330] Bei der Untersuchung der Vorschrift ist zuerst auf die Rechtsfolge einzugehen. Danach wird die heftig umstrittene Kompetenzverteilung zwischen der Europäischen Union und den Mitgliedstaaten behandelt. Ebenfalls strittig und hier dargestellt ist die Frage, welche Maßnahmen Art. 346 AEUV den Mitgliedstaaten erlaubt.

1. Derogation als Rechtsfolge

Art. 346 Abs. 1 lit. b Hs. 1 AEUV führt zu einer „Derogation vom gesamten Unionsrecht",[331] so auch der Art. 28 ff. AEUV. Der Wortlaut der Norm („Die Vorschriften der Verträge stehen folgenden Bestimmungen nicht entgegen") legt nahe, dass sich die Mitgliedstaaten auch über das auf Grundlage des EUV erlassene Unionsrecht hinwegsetzen können.[332] Dies betrifft auch etwa den „Gemeinsamen Standpunkt 2008/944/GASP betreffend gemeinsame Regeln für die Kontrolle der Ausfuhr von Militärtechnologie und Militärgüter"[333] (Gemeinsamer Standpunkt 2008/944/GASP).[334] Mit dem Gemeinsamen Standpunkt 2008/944/GASP haben sich die Mitgliedstaaten der Europäischen Union im Rahmen der Gemeinsamen Außen- und Sicherheitspolitik jedoch auf rechtlich verbindliche Regeln zur Kontrolle der Ausfuhr von Militärtechnologie geeinigt. Dass sich einzelne Mitgliedstaaten nun aufgrund eigener wesentlicher Sicherheitsinteressen über diese Regeln hinweg setzen können, zeigt eine Schwäche des Gemeinsamen Standpunkt 2008/944/GASP.

2. Verteilung der Rechtsetzungskompetenz

Über die Reichweite der aus Art. 346 Abs. 1 lit. b Hs. 1 AEUV folgenden Rechtsetzungskompetenz der Mitgliedstaaten besteht keine Einigkeit.[335]

---

330 *Karpenstein*, in: Schwarze, EU-Kommentar, Art. 346 AEUV, Rn. 1; *Trybus*, CML Rev. 39 (2002), S. 1347 (1347).

331 *Karpenstein*, in: Schwarze, EU-Kommentar, Art. 346 AEUV, Rn. 12.

332 *Karpenstein*, in: Schwarze, EU-Kommentar, Art. 346 AEUV, Rn. 12.

333 Abl. 2008 L 335, S. 99–103; abgedruckt im Anhang; zum Anwendungsbereich und Inhalt des Gemeinsamen Standpunkts 2008/944/GASP s. die Ausführungen unter 3. Teil B.I.2, C.II.2.

334 *Karpenstein*, in: Schwarze, EU-Kommentar, Art. 346 AEUV, Rn. 12.

335 Ausführlich zu der Diskussion *Richter*, Rüstungsindustrie, S. 50–57.

a) Verteilung zugunsten der Mitgliedstaaten

Ein Teil der Literatur geht davon aus, dass Art. 346 Abs. 1 lit. b Hs. 1 AEUV den Bereich der (gelisteten) Rüstungsgüter der Kompetenz der Europäischen Union von vornherein entzieht.[336] Von einer weitgehenden Kompetenz der Mitgliedstaaten geht auch *Epping* aus. Er leitet aus den Entscheidungen *Leifer*[337] und *Werner*[338] ab, der Europäische Gerichtshof würde den außen- und sicherheitspolitischen Bereich – also jenen des § 4 AWG, der als Ermächtigung für § 8 Abs. 1 AWV dient – weiterhin den Mitgliedstaaten belassen wollen.[339] Noch deutlicher äußert sich *Tietje*, der bei der Exportkontrolle im Bereich von Kriegswaffen keine Kompetenz der Europäischen Union nach Art. 207 AEUV sieht, sondern für diesen Bereich die Mitgliedstaaten für regelungskompetent hält.[340] *Tietje* sieht in der Ausnahmevorschrift einen „nicht unerheblichen Systembruch im europäischen Außenwirtschaftsrecht".[341] Damit liegt mit der Regelung des Art. 346 AEUV in der Theorie gerade kein Systembruch vor, sondern eine Abweichung aus Gründen der öffentlichen Sicherheit, wie es auch beispielsweise in Art. 36 AEUV vorgesehen ist. Grund für die Kritik ist wohl weniger die Existenz der Norm als ihre weitgehende Handhabung in der Praxis.[342]

b) Verteilung zugunsten der Europäischen Union

Dass – entgegen der Ansicht *Eppings* und *Tietjes* – der Europäische Gerichtshof den außen- und sicherheitspolitischen Bereich nicht einfach den Mitgliedstaaten überlassen möchte, zeigt seine Aussage im Fall *Werner*. Danach

> „kann eine Maßnahme, die die Verhinderung oder Beschränkung der Ausfuhr bestimmter Güter [...] bewirkt, dem Bereich der gemeinsamen Handelspolitik nicht mit der Begründung entzogen werden, daß mit ihr außen- und sicherheitspolitische Zwecke verfolgt würden."[343]

---

336 Statt vieler *Wolffgang*, DVBl 1996, S. 277 (278). Nach *Griebel/Leidinger*, AW-Prax 2013, S. 152 (153) wies *Wolffgang* auf dem 7. Exportkontrolltag am 1. März 2013 darauf hin, dass es zur Kompetenzausweitung der EU zur Regelung von Verteidigungsgütern einer Anpassung des Vertrages von Lissabon bedürfe. Für weitere Nachweise zur o.g. Meinung s. *Richter*, Rüstungsindustrie, S. 51, Fn. 169.

337 EuGH, Urteil vom 7.10.1995, Rs. C-83/94 *(Leifer)*, Slg. 1995, 3231 ff.

338 EuGH Urteil vom 17.10.1995, Rs. C-70/94 *(Werner)*, Slg. 1995, 3189 ff.

339 *Epping*, in: Wolffgang/Simonsen, AWR-Kommentar, Bd. 1, Ordnungs-Nr. 20, Rn. 3.

340 *Tietje*, in: Tietje (Hrsg.), Internationales Wirtschaftsrecht, § 15, Rn. 109.

341 *Tietje*, in: Tietje (Hrsg.), Internationales Wirtschaftsrecht, § 15, Rn. 109. Zu weiterer Kritik s. auch *Vedder*, in: Vedder/Heintschel von Heinegg, Europäisches Unionsrecht, Art. 346 AEUV, Rn. 7.

342 So auch *Richter*, Rüstungsindustrie, S. 43 f.

343 EuGH Urteil vom 17.10.1995, Rs. C-70/94 *(Werner)*, Slg. 1995, 3189, Rn. 10.

Vor allem in dem späteren Fall *Kommission/Portugal* wird deutlich, dass nach Ansicht des Europäischen Gerichtshofs die Bestimmung des Art. 346 Abs. 1 lit. b Hs. 1 AEUV gerade keinen allgemeinen Vorbehalt der Außen- und Sicherheitspolitik zugunsten der Mitgliedstaaten enthält[344]:

> „Es ist zwar Sache der Mitgliedstaaten, die geeigneten Maßnahmen zur Gewährleistung ihrer inneren und äußeren Sicherheit zu ergreifen, doch bedeutet dies nicht, dass solche Maßnahmen der Anwendung des Unionsrechts völlig entzogen wären. Der Vertrag sieht ausdrückliche Abweichungen aus Gründen der öffentlichen Sicherheit nur in den Art. 30 EG, 39 EG, 46 EG, 58 EG, 64 EG, 296 EG und 297 EG vor, die ganz bestimmte außergewöhnliche Fälle betreffen. Aus ihnen lässt sich kein allgemeiner, dem Vertrag immanenter Vorbehalt ableiten, der jede Maßnahme, die im Interesse der öffentlichen Sicherheit getroffen wird, vom Anwendungsbereich des Unionsrechts ausnähme. Würde ein solcher Vorbehalt unabhängig von den besonderen Tatbestandsmerkmalen der Bestimmungen des Vertrags anerkannt, so könnte das die Verbindlichkeit und die einheitliche Anwendung des Unionsrechts beeinträchtigen.".[345]

Der Europäische Gerichtshof versteht Art. 346 Abs. 1 lit. b Hs. 1 AEUV als Rechtfertigungsgrund.[346]. Dieser Meinung hat sich wohl auch die herrschende Literaturansicht angeschlossen.[347]

---

344 EuGH, Urteil vom 04.03.2010, Rs. C-38/06 *(Kommission/Portugal)*, Slg. 2010, I-1569, Rn. 62; vgl. auch Urteil vom 08.04.2008, Rs. C-337/05 *(Kommission/Italien)*, Slg. 2008, I-2173, Rn. 42 ff.; zuvor bereits EuGH, Urteil vom 15.05.1986, Rs. 222/84 *(Johnston)*, Slg. 1986, 1651, Rn. 26; Urteil vom 26.10.1999, Rs. C-273/97 *(Sirdar)*, Slg. 1999, I-7403, Rn. 16; Urteil vom 11.01.2000, Rs. C-285/98 *(Kreil)*, Slg. 2000, I-69, Rn. 16; Urteil vom 11.03.2003, Rs. C-186/01 *(Dory)*, Slg. 2003, I-2479, Rn. 31.

345 EuGH, Urteil vom 04.03.2010, Rs. C-38/06 *(Kommission/Portugal)*, Slg. 2010, I-1569, Rn. 62.

346 Vgl. EuGH, Urteil vom 16.09.1999, Rs. C-414/97 *(Kommission/Spanien)*, Slg. 1999, I-5585, Rn. 21 ff.; *Khan*, in: Geiger/Khan/Kotzur, EUV/AEUV, Art. 346 AEUV, Rn. 1.

347 *Jaeckel*, in: Grabitz/Hilf/Nettesheim, Das Recht der Europäischen Union, Bd. III, Art. 346 AEUV, Rn. 3; vgl. auch *Gilsdorf/Brandtner*, in: Groeben/Schwarze, EUV/EGV, Bd. 4, Vorb. zu Art. 296–298 EGV, Rn. 4; *Kokott*, in: Streinz, EUV/AEUV, Art. 346 AEUV, Rn. 1; *Karpenstein*, in: Schwarze, EU-Kommentar, Art. 346 AEUV, Rn. 2; *Reuter*, RIW 9/1996, S. 719 (720); *Trybus*, CML Rev. 39 (2002), S. 1347 (1350); *Vedder*, in: Vedder/Heintschel von Heinegg, Europäisches Unionsrecht, Art. 346 AEUV, Rn. 4; wohl auch *Kreuschitz/Weerth*, in: Lenz/Borchardt, EU-Verträge, Art. 346 AEUV, Rn. 6, der von einer „begrenzten Freiheit" spricht; a.A. *Wolffgang*, DVBl 6/1996, S. 277 (278).

c) *Stellungnahme*

Die herrschende Meinung ist hier – rechtsdogmatisch betrachtet – auch vorzugswürdig. Stünde man den Mitgliedstaaten eine eigene Rechtsetzungszuständigkeit für gelistete Rüstungsgüter zu, so würde dies der ausschließlichen Zuständigkeit der Europäischen Union für den Ausfuhrhandel (Art. 3 Abs. 1 lit. e AEUV) zuwiderlaufen. Als Ausnahmebestimmung zur ausschließlichen Zuständigkeit ist Art. 346 Abs. 1 AEUV eng auszulegen.[348] Bemühungen wie der rechtlich verbindliche Gemeinsame Standpunkt 2008/944/GASP wären zudem bei einer Rechtsetzungszuständigkeit der Mitgliedstaaten wenig zielführend.

In der Praxis ist jedoch eine extensive Auslegung der Ausnahmevorschrift zu beobachten.[349] Bezüglich der Steuerung des Rüstungsmarkts hätten sich die Mitgliedstaaten „daran gewöhnt, dass das eine nationale Domäne ist".[350] Mitgliedstaatliche Regelungen stehen hier nach wie vor im Zentrum der Regulierung des Rüstungsmarkts.[351] Hiervon ist die Bundesrepublik Deutschland nicht ausgenommen, die den Rüstungsgüterhandel, hierunter auch den Technologietransfer konventioneller Rüstungsgüter, durch nationale Rechtsetzung eigens steuert. Das Regelungswerk setzt die europäischen Vorgaben auch nicht nur um, sondern weicht, wie später gezeigt werden wird,[352] von diesen ab. Die Kompetenz der Mitgliedstaaten wird durch die bewusste Nichtunterscheidung zwischen sicherheitspolitischen und außenpolitischen Bedenken ausgeweitet.[353] Das erkannte auch die Kommission, die im Jahr 2000 auf die schriftliche Anfrage von *Neil MacCormick* antwortete, die Mitgliedstaaten hätten den Waffenhandel bislang vom Anwendungsbereich der Vertragsbestimmungen ausgenommen.[354]

---

348 EuGH, Urteil vom 15.12.2009, Rs. C-372/05 *(Kommission/Deutschland)*, Slg. 2009, I-11801, Rn. 69 mit Anm. *André*, EuZW 2010, 157 f.; EuGH, Urteil vom 15.12.2009, Rs. C-284/05 *(Kommission/Finnland)*, Slg. 2009, I-11705, Rn. 46; Urteil vom 16.09.1999, Rs. C-414/97 *(Kommission/Spanien)*, Slg. 1999, I-5585, Rn. 21; Urteil vom 19.12.1986, Rs. 13/68 *(Salgoil)*, Slg. 1968, 661, 694, Urteil vom 15.05.1986, Rs. 222/84 *(Johnston)*, Slg. 1986, 1651, Rn. 36.

349 *Karpenstein*, Europäisches Exportkontrollrecht, S. 73 ff.; *Khan*, in: Geiger/Khan/Kotzur, EUV/AEUV, Art. 346 AEUV, Rn. 2.

350 So ein Mitarbeiter des Bundesministeriums für Wirtschaft in einem Gespräch mit *Thilo Richter*, s. *Richter*, Rüstungsindustrie, S. 44, Fn. 140.

351 *Richter*, Rüstungsindustrie, S. 34.

352 S. 3. Teil B, C.

353 *Kokott/Rudolf*, 90 AJIL 1996, S. 286 (288).

354 Antwort der Kommission vom 13.07.2000 auf die schriftliche Anfrage von *Neil McCormick*, Abl. 2001 C 81 E/093.

Die Kommission scheint sich in dieser Frage jedoch zu bewegen. Sie reagierte auf die extensive Auslegung der Mitgliedstaaten im Jahr 2006 mit einer Mitteilung zur Auslegungsfrage bezüglich des Art. 346 AEUV,[355] in der sie fordert, sowohl den Anwendungsbereich, als auch die Bedingungen für die Inanspruchnahme des Art. 346 AEUV restriktiv auszulegen.

Sowohl die Kommission als auch das Europäische Parlament schlugen die Abschaffung oder Anpassung dieser Ausnahmevorschrift, die wegen ihres Widerspruchs zur Gemeinsamen Außen- und Sicherheitspolitik kritisiert wurde, mehrmals erfolglos vor.[356] Trotz dieser Diskrepanz zögert der Europäische Gerichtshof jedoch, wie es *Reuter* formuliert, „der Entscheidungsfreiheit der nationalen Exportkontrollbehörden Zügel anzulegen".[357] Der Europäische Gerichtshof stützte seine Urteile auf andere Rechtsgrundlagen, beispielsweise auf Art. 11 der Ausfuhr-VO[358],[359] und konnte somit eine Stellungnahme zu ungeklärten Rechtsfragen hinsichtlich Art. 346 AEUV vermeiden.[360]

d) *Fazit*

So ist festzuhalten, dass in tatsächlicher Hinsicht die Jurisdiktionshoheit[361] auf dem Gebiet der Rüstungsexportkontrolle weitgehend bei den Mitgliedstaaten verblieben ist,[362] obwohl dies nach den einschlägigen Regelungen rechtlich kaum haltbar ist. Die Kollision zwischen der Außenwirtschaftsfreiheit einerseits und der Außen- und Sicherheitspolitik andererseits wurde von den Mitgliedstaaten entgegen der Regelungslage zugunsten ihrer eigenen außen- und sicherheitspolitischen Interessen aufgelöst.

---

355 Mitteilung der Kommission vom 07.12.2006, KOM(2006) 779 endg., http://eur-lex.europa.eu/LexUriServ/LexUriServ.do?uri=COM:2006:0779:FIN:de:PDF, zuletzt abgerufen am 15.09.2016.

356 *Khan*, in: Geiger/Khan/Kotzur, EUV/AEUV, Art. 346 AEUV, Rn. 2; *Richter*, Rüstungsindustrie, S. 43 m.w.N.

357 *Reuter*, RIW 1996, S. 719 (721).

358 Verordnung (EWG) Nr. 2603/69 des Rates vom 20. Dezember 1969 zur Festlegung einer gemeinsamen Ausfuhrregelung; Abl. 1969 L 324/25; geändert durch VO (EWG) Nr. 1934/82 vom 12.07.1982 (Abl. 1982 L 211/1) und VO (EWG) Nr. 3918/91 vom 19.12.1991 (Abl. 1991 L 372/31).

359 So in EuGH, Urteil vom 17.10.1995, Rs. C-70/94 *(Werner)*, Slg. 1995, 3189.

360 S. beispielsweise EuGH, Urteil vom 08.04.2008, Rs. C-337/05 *(Kommission/Italien)*, Slg. 2008, I-2173, Rn. 46 f.

361 Gemeint ist nach einem weiten Verständnis die Befugnis, Regelungen zu treffen und durchzusetzen, *Meng*, in: *ders.*, ZaöRV 1981, S. 469 (469 f.).

362 So auch *Kokott*, in: Streinz, EUV/AEUV, Art. 346 AEUV, Rn. 29.

3. *Erlaubte Maßnahmen der Mitgliedstaaten*

Die auf Grundlage von Art. 346 Abs. 1 lit. b Hs. 1 AEUV getroffenen Maßnahmen müssen durch den Mitgliedstaat nachweisbar erforderlich sein, um seine wesentlichen Sicherheitsinteressen zu wahren.[363] Zu den wesentlichen Sicherheitsinteressen zählen

> „alle Maßnahmen zum kurzfristigen oder langfristigen Schutz vor inneren oder äußeren Feinden, sowie auch Handlungen zur Aufrechterhaltung oder Wiederherstellung der internationalen Sicherheit, soweit damit langfristig der nationalen Sicherheit gedient ist.“.[364]

Der Export von Waffen und von eindeutig militärischen Zwecken dienendem Material berührt wohl immer die Sicherheitsinteressen des exportierenden Staates.[365] Denn die innere und äußere Sicherheit eines Staats kann nicht isoliert von der regionalen und Weltsicherheitslage betrachtet werden.[366] Gleiches ist für den Technologietransfer konventioneller Rüstungsgüter aus den oben dargestellten Risiken[367] anzunehmen. Keine Rechtfertigung erlangen hingegen Maßnahmen, die rein wirtschaftspolitisch, insbesondere strukturpolitisch motiviert sind.[368]

Für das Vorliegen der Voraussetzungen tragen die Mitgliedstaaten die Darlegungs- und Beweislast.[369] Sowohl bei der Bestimmung der Sicherheitsinteressen als auch bei der Wahl der Maßnahmen räumt der Europäische Gerichtshof den Mitgliedstaaten eine Einschätzungsprärogative („seines Erachtens“, „erforder-

---

363 EuGH, Urteil vom 15.12.2009, Rs. C-372/05 *(Kommission/Deutschland)*, Slg. 2009, I-11801, Rn. 72; Urteil vom 15.12.2009, Rs. C-284/05 *(Kommission/Finnland)*, Slg. 2009, I-11705, Rn. 49; Urteil vom 16.09.1999, Rs. C-414/97 *(Kommission/Spanien)*, Slg. 1999, I-5585, Rn. 22.

364 *Karpenstein*, in: Schwarze, EU-Kommentar, Art. 346 AEUV, Rn. 4; Art. 347 AEUV, Rn. 12, 13 m.w.N.; für eine ausführlichere Behandlung s. *Jaeckel*, in: Grabitz/Hilf/Nettesheim, Das Recht der Europäischen Union, Bd. III, Art. 346 AEUV, Rn. 14–15.

365 Vgl. *Kokott*, in: Streinz, EUV/AEUV, Art. 346 AEUV, Rn. 4.

366 *Kokott*, in: Streinz, EUV/AEUV, Art. 346 AEUV, Rn. 4. Bundesminister für Wirtschaft und Energie *Gabriel* erklärt im Vorwort zum Rüstungsexportbericht 2013 plakativ: „Rüstungsexporte sind kein Mittel der Wirtschaftspolitik. Sie sind ein Instrument der Sicherheitspolitik.“.

367 S. Einleitung, A.

368 *Jaeckel*, in: Grabitz/Hilf/Nettesheim, Das Recht der Europäischen Union, Bd. III, Art. 346 AEUV, Rn. 15.

369 EuGH, Urteil vom 16.09.1999, Rs. C-414/97 *(Kommission/Spanien)*, Slg. 1999, I-5585, Rn. 22; Urteil vom 15.12.2009, Rs. C-372/05, *(Kommission/Deutschland)*, Slg. 2009, I-11801, Rn. 72; so auch BKartA, BeckRS 2013, 01201.

lich“) ein.[370] Es handelt sich hierbei um ein politisches Ermessen[371], das vom Europäischen Gerichtshof gemäß Art. 348 Abs. 2 AEUV auf seine Überschreitung hin überprüft werden kann.

Äußerst strittig ist, auf welche Rüstungsgüter sich die Handelsbeschränkungen beziehen können, was genau eine erlaubte Maßnahme enthalten darf und welche zeitliche Dimension hier statthaft ist.

a) Regelungsobjekt der Maßnahme

Es können Maßnahmen ergriffen werden, soweit sie die Erzeugung von oder den Handel mit Waffen, Munition und Kriegsmaterial betreffen. Die in lit. b geregelte Ausnahme findet nach Abs. 2 nur Anwendung auf Waren, die Bestandteil einer am 15. April 1958 festgelegten Liste[372] sind. Diese Liste, die der Rat auf Vorschlag der Kommission einstimmig ändern könnte, wurde bisher weder ergänzt noch erneuert und gilt heute als technologisch überholt.[373] Die Liste wurde entgegen Art. 297 AEUV zunächst nicht offiziell veröffentlicht, aber auch nicht unter Vertraulichkeit gestellt. Die Mitgliedstaaten konnten unter Nachweis triftiger Gründe ein Doppel anfordern.[374] Die Praxis maß dem Inhalt der Liste kaum Bedeutung zu,[375] da sich der Rat zunächst weigerte, die Liste zu publizieren oder auch einzelne enthaltene Güter zu benennen.[376] Die Liste wurde mittlerweile veröffentlicht.[377] Diese umfasst atomare, biologische, chemische wie auch konventionelle Waffen,

---

370 EuG, Urteil vom 30.09.2003, Rs. T-26/01 *(Fiocchi munizioni/Kommission)*, Slg. 2003, II-3953, (3971, Rn. 58).

371 Vgl. auch *Dietrich*, Europäische Sicherheits- und Verteidigungspolitik, S. 313.

372 Ratsentscheidung 255/58 vom 15.04.1958 (nicht veröffentlicht).

373 *Jaeckel*, in: Grabitz/Hilf/Nettesheim, Das Recht der Europäischen Union, Bd. III, Art. 346, Rn. 2; *Karpenstein*, Europäisches Exportkontrollrecht, S. 318; *Wegener*, in: Calliess/Ruffert, EUV/AEUV, Art. 346 AEUV, Rn. 7.

374 *Krach*, Europäisierung des nationales Außenwirtschaftsstrafrechts, S. 79.

375 *Karpenstein*, Europäisches Exportkontrollrecht, S. 317. Ausführlicher zu den Schwierigkeiten der Harmonisierung der Rüstungspolitik s. *Karpenstein*, Europäisches Exportkontrollrecht, S. 73–78.

376 Antwort des Rates auf die schriftliche Anfrage von *Marijke van Hemeldonck* 574/85 vom 3.10.1985 (Abl. 1985 C 287/9). Der Rat sah sich hierzu auch nicht verpflichtet, s. auch Antwort des Rates auf die schriftliche Anfrage von *Karel van Miert* 336/79 vom 12.11.1979 (Abl. 1979 C 310/5).

377 Abdruck der Liste in der Antwort auf die schriftliche Anfrage E-1324/01 von *Baert Staes* an den Rat vom 04.05.2001, Abl. 2001 C 364/E 85; Abdruck der Liste in französischer Sprache auch bei *Karpenstein*, Europäisches Exportkontrollrecht, S. 377–379, sowie in deutscher Sprache bei *Richter*, Rüstungsindustrie, S. 102–104.

aufgrund der Veraltung jedoch nicht modernes wichtiges Kriegsmaterial. Daher ist strittig, ob die Liste als abschließend betrachtet werden kann.[378] Der Europäische Gerichtshof setzte sich mit dieser Frage nicht auseinander, sondern stützte seine Entscheidungen trotz einem expliziten Bezug der Mitgliedstaaten auf diese Problematik[379] auf andere Rechtsgrundlagen. Allein das Gericht der Europäischen Union entschied in der Sache *Fiocchi munizioni* im Jahr 2003, dass

> „sich aus Art. 296 Absatz 1 Buchstabe b EG in Verbindung mit Artikel 296 Absatz 2 EG [ergibt], dass die [...] Regelung keine Anwendung auf Tätigkeiten finden soll, die andere Waren als die militärischen Waren betreffen, die in der Liste des Rates vom 15. April 1958 genannt sind."[380]

Für diese Sichtweise spricht auch der Wortlaut der Vorschrift („Liste der Waren, auf die Absatz 1 Buchstabe b Anwendung findet")[381] sowie ihr Ausnahmecharakter[382].

Für die Befugnis der Mitgliedstaaten, die Liste einseitig zu ergänzen, wird der Erwägungsgrund 10 der Verteidigungsvergaberichtlinie angeführt, wonach es sich um

> „eine generische Liste [handelt], die unter Berücksichtigung der sich weiter entwickelnden Technologie, Beschaffungspolitik und militärischen Anforderungen, die die Entwicklung neuer Arten von Produkten nach sich ziehen, beispielsweise auf der Grundlage der gemeinsamen Militärgüterliste der Union, weit auszulegen ist."[383]

---

378 *Kokott* stuft die Frage nach ihrem abschließenden Charakter als noch offen ein, *Kokott*, in: Streinz, EUV/AEUV, Art. 346 AEUV, Rn. 12. Für eine abschließende Eigenschaft der Liste *Vedder*, in: Vedder/Heintschel von Heinegg, Europäisches Unionsrecht, Art. 346 AEUV, Rn. 6; so wohl auch *Karpenstein*, in: Schwarze, EU-Kommentar, Art. 346 AEUV, Rn. 8, früher deutlich kritischer, *Karpenstein*, Europäisches Exportkontrollrecht, S. 317.

379 Vgl. z.B. GA *Jacobs*, verb. SchlA, Rs. C-70/94 und C-83/94 *(Werner u.a).*, Slg. 1995, I-3189 Nr. 62.

380 EuG, Urteil vom 30.09.2003, Rs. T-26/01 *(Fiocchi munizioni/Kommission)*, Slg. 2003, II-3951, Rn. 61. Insoweit falsch die deutsche Version der Mitteilung der Kommission vom 7.12.2006, KOM(2006) 779 endg., eur-lex.europa.eu/legal-content/DE/TXT/PDF/?uri=CELEX:52006DC0779&from=de, zuletzt abgerufen am 15.09.2016. In dieser wird behauptet, der EuGH habe in der Sache *Fiocchi munizioni* entschieden.

381 So auch *Kokott*, in: Streinz, EUV/AEUV, Art. 346 AEUV, Rn. 12.

382 So auch *Kokott*, in: Streinz, EUV/AEUV, Art. 346 AEUV, Rn. 12; *Marauhn*, ZaöRV 1994, S. 779 (798).

383 RL 2009/81/EG des Europäischen Parlaments und des Rates vom 13. Juli 2009 über die Koordinierung der Verfahren zur Vergabe bestimmter Bau-, Liefer- und Dienst-

Auch hat der Europäische Gerichtshof die Rechtsfigur der einseitigen Ergänzung grundsätzlich anerkannt.[384] Voraussetzung ist nach seiner Rechtsprechung jedoch, dass die Mitgliedstaaten alle verfügbaren unionsrechtlichen Gesichtspunkte und Strukturprinzipien beachten, ihre Maßnahmen der Kommission vorlegen und ihre Einwände respektieren.[385] Zudem muss ein dringendes Bedürfnis für solch ein Vorgehen der Mitgliedstaaten bestehen.[386] Bei einem nicht erfassten Gut bliebe jedoch der Rückgriff auf Art. 36 AEUV oder auf Vorschriften des Sekundärrechts,[387] sodass ein dringendes Bedürfnis hier gerade nicht anzunehmen ist.

Eine einseitige Ergänzung der Liste durch die Mitgliedstaaten ist aus den vorgenannten Gründen abzulehnen. Hinzu kommt, das Art. 346 Abs. 1 AEUV die Kompetenz für eine Änderung der Liste ausdrücklich dem Rat zuschreibt. Eine bewusste Untätigkeit der Kommission ist naheliegend,[388] eine ausfüllungsbedürftige Regelungslücke besteht also gerade nicht.[389]

Die Liste erfasst den Technologietransfer wesentlicher Rüstungsgüter. In der Liste werden Kategorien genannt, die die wichtigsten konventionellen Rüstungsgüter einschließen, so beispielsweise Handfeuerwaffen, artilleristische Waffen, Bomben, Torpedos, Raketen und ferngesteuertes Kriegsgerät, Panzerwagen und eigens für militärische Zwecke konstruierte Fahrzeuge sowie Kriegsschiffe und Luftfahrzeuge. Dass die Maßnahme nicht nur den Handel mit der Waffe oder dem Kriegsgerät an sich betreffen muss, wird durch eine Position der Liste deutlich, die „ausschließlich für die Entwicklung, Herstellung, Prüfung und Kontrolle der in dieser Liste aufgeführten Waffen, Munition und rein militärische Geräte entwickelte Maschinen, Ausrüstungen und Werkzeuge" betrifft. Die letzte genannte Position der Liste nimmt außerdem ausdrücklich Bezug auf die Entwicklung, Herstellung, Prüfung und Kontrolle. Hierdurch wird deutlich, dass auch Vorstufen der

---

leistungsaufträge in den Bereichen der Verteidigung und Sicherheit und zur Änderung der Richtlinien 2004/17/EG und 2004/18/EG, Abl. 2009 L 216/76.

384 EuGH, Urteil vom 05.05.1981, Rs. 804/79 *(Seefischerei-Erhaltungsmaßnahmen)*, Slg. 1981, 1045, Rn. 22.

385 EuGH, Urteil vom 05.05.1981, Rs. 804/79 *(Seefischerei-Erhaltungsmaßnahmen)*, Slg. 1981, 1045, Rn. 23 f.; *Karpenstein*, Europäisches Exportkontrollrecht, S. 320 m.w.N.

386 *Kokott*, in: Streinz, EUV/AEUV, Art. 346 AEUV, Rn. 13.

387 Vgl. auch *Gilsdorf/Brandtner*, in: Groeben/Schwarze, EUV/AEUV, Bd. 4, Art. 296 EGV, Rn. 12; *Karpenstein*, in: Schwarze, EU-Kommentar, Art. 346 AEUV, Rn. 8; *Kokott*, in: Streinz, EUV/AEUV, Art. 346 AEUV, Rn. 13.

388 *Kokott*, in: Streinz, EUV/AEUV, Art. 346 AEUV, Rn. 13; *Karpenstein*, Europäisches Exportkontrollrecht, S. 320; *Karpenstein*, in: Schwarze, EU-Kommentar, Art. 346 AEUV, Rn. 8.

389 *Kokott*, in: Streinz, EUV/AEUV, Art. 346 AEUV, Rn. 13.

Waffenproduktion von den Maßnahmen betroffen sein können. Auch nach dem ausdrücklichen Wortlaut des Art. 346 Abs. 1 lit. b AEUV können Maßnahmen bezüglich der Erzeugung von Waffen getroffen werden. Nach der Mitteilung der Kommission vom 7. Dezember 2006[390] kann Art. 346 Abs. 1 lit. b AEUV auch die Beschaffung von Dienstleistungen, also die technische Unterstützung, mit einschließen.

b) Inhalt der Maßnahme

Art. 346 AEUV nennt die Maßnahmen nicht, die ein Mitgliedstaat zur Wahrung seiner wesentlichen Sicherheitsinteressen treffen kann. Auch die Mitteilung der Kommission vom 7. Dezember 2006[391] hilft hier nicht weiter, da nach dieser

> „der Begriff der wesentlichen Sicherheitsmaßnahmen [...] ihnen [den Mitgliedstaaten] Flexibilität in der Wahl der Maßnahmen zum Schutz dieser Interessen, aber auch eine besondere Verantwortung, ihre Vertragspflichten zu respektieren und diese Flexibilität nicht zu missbrauchen [gibt]".

Nach allgemeiner Meinung können die Maßnahmen gegenüber Drittstaaten wie auch gegenüber anderen Mitgliedstaaten ergehen.[392] Hinsichtlich des Handels mit militärisch relevanten Gütern kommen vor allem Ausfuhrbeschränkungen in Betracht, welche in der Regel durch das BAFA umgesetzt werden, indem notwendige Ausfuhrgenehmigungen verweigert werden.[393]

Umstritten ist jedoch, ob die Mitgliedstaaten auch berechtigt sind, völkerrechtliche Verpflichtungen einzugehen.[394] Dies ist aufgrund des Ausnahmecharakters der Vorschrift abzulehnen.[395] Zudem könnten solche völkerrechtlichen

---

390 Mitteilung der Kommission vom 7.12.2006, KOM(2006) 779 endg., eur-lex.europa.eu/legal-content/DE/TXT/PDF/?uri=CELEX:52006DC0779&from=de, zuletzt abgerufen am 15.09.2016.

391 Mitteilung der Kommission vom 7.12.2006, KOM(2006) 779 endg., eur-lex.europa.eu/legal-content/DE/TXT/PDF/?uri=CELEX:52006DC0779&from=de, zuletzt abgerufen am 15.09.2016.

392 Statt aller: *Kokott*, in: Streinz, EUV/AEUV, Art. 346 AEUV, Rn. 17.

393 *Jaeckel*, in: Grabitz/Hilf/Nettesheim, Das Recht der Europäischen Union, Bd. III, Art. 346, Rn. 22.

394 Bejahend *Karpenstein*, in: Schwarze, Art. 346 AEUV, Rn. 11; zurückhaltend dagegen *Gilsdorf/Brandtner*, in: Groeben/Schwarze, EUV/EGV, Bd. 4, Art. 296 EGV, Rn. 11; an die Erforderlichkeit solch einer Verpflichtung seien wohl hohe Anforderungen zu stellen, *Jaeckel*, in: Grabitz/Hilf/Nettesheim, Das Recht der Europäischen Union, Bd. III, Art. 346 AEUV, Rn. 23.

395 So auch *Kokott*, in: Streinz, EUV/AEUV, Art. 346 AEUV, Rn. 18.

Verpflichtungen der Anwendung späteren Unionsrechts nach Art. 351 AEUV entgegenstehen.[396]

c) *Zeitliche Dimension der Maßnahme*

Problematisch ist ebenfalls die zeitliche Dimension des Art. 346 AEUV als Ausnahmetatbestand, also die Frage, inwieweit ein Mitgliedstaat ein dauerhaftes Regelwerk errichten darf. Dagegen spricht erneut der Ausnahmecharakter der Vorschrift.[397] Anders handhabt dies die Praxis, die § 8 Abs. 1 AWV durch Art. 346 Abs. 1 lit. b Hs. 1 AEUV legitimiert sieht.[398] Dies entspricht dem weiten Verständnis der Mitgliedstaaten von der Vorschrift.

III. Fazit

Aufgrund der ausschließlichen Kompetenz der Europäischen Union im Außenhandel (Art. 3 Abs. 1 lit. e AEUV in Verbindung mit Art. 207 Abs. 1 AEUV) sind nach der Rechtsprechung des Europäischen Gerichtshofs nationale außenhandelspolitische Maßnahmen nur noch mit einer besonderen Ermächtigung der Union zulässig. Eine solche stellt Art. 346 Abs. 1 lit. b Hs. 1 AEUV dar, der jedem Mitgliedstaat Maßnahmen erlaubt, die seines Erachtens für die Wahrung der wesentlichen Sicherheitsinteressen erforderlich sind. Art. 346 Abs. 1 lit. b Hs. 1 AEUV führt dabei nach herrschender Meinung zu einer Derogation vom gesamten Unionsrecht. In der Praxis ist eine extensive Auslegung der Ausnahmevorschrift zu beobachten. Teilweise wird sogar die Meinung vertreten, dass Art. 346 Abs. 1 lit. b Hs. 1 AEUV den Bereich der Rüstungsgüter der Kompetenz der Europäischen Union von vornherein entzieht.

Eine Beschränkung des Technologietransfers konventioneller Rüstungsgüter kann aus den oben in der Einleitung dargestellten Risiken durchaus für die Wahrung der Sicherheitsinteressen erforderlich sein. Regelungsobjekt der Maßnahme kann nur ein Bestandteil einer am 15. April 1958 festgelegten Liste sein. Der Technologietransfer einiger wichtiger konventioneller Rüstungsgüter ist von der Liste erfasst. Maßnahmen können gegenüber Drittstaaten wie auch gegenüber anderen Mitgliedstaaten ergehen. Stellt man auf den Ausnahmecharakter der Vorschrift ab, so ist der Abschluss völkerrechtlicher Vereinbarungen als Maßnahme nicht erlaubt. Dies trifft ebenso für die Errichtung eines dauerhaften Regel-

396 *Kokott,* in: Streinz, EUV/AEUV, Art. 346 AEUV, Rn. 22; Art. 351, Rn. 10 ff.

397 *Kokott,* in: Streinz, EUV/AEUV, Art. 346 AEUV, Rn. 18.

398 *Simonsen/Beutel,* in: Wolffgang/Simonsen, AWR-Kommentar, Bd. 3, § 5 AWV, Rn. 1.

werkes zu. Die Praxis handhabt dies anders und sieht den die Technologieausfuhr regelnden § 8 Abs. 1 AWV durch Art. 346 Abs. 1 lit. b Hs. 1 AEUV legitimiert.

D. Fazit

Der Technologietransfer konventioneller Rüstungsgüter ist nur im Außenwirtschaftsrecht, nicht im Kriegswaffenkontrollrecht geregelt. Der Außenwirtschaftsverkehr ist nach § 1 Abs. 1 S. 1 AWG grundsätzlich frei. Der Grundsatz der Freiheit des Außenwirtschaftsverkehrs ist im Unionsrecht auch bezüglich der Ausfuhr in Drittländer nach Art. 1 der Ausfuhr–Verordnung sowie im Völkerrecht nach Art. XI Nr. 1 GATT anerkannt. Es wurde durch die Regelung des Technologietransfers im Außenwirtschaftsrecht also eine Grundsatzentscheidung zugunsten der Freiheit des Technologietransfers getroffen.

Der deutsche Gesetzgeber kann den grundsätzlich freien Technologietransfer nach § 1 Abs. 1 S. 2 AWG in Verbindung mit § 4 Abs. 1 AWG zur Gewährleistung wesentlicher Sicherheitsinteressen der Bundesrepublik Deutschland oder in Verbindung mit § 4 Abs. 2 AWG zur Gewährleistung der Erfüllung supranationaler und internationaler rechtlich verbindlicher Vorgaben beschränken.

Aufgrund der ausschließlichen Kompetenz der Europäischen Union im Außenhandel (Art. 3 Abs. 1 lit. e AEUV in Verbindung mit. Art. 207 Abs. 1 AEUV) sind nach der Rechtsprechung des Europäischen Gerichtshofs nationale außenhandelspolitische Maßnahmen nur noch mit einer besonderen Ermächtigung der Union zulässig. Art. 346 Abs. 1 lit. b Hs. 1 AEUV kann einen Rechtfertigungsgrund darstellen, der zu einer Derogation vom gesamten Unionsrecht führt. Betrachtet man die Praxis der Mitgliedstaaten, so ist die Jurisdiktionshoheit zur Beschränkung des Technologietransfers in einer extensiven Anwendung der Ausnahmevorschrift des Art. 346 Abs. 1 lit. b Hs. 1 AEUV jedoch bei den Mitgliedstaaten verblieben.

3. Teil: Bestehende Beschränkungen des Technologietransfers

Im 3. Teil werden die in der Bundesrepublik Deutschland bestehenden Beschränkungen analysiert. Als Beschränkung nach § 4 Abs. 1 und 2 AWG gilt nach § 4 Abs. 3 AWG die Anordnung von Genehmigungserfordernissen[399] oder von Verboten. Ein Verbot ist „die Anordnung, ein Rechtsgeschäft oder eine Handlung zu unterlassen".[400] Ein Genehmigungserfordernis wirkt hingegen als präventives Verbot mit Erlaubnisvorbehalt.[401] Verbote bilden die umfassendste Form eines Eingriffes und gehen deshalb Genehmigungspflichten vor, sind also von Ausführern vorrangig zu beachten.[402] Besteht ein Verbot, ist eine Genehmigung nicht mehr möglich.[403] Von bereits erteilten Genehmigungen darf nach dem Inkrafttreten eines Embargos kein Gebrauch mehr gemacht werden.[404] Verbote werden auch als absolute Beschränkungen bezeichnet. Im Folgenden werden zuerst die Voraussetzungen und Folgen der Verbote untersucht. Im Anschluss wird auf die Genehmigungsvorbehalte eingegangen. Zuletzt werden die bestehenden Leitlinien für die Genehmigungsentscheidung genauer betrachtet.

A. Embargos als absolute Beschränkung des Technologietransfers

In diesem Abschnitt sollen Embargos als absolute Beschränkung des Technologietransfers konventioneller Rüstungsgüter untersucht werden. Im Völkerrecht versteht man unter dem Begriff „Embargo", auch „Handelsembargo" genannt, die hoheitliche Maßnahme eines Staates auf dem Gebiet des Außenhandels, die sich

399 Zum Rechtsinstrumentarium der Genehmigung s. *von Bogdandy*, VerwArch 1992, S. 53 (56 f.).

400 *Beutel*, in: Wolffgang/Simonsen, AWR-Kommentar, Bd. 2, § 2, Rn. 6; *Stein/Thoms*, in: Rüsken, § 4 AWG, Rn. 30.

401 *Stein/Thoms*, in: Rüsken, § 4 AWG, Rn. 30.

402 BAFA, HADDEX, Bd. 1, Teil 1, Rn. 69; *Ehrlich*, in: Bieneck (Hrsg.), Außenwirtschaftsrecht, § 2, Rn. 30.

403 *Ehrlich*, in: Bieneck (Hrsg.), Außenwirtschaftsrecht, § 2, Rn. 30; *Reuter*, Außenwirtschaftsrecht, Rn. 601.

404 *Ehrlich*, in: Bieneck (Hrsg.), Außenwirtschaftsrecht, § 2, Rn. 30.

in einem teilweisen oder vollständigen Handelsverbot[405] mit einem anderen Staat äußert und die Absicht verfolgt, mit einem damit erwünschten Druck den Adressaten zu einem bestimmten Verhalten zu veranlassen.[406] Auslösendes Moment für solche Einschränkungen des Wirtschaftsverkehrs sind häufig Krisensituationen, in denen andere außenpolitische Maßnahmen, wie beispielsweise Verhandlungen, nicht den erwünschten Erfolg brachten.[407]

In der nachfolgenden Analyse werden alle drei Ebenen – die internationale, die europäische und die nationale – betrachtet. Es werden die Embargomaßnahmen der Vereinten Nationen dargestellt. Diese sind häufig Initiator für entsprechende Maßnahmen auf europäischer und nationaler Ebene. Die Untersuchung widmet sich ebenso den Embargomaßnahmen der Europäischen Union. Neben der Darstellung der theoretischen Voraussetzungen und Rechtsfolgen der Embargomaßnahmen wird hier ein Schwerpunkt auf die praktische Handhabung gelegt. Zudem wird die Umsetzung der Embargomaßnahmen in nationales Recht analysiert.

I. Embargomaßnahmen der Vereinten Nationen als weltweit wirkende Initiativen

Seit 1945 rufen sowohl die Generalversammlung, als auch der Sicherheitsrat in Resolutionen zu Embargos auf Waffen und andere militärische Güter gegen bestimmte Staaten auf.[408] Von besonderem Interesse sind hier die Embargobeschlüs-

---

405 Zu unterscheiden ist hier zwischen dem Totalembargo und dem Teilembargo, *Wagner*, in: Joecks/Miebach (Hrsg.), Kommentar zum StGB, Bd. 7, Vorb. §§ 17 ff AWG, Rn. 21. Ziel des Totalembargos ist, den gesamten außenwirtschaftlichen Verkehr eines Landes zu unterbinden, also den Waren- sowie Kapital- und Zahlungsverkehr zu beschränken; das Teilembargo zielt nicht auf eine umfassende wirtschaftliche Isolation ab, sondern auf bestimmte Wirtschaftsbereiche oder Personen; ein typisches Element solch eines Teilembargos ist ein Waffenembargo, s. *Weith u. a.*, Exportkontrolle, S. 81.

406 *Gornig*, JZ 1990, S. 113 (114 f.); vgl. *Ress*, Handelsembargo, S. 7. Ist das Vorliegen eines völkerrechtlichen Delikts (enger Sanktionsbegriff) oder eines nachteiligen Verhaltens (weiter Sanktionsbegriff) Ursache des Embargos, kann das Handelsverbot als Wirtschaftssanktion eingeordnet werden, s. *Schneider*, Wirtschaftssanktionen, S. 31 f., welcher dem weiten Sanktionsbegriff folgt. Im Gegensatz zum Embargo und der Sanktion geht ein Boykott von Privatpersonen aus, *Schneider*, Wirtschaftssanktion, S. 42.

407 *Janik*, Sensitive Waren und Dienstleistungen, S. 45.

408 *Roeser*, Völkerrechtliche Aspekte des internationalen Handels mit konventionellen Waffen, S. 75.

se des Sicherheitsrats, da diese nach Art. 25 VN-Charta[409] für die Mitglieder der Vereinten Nationen rechtsverbindlich sind.[410] Gemäß Art. 103 VN-Charta gehen sie auch anderen internationalen Verpflichtungen vor. Kapitel VII der VN-Charta sieht Maßnahmen bei Bedrohung oder Bruch des Friedens[411] und bei Angriffshandlungen vor. Gemäß Art. 39 VN-Charta stellt der Sicherheitsrat fest, ob solch eine Bedrohung oder ein Bruch des Friedens oder eine Angriffshandlung vorliegt. Hierbei kommt ihm ein großer Beurteilungsspielraum zu.[412] Er beschließt gemäß Art. 39 VN-Charta, welche Maßnahmen aufgrund der Art. 41 und 42 VN-Charta zu treffen sind, um den Weltfrieden und die internationale Sicherheit zu wahren oder wiederherzustellen. Die Beschlussfassung erfolgt nach Art. 27 Abs. 3 VN-Charta. Danach bedarf es der Zustimmung von neun Mitgliedern einschließlich aller ständigen Mitglieder. Art. 41 UN-Charta, der jede Gewaltanwendung ausschließt,[413] zählt – nicht abschließend[414] – verschiedene nicht-militärischen Maßnahmen auf:

> „Der Sicherheitsrat kann beschließen, welche Maßnahmen – unter Ausschluß von Waffengewalt – zu ergreifen sind, um seinen Beschlüssen Wirksamkeit zu verleihen; er kann die Mitglieder der Vereinten Nationen auffordern, diese Maßnahmen durchzuführen.

---

409 Art. 25 VN-Charta: „Die Mitglieder der Vereinten Nationen kommen überein, die Beschlüsse des Sicherheitsrates im Einklang mit dieser Charta anzunehmen und durchzuführen."

410 *Beyerlin*, in: Wolfrum/Philipp, Handbuch Vereinte Nationen, S. 723; *Brandl*, AVR 2000, S. 376 (376) m.w.N.; *Delbrück*, in: Simma, Charta der VN, Art. 25, Rn. 4 f.; *Farrall*, United Nations Sanctions, S. 65; *Gowlland-Debbas*, in: Gowlland-Debbas, National Implementation of UN Sanctions, S. 19; *Kempen/Hillgruber*, Völkerrecht, S. 214; *Krisch*, in Simma et al., UN-Charta, Vol. II, Art. 41, Rn. 10 m.w.N; *Kulessa*, in: Volger, Encyclopedia of the United Nations, S. 476 (477); *Ipsen*, Völkerrecht, S. 1109; *Stein/von Buttlar*, Völkerrecht, S. 316; *Unser*, Die UNO, S. 106; *Werthes*, Sanktionen als politisches Instrument, S. 68. Zur Auslegung der Norm s. *Krökel*, Resolutionen, S. 32 ff; *Verdross/Simma*, Universelles Völkerrecht, S. 106 f.

411 Zur Entwicklung des Begriffs „Friedensbedrohung" s. *Krieger*, Die Friedens-Warte, 81 (2006), Heft 1, S. 107 (111).

412 *Krugmann*, Verhältnismäßigkeit im Völkerrecht, S. 32; *Schotten*, Wirtschaftssanktionen, S. 118.

413 Zeitweise unternahmen Staaten der Dritten Welt und sozialistische Staaten den Versuch, Wirtschaftssanktionen als Ausübung „wirtschaftlichen Zwangs" dem Gewaltverbot de Art. 2 Nr. 4 UN-Charta zu unterstellen, *Schröder*, in: Graf Vitzthum (Hrsg.), Völkerrecht, 7. Abschnitt, Rn. 121. Diese haben sich jedoch nicht durchsetzen können, *Schröder*, in: Graf Vitzthum (Hrsg.), Völkerrecht, 7. Abschnitt, Rn. 121.

414 *Herdegen*, Völkerrecht, § 41, Rn. 4; *Krisch*, in Simma et al., UN-Charta, Vol. II, Art. 41, Rn. 12; Die UNO, S. 106.

> Sie können die vollständige oder teilweise *Unterbrechung der Wirtschaftsbeziehungen*, des Eisenbahn-, See- und Luftverkehrs, der Post-, Telegraphen- und Funkverbindungen sowie sonstiger Verkehrsmöglichkeiten und den Abbruch diplomatischer Beziehungen einschließen."[415]

Wichtigstes Instrument des Art. 41 VN-Charta ist die Unterbrechung von Wirtschaftsbeziehungen.[416] Hierbei werden Embargos auf Waffen und andere militärische Güter am häufigsten eingesetzt.[417]

1. Regelung des Technologietransfers in den Resolutionen des Sicherheitsrats

Die Waffenembargos in den Resolutionen des Sicherheitsrats sind unterschiedlich formuliert.[418] Teils beziehen sich diese nicht nur auf bereits fertig hergestellte Rüstungsgüter, sondern auch auf die Unterstützung des betroffenen Staats durch die Mitgliedstaaten der Vereinten Nationen bei der Herstellung, Erhaltung und Verwendung solcher Rüstungsgüter. Dies ist auch in der Resolution 1929 (2010)[419] gegen den Iran der Fall, in der es heißt:

> „8. *Decides* that all States shall prevent the direct or indirect supply, sale or transfer to Iran [...] of any battle tanks, armoured combat vehicles, large calibre artillery systems, combat aircraft, attack helicopters, warships, missiles or missile systems [...], *decides* further that all States shall prevent the provision to Iran by their nationals [...] of *technical training*, financial resources or services, *advice, other services or assistance related to the* supply, sale, transfer, provision, *manufacture, maintenance or use of such arms and related material* (...)."[420]

Die Staaten haben sich nach dem Wortlaut der Resolution entschieden, technische Schulung, sowie den Rat und die Unterstützung zur Herstellung, Erhaltung oder Verwendung von Waffen und dazugehörigem Material zu verhüten. Hervorzu-

---

415 Betonung hinzugefügt.

416 *Kempen/Hillgruber*, Völkerrecht, S. 214; *Krisch*, in Simma et al., UN-Charta, Vol. II, Art. 41, Rn. 12. Zu den Merkmalen eines Wirtschaftsembargos s. *Hasse*, Wirtschaftliche Sanktionen, S. 21.

417 *Krisch*, in Simma et al., UN-Charta, Vol. II, Art. 41, Rn. 12, vgl. *Weiss/Daws*, The United Nations, S. 350. S. hierzu auch *Kempen/Hillgruber*, Völkerrecht, S. 215; zur Wirksamkeit von Embargomaßnahmen s. *Meyer*, Konfliktregelung und Friedensstrategien, S. 497 f.

418 Für Beispiele vgl. *Farrall*, United Nations Sanctions, S. 110 ff.

419 S/RES/1929 (2010), beschlossen vom Sicherheitsrat in seiner 6335. Sitzung am 9. Juni 2010.

420 Betonung hinzugefügt.

heben ist zunächst die Formulierung „decides" (entscheidet), die weiter geht, als die in Resolutionen ebenfalls verwendete Formulierung „calls upon" (ruft auf).[421] Die Resolution definiert entscheidende Begriffe wie „technical training", „advice" „services", „assistance" oder auch „manufacture, maintenance or use" jedoch nicht weiter. Eine kodifizierte allgemeine Anleitung zur Auslegung der Beschlüsse des Sicherheitsrats existiert nicht.[422] Auch in der Wissenschaft und Praxis ist bislang noch kein einheitlicher Standard für die Interpretation zu beobachten.[423] Bei einer Auslegung durch die Sanktionsausschüsse ist eine Anlehnung an bestimmte Auslegungskriterien, -hilfen oder vorangegangene Entscheidungen nicht erkennbar.[424] Art. 31 bis 33 der Wiener Vertragskonvention sind nicht auf die Vorschriften Internationaler Organisationen anwendbar, können aber unter Berücksichtigung der Unterschiede zwischen Resolutionen und internationalen Verträgen eine gewisse Orientierung geben.[425] So soll der Gedanke des Art. 31 Abs. 1 Wiener Vertragskonvention auch für Resolutionen Anwendung finden.[426] Dieser bestimmt:

> „Ein Vertrag ist nach Treu und Glauben in Übereinstimmung mit der gewöhnlichen, seinen Bestimmungen in ihrem Zusammenhang zukommenden Bedeutung und im Lichte seines Ziels und Zweckes auszulegen."

Eine Vielzahl an Staaten hat sich im Wassenaar-Abkommen auf weite Definitionen der oben genannten Begriffe geeinigt. Für die technische Unterstützung *(technical assistance)* nennt das Abkommen als Beispiele die Unterweisung, Vermittlung von Fertigkeiten, Schulung, Arbeitshilfe sowie Beratungsdienste.[427] Auch werden die Begriffe der Entwicklung, Herstellung und Verwendung konkretisiert.[428]

Formuliertes Ziel des Embargos ist, den Waffentransfer, sei es direkt oder indirekt, in den Iran zu verhindern. Dies spricht ebenfalls für ein weites Verständnis des Begriffes „Technologietransfer". Die Häufung ähnlicher Begriffe wie „advice", „service", und „assistance" in der Resolution deutet in die gleiche Richtung.

---

421 *Fruchart* u. a., Embargos, S. 1; *Wagner*, ZaöRV 2003, S. 879 (914).
422 *Schaller*, Internationales Sanktionsmanagement, S. 40.
423 *Schaller*, Internationales Sanktionsmanagement, S. 40.
424 *Schaller*, Internationales Sanktionsmanagement, S. 40.
425 *Frowein*, in: Gowlland-Debbas (Hrsg.), United Nations Sanctions and International Law, S. 253 (255); *Schaller*, Internationales Sanktionsmanagement, S. 40.
426 *Frowein*, in: Götz/Selmer/Wolfrum (Hrsg.), Liber amicorum Günther Jaenicke, S. 79 (99).
427 Vgl. 1. Teil A.I.
428 Vgl. 1. Teil A.I.

2. *Umsetzung der Resolutionen des Sicherheitsrats*

Die Durchführung der Beschlüsse des Sicherheitsrats erfolgt nach Art. 48 Abs. 1 VN-Charta durch die Mitgliedstaaten der Vereinten Nationen.[429] Auf innerstaatlicher Ebene haben also die nationalen Organe durch Akte der Gesetzgebung, Verwaltung und Rechtsprechung für eine effektive Implementierung der Maßnahmen zu sorgen.[430] Die Sicherheitsratsbeschlüsse binden so die Mitgliedstaaten der Europäischen Union als VN-Mitgliedstaaten, nicht die Europäische Union selbst.[431] Art. 48 Abs. 2 VN-Charta bestimmt jedoch, dass die Beschlüsse von den Mitgliedern der Vereinten Nationen durch Maßnahmen in den geeigneten internationalen Einrichtungen durchgeführt werden, deren Mitglieder sie sind.

Entscheidend für die praktische Wirksamkeit eines Embargos ist die Anzahl der das Embargo beschließenden Staaten.[432] Denn bei jedem Embargo besteht das Risiko, dass Technologie an einen Staat transferiert wird, der nicht an das Embargo gebunden ist und dieser die Technologie weiter an den mit einem Embargo belasteten Staat gibt. Um die Einhaltung von Waffenembargos vor Ort überprüfen zu können, werden vom Sicherheitsrat mittlerweile regelmäßig Experten-Panels und Monitoring-Mechanismen eingesetzt.[433]

II. Embargomaßnahmen der Europäischen Union und ihr Mangel der unmittelbaren Anwendbarkeit

Auf eine Auflistung aller derzeit bestehenden Embargomaßnahmen der Europäischen Union wird hier verzichtet.[434] Vielmehr sollen hier die Grundlagen für die Embargomaßnahmen der Europäischen Union und die einseitigen Embargomaßnahmen der Mitgliedstaaten der Europäischen Union dargestellt werden.

---

429 *Reinisch/Novak*, in Simma et al., UN-Charta, Vol. II, Art. 48, Rn. 3.

430 *Schaller*, Internationales Sanktionsmanagement, S. 24; vgl. auch *Kempen/Hillgruber*, Völkerrecht, S. 216.

431 *Cremer*, in: Callies/Ruffert, EUV/AEUV, Art. 215 AEUV, Rn. 9.

432 Vgl. auch *Meyer*, Konfliktregelung und Friedensstrategien, S. 497 f.

433 *Schaller*, Internationales Sanktionsmanagement, S. 39.

434 Eine aktuelle Übersicht über die bestehenden Embargos – unterteilt in Embargo-Verordnungen und Gemeinsame Standpunkte des Rats – bietet die Internetseite des BAFA www.bafa.de (Ausfuhrkontrolle → Embargos).

1. *Restriktive Maßnahmen der Europäischen Union nach Art. 215 AEUV*

Die Europäische Union wird in Art. 215 AEUV ermächtigt, Wirtschaftssanktionen gegen Drittstaaten (Abs. 1) und auch gegen nichtstaatliche Einzelne oder Gruppen (Abs. 2) zu erlassen. In Art. 215 Abs. 1 AEUV heißt es:

> „Sieht ein nach Titel V Kapitel 2 des Vertrages über die Europäische Union erlassener Beschluss die Aussetzung, Einschränkung oder vollständige Einstellung der Wirtschafts- und Finanzbeziehungen zu einem oder mehreren Drittländern vor, so erlässt der Rat die erforderlichen Maßnahmen mit qualifizierter Mehrheit auf gemeinsamen Vorschlag des Hohen Vertreters der Union für Außen- und Sicherheitspolitik und der Kommission. Er unterrichtet hierüber das Europäische Parlament."

Die Grundentscheidung über restriktive Maßnahmen, so der in Titel IV verwendete Oberbegriff, muss ausweislich des Wortlauts zunächst im Rahmen der Gemeinsamen Außen- und Sicherheitspolitik fallen.[435] Hier gelten Bestimmungen und Verfahren (Art. 24 Abs. 1 UAbs. 2 EUV), welche den Mitgliedstaaten einen besonderen Einfluss sichern.[436] Bislang wurde – soweit ersichtlich – ein Vorgehen nach Art. 215 Abs. 1 AEUV nur auf Gemeinsame Standpunkte, nun Beschlüsse nach Art. 29 AEUV, gestützt und nicht auf Gemeinsame Aktionen.[437] Diese Beschlüsse wirken nicht unmittelbar, sind jedoch rechtlich verbindlich. Der Beschluss muss ein hinreichend bestimmtes Tätigwerden der Europäischen Union – nicht lediglich ein abgestimmtes Handeln der Mitgliedstaaten – anordnen.[438]

Diese Beschlüsse können auch den Technologietransfer erfassen. So bestimmte beispielsweise der Beschluss (GASP) 2015/740 des Rates vom 07. Mai 2015 über restriktive Maßnahmen angesichts der Lage in Südsudan[439] in Art. 1:

> „(1) Der Verkauf, die Lieferung, die Weitergabe oder die Ausfuhr von Rüstungsgütern und zugehörigen Gütern aller Art, einschließlich Waffen und Munition, Militärfahrzeuge und -ausrüstung, paramilitärischer Ausrüstung und entsprechenden Er-

435 *Cremer*, in: Callies/Ruffert, Art. 215 AEUV, Rn. 2.

436 *Cremer*, in: Callies/Ruffert, Art. 215 AEUV, Rn. 2. Das Verfahren wurde gegenüber dem der Europäischen Politischen Zusammenarbeit weiterentwickelt, s. hierzu *Dietrich*, Europäische Sicherheits- und Verteidigungspolitik, S. 111–116.

437 *Cremer*, in: Callies/Ruffert, Art. 215 AEUV, Rn. 4; *Frowein/Krisch*, in: Gowlland-Debbas, National Implementation of UN Sanctions, S. 240.

438 *Cremer*, in: Callies/Ruffert, Art. 215 AEUV, Rn. 10.

439 Abl. 2015 L 117/52.

satzteilen, an Südsudan durch Staatsangehörige der Mitgliedsstaaten oder vom Hoheitsgebiet von Mitgliedstaaten [...] wird untersagt.

(2) Ebenfalls untersagt wird,

a) unmittelbar oder mittelbar *technische Hilfe*, Vermittlungsdienste oder *sonstige Dienste im Zusammenhang mit* den in Absatz 1 genannten Gütern oder *der Bereitstellung, Herstellung, Instandhaltung oder Verwendung dieser Güter* für natürliche oder juristische Personen, Organisationen oder Einrichtungen in Südsudan oder zur Verwendung in Südsudan zu erbringen,

b) [...].“[440]

Ein Beschluss im Rahmen der Gemeinsamen Außen- und Sicherheitspolitik verpflichtet zum Gebrauch der Kompetenz nach Art. 215 Abs. 1 AEUV – ungeachtet des Art. 40 EUV, der die wechselseitige Unberührtheit der Gemeinsamen Außen- und Sicherheitspolitik und den übrigen Unionspolitiken vorsieht.[441] In der Praxis werden – soweit ersichtlich – für Embargomaßnahmen der Europäischen Union im Rüstungsbereich zwar Beschlüsse im Rahmen der Gemeinsamen Außen- und Sicherheitspolitik gefasst, diese jedoch nicht weiter als restriktive Maßnahmen nach Art. 215 Abs. 1 AEUV – beispielsweise in Form von Verordnungen wie bei Wirtschaftsembargos, die keine Rüstungsgüter betreffen[442] – verfolgt.[443] Die Umsetzung der Beschlüsse erfolgt durch nationale Gesetze.[444] Auch dies entspricht dem Verständnis der Mitgliedstaaten, dass die Kompetenz zur Regelung des Rüstungsgütertransfers bei ihnen geblieben ist.

2. *Einseitige Maßnahmen der Mitgliedstaaten nach Art. 347 AEUV*

Nach Art. 347 AEUV darf ein Mitgliedstaat in bestimmten Fällen durch einseitige Maßnahmen von den Vorschriften des Vertrags abweichen:

„Die Mitgliedstaaten setzen sich miteinander ins Benehmen, um durch gemeinsames Vorgehen zu verhindern, dass das Funktionieren des Binnenmarktes durch Maßnahmen beeinträchtigt wird, die ein Mitgliedstaat bei einer schwerwiegenden innerstaatlichen Störung der öffentlichen Ordnung, im Kriegsfall, bei einer ernsten, eine Kriegsgefahr darstellenden internationalen Spannung oder in Erfüllung der Verpflichtungen trifft, die er im Hinblick auf die Aufrechterhaltung des Friedens und der internationalen Sicherheit übernommen hat.“

---

440 Betonung hinzugefügt.

441 *Cremer*, in: Callies/Ruffert, Art. 215 AEUV, Rn. 14.

442 *Cremer*, in: Callies/Ruffert, Art. 215 AEUV, Rn. 4.

443 Vgl. *Cremer*, in: Callies/Ruffert, Art. 29 AEUV, Rn. 11.

444 *Beutel*, in: Wolffgang/Simonsen, AWR-Kommentar, Bd. 1, Nr. 52, Rn. 4.

Strittig ist, ob ein Mitgliedstaat auf Grundlage des Art. 347 AEUV nur von den materiellen Vorschriften abweichen darf oder ob Art. 347 AEUV auch eine Abweichung von Vorschriften hinsichtlich der Kompetenzverteilung erlaubt.[445] Ginge man davon aus, dass Art. 347 AEUV die Kompetenzordnung der Europäischen Union unberührt ließe, so könnte der Mitgliedstaat keine Embargomaßnahme erlassen, da die ausschließliche Zuständigkeit für wirtschaftliche Embargomaßnahmen bei der Europäischen Union liegt, vgl. Art. 3 Abs. 1 lit. e AEUV – „gemeinsame Handelspolitik"; Art. 215 AEUV.[446] Es wird jedoch auch die Meinung vertreten, dass Art. 347 AEUV einen nationalen Zuständigkeitsvorbehalt der nicht auf die Union übertragenen Kompetenzen enthält, sodass im Falle des Art. 347 AEUV die Unionszuständigkeit ausgeschlossen sei.[447]

Überwiegend wird von einem echten Konkurrenzverhältnis zwischen Art. 347 und Art. 215 AEUV, also einem gleichrangigen Nebeneinanderstehen der Normen, ausgegangen.[448] Bei der Auswahl der mitgliedstaatlichen Maßnahme ist der Verhältnismäßigkeitsgrundsatz zu beachten.[449] Dies gilt insbesondere im Hinblick auf die Intensität der Maßnahme und die Dauer der Suspendierung des Unionsrechts.[450]

III. Konkretisierende Umsetzung der Embargomaßnahmen in deutsches Recht

Damit die Beschlüsse der Gemeinsamen Außen- und Sicherheitspolitik unmittelbar gelten, bedarf es deren Umsetzung durch eine Verordnung der Europäischen Union oder durch einen nationalen Rechtsakt. Wie oben gesehen,[451] wird Letzteres praktiziert. Soweit § 74 AWV zwischenstaatliche Vereinbarungen umsetzt, beruht das Verbot auf der Ermächtigung des § 4 Abs. 2 AWG. Nach § 74 Abs. 1 AWV[452] sind der Verkauf, die Ausfuhr und Durchfuhr von in Teil I Abschnitt A der Ausfuhrliste erfassten Güter vom Inland aus oder über das

---

445 *Cremer*, in: Callies/Ruffert, Art. 347 AEUV, Rn. 12.
446 *Cremer*, in: Callies/Ruffert, Art. 215 AEUV, Rn. 12, 29.
447 *Callies*, in: Callies/Ruffert, Art. 347 AEUV, Rn. 12.
448 *Callies*, in: Callies/Ruffert, Art. 347 AEUV, Rn. 12.
449 *Callies*, in: Callies/Ruffert, Art. 347 AEUV, Rn. 12.
450 *Callies*, in: Callies/Ruffert, Art. 347 AEUV, Rn. 12.
451 S. A.II.1.
452 Eine ähnliche Vorschrift findet sich für Handels- und Vermittlungsgeschäfte, die nicht Gegenstand der Untersuchung sind, in Bezug auf in Teil I Abschnitt A der Ausfuhrliste erfasste Güter in § 75 AWV.

Inland in folgende Länder verboten: Belarus, Birma/Myanmar, Côte d'Ivoire, Demokratische Republik Kongo, Demokratische Volksrepublik Korea, Eritrea, Irak, Iran, Libanon, Liberia, Libyen, Russland, Simbabwe, Somalia, Sudan, Südsudan, Syrien und die Zentralafrikanische Republik. Da Technologie ein von Teil I Abschnitt A erfasstes Gut ist (Nr. 0022), ist eine Technologieausfuhr in diese Länder verboten.

Nach § 74 Abs. 2 AWV sind auch der Verkauf, die Ausfuhr und Durchfuhr an natürliche oder juristische Personen, Gruppen, Organisationen oder Einrichtungen verboten, die von restriktiven Maßnahmen der Europäischen Union betroffen sind und damit in einer in den Nrn. 1–4 näher bezeichneten aktuellen Fassung einer Liste oder eines Anhangs zu einer Verordnung der Europäischen Union oder eines GASP-Beschlusses aufgeführt sind. Diese restriktiven Maßnahmen betreffen den Kampf gegen die Terrorismus (Nr. 1)[453], die Lage in Afghanistan (Nr. 2)[454], das Netzwerk Al-Qaida (Nr. 3)[455] und die Lage in Somalia (Nr. 4)[456]. Eine Technologieausfuhr an solche Personen, Gruppen, Organisationen oder Einrichtungen ist also verboten. Durch die explizite Bezugnahme auf den Beschluss beziehungsweise auf die Verordnungen des Rats der Europäischen Union wird deutlich, dass dieses Ausfuhrverbot als Beschränkung auf § 4 Abs. 2 Nr. 1 und Nr. 2 AWG gestützt wurde.

---

453 Verordnung (EU) Nr. 1169/2012 des Rates vom 10. Dezember 2012 zur Durchführung des Artikels 2 Absatz 3 der Verordnung (EG) Nr. 2580/2001 über spezifische, gegen bestimmte Personen und Organisationen gerichtete restriktive Maßnahmen zur Bekämpfung des Terrorismus und zur Aufhebung der Durchführungsverordnung (EU) Nr. 542/2012 (Abl. 2012 L 337, S. 2). Die nach Abs. 2 Betroffenen sind in der Liste aufgeführt.

454 Beschluss 2011/486/GASP des Rates vom 1. August 2011 über restriktive Maßnahmen gegen bestimmte Personen, Gruppen, Unternehmen und Einrichtungen angesichts der Lage in Afghanistan (Abl. 2011 L 199, S. 57). Die nach Abs. 2 Betroffenen sind im Anhang aufgeführt.

455 Verordnung (EG) Nr. 881/2002 des Rates vom 27. Mai 2002 über die Anwendung bestimmter spezifischer restriktiver Maßnahmen gegen bestimmte Personen und Organisationen, die mit dem Al-Qaida Netzwerk in Verbindung stehen (Abl. 2002 L 139, S. 9). Die nach Abs. 2 Betroffenen sind im Anhang I aufgeführt.

456 Verordnung (EU) Nr. 356/2010 des Rates vom 26. April 2010 über die Anwendung bestimmter spezifischer restriktiver Maßnahmen gegen bestimmte Personen, Organisationen oder Einrichtungen aufgrund der Lage in Somalia (Abl. 2010 L 105, S. 1). Die nach Abs. 2 Betroffenen sind im Anhang I aufgeführt.

§ 74 AWV fasst nach der Novelle des Außenwirtschaftsrechts Länder und Personen, Gruppen, Organisationen und Einrichtungen mit besonderen Sicherheitsrisiken in einer Norm übersichtlich zusammen. Zuvor waren diese Ausfuhrziele beziehungsweise Empfänger in einzelnen Normen (§§ 69 a–s AWV a. F.) aufgelistet. Nach § 79 AWV gelten die §§ 74, 75 AWV auch für Deutsche im Ausland.

Abweichend von § 74 Abs. 1 und § 75 AWV kann gemäß § 76 Abs. 1 AWV der Verkauf, die Ausfuhr, die Durchfuhr oder Handels- und Vermittlungsgeschäfte unter den Voraussetzungen der Abs. 2 bis 17 genehmigt werden. Die Genehmigungsmöglichkeiten gelten immer nur hinsichtlich bestimmter Länder. Teilweise werden im Rahmen des Genehmigungsverfahrens die von den Vereinten Nationen eingesetzten Sanktionsausschüsse beteiligt.[457] Dies gewährleistet einen weltweiten Informationsaustausch und beugt dem Missbrauch der Ausnahmeregelungen vor.

IV. Fazit

Nach Art. 41 VN-Charta kann der Sicherheitsrat der Vereinten Nationen die Unterbrechung von Wirtschaftsbeziehungen beschließen. Diese Maßnahme ist nach Art. 25 VN-Charta für die Mitglieder der Vereinten Nationen rechtsverbindlich. Die Resolutionen umfassen teilweise auch den Technologietransfer konventioneller Rüstungsgüter, wobei hier von einem weiten Verständnis des Begriffes „Technologietransfer" auszugehen ist.

Die Durchführung der Beschlüsse des Sicherheitsrats erfolgt nach Art. 48 Abs. 1 VN-Charta durch die Mitgliedstaaten der Vereinten Nationen. Auf europäischer Ebene kommt es bei der Umsetzung nicht zu unmittelbar geltenden Wirtschaftssanktionen nach Art. 215 AEUV, sondern ausschließlich zu nicht unmittelbar wirkenden, jedoch rechtlich verbindlichen Beschlüssen der Europäischen Union nach Art. 29 EUV. Diese werden dann auf nationaler Ebene, in Deutschland im Rahmen des § 74 AWV, umgesetzt. Diese Vorgehensweise korrespondiert mit der bei der Analyse von Art. 346 Abs. 1 lit. b Hs. 1 AEUV beschriebenen[458] Ansicht der Mitgliedstaaten, die Regulierung des Rüstungsgüterhandels liege letztlich in der Zuständigkeit der Mitgliedstaaten.

457 BAFA, HADDEX, Bd. 1, Teil 2, Rn. 89.
458 2. Teil C.II.2.

B. Weite Genehmigungsvorbehalte als relative Beschränkung des Technologietransfers

Der Technologietransfer konventioneller Rüstungsgüter wird neben Embargos auch durch Genehmigungsvorbehalte beschränkt. Diese wirken nicht wie Embargos als absolute Beschränkungen oder Verbote, sondern erlauben den Technologietransfer nach entsprechender Genehmigung. Aufgrund der Internationalität des Technologietransfers erscheint seine internationale Regelung naheliegend. Kein einzelner Staat oder keine Staatengruppe kann die Verbreitung von Technologie für konventionelle Rüstungsgüter allein verhindern.[459] Vielmehr bedarf es ähnlicher Prüfstandards in allen wichtigen Exportnationen.[460] Fehlt es an diesen, besteht die Gefahr des Phänomens „*race-to-the-bottom*" bezüglich der nationalen Exportkontrollbestimmungen frei nach dem Motto „Wenn wir nicht liefern, dann liefern die anderen!".

I. Vorgabe eines Genehmigungsvorbehalts auf internationaler und europäischer Ebene

Zu fragen ist, ob auf internationaler oder europäischer Ebene ein Genehmigungsvorbehalt für den Technologietransfer konventioneller Rüstungsgüter aufgestellt wird. Der Technologietransfer und seine Beschränkung waren und sind auch immer wieder Gegenstand der internationalen politischen Diskussion, so zuletzt bei den Verhandlungen zum internationalen Waffenhandelsvertrag[461]. Eine Analyse der internationalen Vereinbarungen zeigt jedoch, dass kein völkerrechtlicher Vertrag existiert, der auch den Technologietransfer konventioneller Rüstungsgüter in seinen Anwendungsbereich mit aufnimmt.

Anders verhält es sich dagegen bei den internationalen Exportkontrollregimen. Diese sind keine völkerrechtlich bindenden Verträge, sondern sogenannte „gentlemen's agreements". Ihnen kommt keine rechtliche, aber eine politische Bindungswirkung zu.[462] Zur Zeit existieren vier Exportkontrollre-

---

459 So auch *Beutel*, in: Wolffgang/Simonsen, AWR-Kommentar, Bd. 1, Nr. 52, Rn. 1; *Kozyulin*, Transfer of Defense Technologies, S. 2.

460 *Beutel*, in: Wolffgang/Simonsen, AWR-Kommentar, Bd. 1, Nr. 52, Rn. 1.

461 S. hierzu näher 1. Teil C; 3. Teil C.I.1.b).

462 Die Zusammenarbeit in den Kontrollregimen bezweckt in erster Linie eine Harmonisierung der Exportkontrollsysteme der Mitgliedstaaten, um das Risiko von Umgehungslieferungen zu minimieren, *Beutel*, in: Wolffgang/Simonsen, AWR-Kommentar, Bd. 1, Nr. 52, Rn. 3. Einzelne Ziele multilateraler Exportkontrollregime sind dabei die Einführung eines Lizenzierungsmechanismus, um Exportkontrollen

gime: Die Gruppe der Kernmaterial-Lieferländer[463], die Australische Gruppe[464], das Trägertechnologie-Kontrollregime[465] und das Wassenaar-Abkommen[466]. Die drei zuerst genannten Exportkontrollregime zielen auf die Nichtverbreitung von atomaren, biologischen und chemische Waffen beziehungsweise auf die Kontrolle der Verbreitung ihrer Träger ab. Das Wassenaar-Abkommen will der unkontrollierten Anhäufung von Rüstungsgütern und Dual-Use-Gütern vorbeugen. Für die Untersuchung der Vorgabe eines Genehmigungsvorbehalts ist daher nur das Wassenaar-Abkommen einschlägig. Dieses soll im Folgenden analysiert werden. Auf europäischer Ebene findet sich eine Vorgabe für einen Genehmigungsvorbehalt im Gemeinsamen Standpunkt 2008/944/GASP, der anschließend untersucht werden soll.

1. *Politisch verbindliche Vorgabe des Wassenaar-Abkommens*

Das Wassenaar-Abkommen für Exportkontrollen von konventionellen Waffen und doppelverwendungsfähigen[467] Güter und Technologien ist das Nachfolgeregime des Coordinating Committee for Multilateral Export Controls (Co-

zu institutionalisieren, die Erstellung einer Datenbank für eine bessere Koordinierung der Kontrollen sowie die Identifikation von Staaten mit Sicherheitsrisiken und die Verhinderung der Weitergabe von Technologien an diese, *Mallik*, Technology and Security, S. 15 f. Die Zusammenarbeit innerhalb der Regime wird durch Informationsaustauschverfahren gefördert, *Weith u. a.*, Exportkontrolle, S. 50.

463 Nuclear Suppliers Group, http://www.nuclearsuppliersgroup.org/de/, zuletzt abgerufen am 15.09.2016. Ziel der Gruppe der Kernmaterial-Lieferländer ist die Nichtverbreitung von Gütern, die der Entwicklung und Herstellung von Atomwaffen dienen können.

464 Australian Group, http://www.australiagroup.net/en/index.html, zuletzt abgerufen am 15.09.2016. Die im Jahr 1985 gegründete Australische Gruppe will die Verhinderung der Entwicklung, Herstellung und Verbreitung von chemischen und biologischen Waffen.

465 Missile Technology Control Regime, http://mtcr.info/, zuletzt abgerufen am 15.09.2016. Das Raketenkontrollregime hat sich zum Ziel gesetzt, die Verbreitung von Flugkörpern zu kontrollieren, mit denen ABC-Waffen befördert werden können.

466 Vgl. 1. Teil A.I.

467 Die doppelverwendungsfähigen Güter klammert die Untersuchung aus, s. Einleitung B. Die Ziele des Wassenaar-Abkommens in Bezug auf diese Güter sowie die Instrumente zur Zielerreichung analysiert Evans in seiner Dissertation „Technological Ambiguity & the Wassenaar Arrangement", http://eureka.sbs.ox.ac.uk/326/, zuletzt abgerufen am 15.09.2016.

Com)[468].[469] Das Wassenaar-Abkommen wurde in der niederländischen Stadt Wassenaar ausgearbeitet und am 12. Mai 1996 in Wien von 33 Gründungsmitgliedern[470] unterzeichnet.[471] Es nahm am 1. November 1996 seine Arbeit auf. Neu war der Kooperationsansatz, mit dem man sich nicht mehr – wie noch beim CoCom – gegen Staaten des Ostblocks richtet (vergleiche Abschnitt I Ziff. 4), sondern versucht, destabilisierende Anhäufungen von konventionellen Waffen und deren Technologien mittels einer koordinierten Exportkontrolle zu verhindern (Abschnitt I Ziff. 1 und 3).[472]

Gemessen an der Zahl (derzeit 41[473]) der beteiligten Staaten, darunter auch die großen Exporteure im Rüstungsbereich (USA, Russische Föderation, Bundes-

---

468 Das erste multilaterale Exportkontrollregime war das CoCom, das im Jahr 1949 unter maßgeblicher Leitung der USA wegen der zunehmenden Bedrohung westlicher Staaten durch den kommunistischen Ostblock zwischen den NATO-Gründungsstaaten und ihren Verbündeten geschlossen wurde. Ziel des Abkommens war es, die Lieferung strategisch wichtiger Güter aus dem Hochtechnologiebereich in den Ostblock mittels Koordinierung der Exportpolitiken zu vermeiden. Die betroffenen Güter wurden in eine Atomenergieliste, eine Kriegsmaterialliste und eine Industrieliste (Dual-Use-Güter) aufgenommen. Die Aufgabe des CoCom wurde nach Beendigung des Kalten Krieges obsolet, sodass das Abkommen im November 1993 schließlich aufgelöst wurde. Ab 1994 wurde angesichts der Bedrohungen verschiedener Krisenregionen dieser Erde an einen neuen, modernen Kontrollregime gearbeitet, welches im November 1996 als Wassenaar-Abkommen gegründet wurde. Einen kurzen Überblick über Bedeutung, Gründung, Auflösung und Struktur des CoCom gibt *Karpenstein* in Europäisches Exportkontrollrecht, S. 159–162. Für eine ausführliche Bearbeitung des CoCom im Kontext mit dem nationalen Außenwirtschaftsrecht und dem internationalen Wirtschaftsrecht s. *Großfeld/Junker*, Das CoCom im Internationalen Wirtschaftsrecht.

469 *Beutel*, in: Wolffgang/Simonsen, AWR-Kommentar, Bd. 1, Nr. 52, Rn. 16.

470 Gründungsmitglieder: Argentinien, Australien, Belgien, Bulgarien, Dänemark, Deutschland, Finnland, Frankreich, Griechenland, Großbritannien, Irland, Italien, Japan, Kanada, Luxemburg, Neuseeland, Niederlande, Norwegen, Österreich, Polen, Portugal, Rumänien, Russland, Schweden, Schweiz, Slowakei, Spanien, Südkorea, Tschechische Republik, Türkei, Ukraine, Ungarn, USA, www.wassenaar.org/wp-content/uploads/2016/07/Press-Statement-July-96.pdf, zuletzt abgerufen am 15.09.2016.

471 Zur Entstehung des Wassenaar-Abkommens vgl. *Wolffgang/Hölscher*, Wassenaar-Arrangement, in: Hübner/Ebke, Festschrift für Bernhard Großfeld, S. 1329 (1338 f.).

472 *Weith u. a.*, Exportkontrolle, S. 54.

473 Argentinien, Australien, Belgien, Bulgarien, Dänemark, Deutschland, Estland, Finnland, Frankreich, Griechenland, Großbritannien und Nordirland, Irland, Italien, Japan, Kanada, Kroatien, Lettland, Litauen, Luxemburg, Malta, Mexiko, Neuseeland, Niederlande, Norwegen, Österreich, Polen, Portugal, Rumänien, Russland, Schwe-

republik Deutschland), sowie an dem Umfang der zugrunde liegenden Güterlisten gilt es als das umfassendste aller Regime.[474] Dieses Regime ist ein politisch verbindliches Instrument[475], dessen elementarer Bestandteil die Vorgabe zur Etablierung eines Vorbehalts der Ausfuhrgenehmigung ist. Das Regime dient auch der Koordination der nationalstaatlichen Kontrollen des Technologietransfers im konventionellen Rüstungsbereich.

a) Vorgabe des Genehmigungsvorbehalts

Nach Abschnitt III Ziff. 1 der Initial Elements sollen die Mitgliedstaaten für die in der Militärliste genannten Güter in ihrem Rechtssystem einen Vorbehalt der Ausfuhrgenehmigung etablieren. Die Entscheidung über die Bewilligung oder Ablehnung von Lieferanfragen aus Drittstaaten verbleibt jedoch bei den Mitgliedstaaten (Abschnitt II Ziff. 3 der Initial Elements). Dabei gibt die breite Definition des Begriffs „Technologie" den Mitgliedstaaten einen umfassenden Kontrollansatz vor. Denn wie oben gesehen[476], erfasst die Militärliste in ML22 a. Technologie, die für die Entwicklung, Herstellung und Verwendung von Gütern der Militärliste – dies sind konventionelle Rüstungsgüter – erforderlich ist. Dabei kann Technologie in den Formen der technischen Unterlagen oder der technischen Unterstützung vorliegen. Das Regime schließt in Anmerkung 2 „Minimum-Technologie", öffentlich zugängliche Technologie, Grundlagenforschung und für Patentanmeldungen erforderliche Informationen sowie Technologie für die magnetische Induktion zum Dauerbetrieb ziviler Transporteinrichtungen von der Listung aus.

b) Koordination der mitgliedstaatlichen Kontrolle

Ein weiterer wichtiger Bestandteil des Wassenaar-Abkommens ist die Notifizierung von Transfers und ablehnenden Entscheidungen über Transfers an Nicht-Mitgliedstaaten (Abschnitt II Ziff. 4 und Abschnitt V Ziff. 1 der Initial Elements).

---

den, Schweiz, Slowakei, Slowenien, Spanien, Südafrika, Südkorea, Tschechische Republik, Türkei, Ukraine, Ungarn, USA, http://www.wassenaar.org/participating-states, zuletzt abgerufen am 15.09.2016. Es ist offen für den Eintritt weiterer Mitglieder, s. Abschnitt VIII der Initial Elements und Anhang 4.

474 *Karpenstein*, Europäisches Exportrecht für Dual-Use-Güter, S. 171.

475 Im Ergebnis so auch *Karpenstein*, Europäisches Exportkontrollrecht für Dual-Use-Güter, S. 180 nach ausführlicher Prüfung einer vertraglichen, einseitig rechtlichen oder gewohnheitsrechtlichen Bindung, S. 176–180; *Hohmann*, Außenhandelsfreiheit, S. 120; *Wolffgang/Hölscher*, Wassenaar-Arrangement, in: Hübner/Ebke, Festschrift für Bernhard Großfeld, S. 1329 (1343 ff.) mit ausführlicher Begründung.

476 1. Teil A.I.

Die Benachrichtigung über eine ablehnende Entscheidung verpflichtet die Mitgliedstaaten des Wassenaar-Abkommens nicht, ähnliche Transfers ebenfalls abzulehnen (Abschnitt II Ziff. 4 der Initial Elements). Der Staat, welcher einen von einem anderen Staat bereits abgelehnten Transfers bewilligt, soll die anderen Mitgliedstaaten aber hierüber möglichst innerhalb der nächsten 30 Tagen, nicht jedoch später als 60 Tagen, informieren (Abschnitt II Ziff. 4 der Initial Elements). Darüber hinaus soll ein allgemeiner Informationsaustausch über die mit dem Technologietransfer verbundenen Risiken stattfinden, um bei Bedarf diesen entgegenzusteuern (Abschnitt IV der Initial Elements; Anhang 1). Auch spezifische Informationsaustausche sind vorgesehen. Diese betreffen jedoch nur Dual-Use-Güter und deren Technologien (Abschnitt V der Initial Elements; Anhang 2) sowie Waffen (Abschnitt VI der Initial Elements; Anhang 3), nicht den Technologietransfer konventioneller Rüstungsgüter.

2. *Rechtlich verbindliche Vorgabe des Gemeinsamen Standpunkts 2008/944/GASP*

Der Gemeinsamen Standpunkt 2008/944/GASP ist ein Beschluss nach Art. 25 b) ii) EUV und Art. 29 S. 1 EUV. Beschlüsse sind nach Art. 288 Abs. 4 AEUV in all ihren Teilen verbindlich, so auch der Gemeinsame Standpunkt 2008/944/GASP[477]. Auch der Gemeinsame Standpunkt 2008/944/GASP beinhaltet eine Vorgabe des Genehmigungsvorbehalts und schreibt eine Koordination der mitgliedstaatlichen Kontrolle vor.

a) Vorgabe des Genehmigungsvorbehalts

Nach Art. 1 Abs. 1 des Gemeinsamen Standpunkts 2008/944/GASP prüft jeder Mitgliedstaat die ihm vorgelegten Anträge auf Ausfuhrgenehmigung für Gegenstände der in Art. 12 genannten Militärgüterliste der Europäischen Union in jedem Einzelfall anhand der Kriterien nach Art. 2[478]. Die vom Rat am 27. Februar 2012 angenommene Gemeinsame Militärgüterliste der Europäischen Union[479] enthält die Position ML22 „Technologie". Der Regelungsgegenstand und die dazugehörigen Definitionen entsprechen dem deutschen Recht.[480] Art. 1 Abs. 2 des

477 *Yihdego*, P.L. 2008, S. 546 (551); a.A. *Biggs*, 1 CRICLJ 2011 S. 117 (128), CRLR 2011 S. 1311 (1318), dieser spricht von „non-binding".

478 Auf diese wird im 3. Teil C.II.2.a) näher eingegangen.

479 Abl. 2014 C 107.

480 Zur Begründung der Übereinstimmung und der Analyse des Regelungsgegenstands und der Begriffsbestimmungen s. 1. Teil A.

Gemeinsamen Standpunkts 2008/944/GASP betont, dass Abs. 1 auch Genehmigungsanträge für tatsächliche Ausfuhren erfasst, wenn diese zum Zwecke der Lizenzproduktion von Militärgütern in Drittländern erfolgen, sowie Lizenzanträge für immaterielle Technologietransfers.

b) Koordination der mitgliedstaatlichen Kontrolle

In den folgenden Artikeln werden Konsultations-, Informations- und Transparenzverfahren geregelt, um die Abstimmung zwischen den Genehmigungsbehörden der Europäischen Union zu verbessern. Es lässt sich konstatieren, dass die Mitgliedstaaten der Europäischen Union auch tatsächlich mehr Daten über erfolgte oder beabsichtigte Rüstungsausfuhren zur Verfügung stellen.[481] Der jährlich erscheinende Sammelband, der anhand der einzelstaatlichen Rüstungsexportberichte durch das Sekretariat des Europäischen Rats zusammengestellt wird, gibt hierüber Auskunft.[482] Vorgesehen ist, dass alle Mitgliedstaaten über Verweigerungen von Ausfuhrgenehmigungen zu informieren sind. Eine Konsultation des ablehnenden Mitgliedstaats wird erforderlich, wenn ein anderer Mitgliedstaat eine gleichartige Transaktion genehmigen möchte. Diese Vorgehensweise ist gegenüber der reinen Informationspflicht des Wassenaar-Abkommens weitreichender. Dadurch, dass die Konsultation vor der Genehmigung erfolgen soll, kann hier eine Transaktion tatsächlich noch überdacht und gegebenenfalls aufgrund der Einschätzung des ablehnenden Staates letztlich nicht genehmigt werden.

II. Umsetzung des Genehmigungsvorbehalts in deutsches Recht

In diesem Abschnitt wird untersucht, wie die Vorgaben des Genehmigungsvorbehalts des Wassenaar-Abkommens und des Gemeinsamen Standpunkts 2008/944/GASP[483] für den Technologietransfer konventioneller Rüstungsgüter in deutsches Recht umgesetzt wurden.

---

481 *Moltmann*, Gemeinsamer Standpunkt, HSFK Nr. 3/2012, S. III.

482 *Moltmann*, Gemeinsamer Standpunkt, HSFK Nr. 3/2012, S. III. *Moltmann* beklagt hier die fehlende Vergleichbarkeit, weil die einzelstaatlichen Berichtsformate nicht einheitlich seien und unterschiedliche Daten erfasst und weitergegeben würden.

483 Dieser gibt – wie eben dargestellt – jedoch nicht nur die Existenz eines Genehmigungsvorbehalts, sondern auch bestimmte Kriterien zur Ausfüllung der Genehmigungsentscheidung vor. Diese Kriterien werden in C.II.2 näher vorgestellt und ihre Umsetzung beziehungsweise Nichtumsetzung in C.III untersucht.

1. *Genehmigungserfordernisse*

Zu unterscheiden ist zwischen den Genehmigungserfordernissen für die Ausfuhr und Verbringung von technischen Unterlagen sowie für die technische Unterstützung.

a) Ausfuhr und Verbringung

„Ausfuhr" im Sinne des AWG erfasst „die Übertragung von […] Technologie aus dem Inland *in ein Drittland* einschließlich ihrer Bereitstellung auf elektronischem Weg für natürliche und juristische Personen *in Drittländern*"[484], § 2 Abs. 3 Nr. 2 AWG. „Verbringung" ist nach § 2 Abs. 21 Nr. 1 „die […] Übertragung von […] Technologie aus dem Inland *in das übrige Zollgebiet der Europäischen Union* einschließlich ihrer Bereitstellung auf elektronischem Weg für natürliche und juristische Personen *in dem übrigen Zollgebiet der Europäischen Union.*"[485] Beide Fälle sind in Kapitel 2 der AWV („Ausfuhr und Verbringung aus dem Inland") geregelt.

aa) Genehmigungserfordernis für die Technologieausfuhr

Genehmigungserfordernisse für die Technologieausfuhr halten die §§ 8 und 9 AWV bereit. § 9 AWG ist für die Technologieausfuhr im Bereich des Handels mit *konventionellen* Rüstungsgütern nicht relevant. Denn nach § 9 Abs. 1 AWV bedarf die Ausfuhr von Gütern, die *nicht* in der Ausfuhrliste oder in Anhang I der Dual-Use-VO genannt sind, der Genehmigung, wenn der Ausführer vom BAFA darüber unterrichtet worden ist, dass die Güter für die Errichtung den Betrieb oder den Einbau in eine Anlage für kerntechnische Zwecke zumindest bestimmt sein könnten (Nr. 1) und das Bestimmungsland Algerien, Irak, Iran, Israel, Jordanien, Libyen, die Demokratische Volksrepublik Korea, Pakistan oder Syrien ist (Nr. 2). Da Technologie als Gut in der Ausfuhrliste genannt ist, wird in den folgenden Ausführungen nicht § 9, sondern § 8 AWG analysiert.

Nach § 8 Abs. 1 Nr. 1 AWV bedarf die Ausfuhr der in Teil I Abschnitt A genannten Güter der Genehmigung. Bezüglich dieses Genehmigungsvorbehalts hat sich die Rechtslage seit dem 1. September 2013 nicht geändert, denn diese Vorschrift ist wortlautgleich zu § 5 Abs. 1 AWV a. F. Der Genehmigungsvorbehalt beruht auf der Ermächtigungsgrundlage aus § 4 Abs. 1 Nr. 1 AWG („wesentliche Sicherheitsinteressen") in Verbindung mit § 5 Abs. 1 Nr. 1 Hs. 1 AWG.

---

484 Betonung hinzugefügt.
485 Betonung hinzugefügt.

Der Technologietransfer ist vom Genehmigungsvorbehalt umfasst, da Technologie ein in Teil I Abschnitt A genanntes Gut (Nr. 0022) ist. Es wird diejenige Technologie erfasst, die zur Entwicklung, Herstellung oder Verwendung der in Teil I Abschnitt A genannten Güter unverzichtbar ist.[486] Ausfuhr meint nach § 2 Abs. 3 Nr. 2 AWG die Übertragung von Technologie aus dem Inland in ein Drittland einschließlich ihrer Bereitstellung auf elektronischem Weg für natürliche und juristische Personen in Drittländern. Mit der Erfassung der elektronischen Bereitstellung wurde die Vorgabe aus Art. 1 Abs. 2 4. Anstrich des Gemeinsamen Standpunkts 2008/944/GASP umgesetzt. Zu beachten ist zudem, dass eine Genehmigungspflicht nicht erst dann vorliegt, wenn alle Unterlagen vollständig ausgeführt werden, sondern bereits, wenn es sich um wesentliche Teile der Unterlagen handelt.[487] Wesentlich sind solche Unterlagen, die den spezifisch militär-strategischen Gehalt für die beabsichtigte Warenfertigung vermitteln.[488]

Vertragliche Vereinbarungen wie Lizenzverträge sind nicht Gegenstand dieser Genehmigungspflicht. Nach der Bundesregierung der 17. Wahlperiode besteht hier aber richtigerweise keine Kontrolllücke, da die konkreten Ausfuhren in Erfüllung dieser Verträge genehmigungspflichtig sind.[489] Nach § 4 Abs. 1 AWG können auch Rechtsgeschäfte eingeschränkt werden. Hiervon wurde nicht hier, jedoch im Rahmen der Verbote nach § 74 AWV[490] Gebrauch gemacht.

Die Genehmigung ist nach § 8 Abs. 2 AWV nicht erforderlich für die Ausfuhr von Feuerwaffen, Munition und Wiederladegeräten[491] in die Schweiz, nach Norwegen und Island. Diese Ausnahmevorschrift wurde durch die AWG-Novelle eingefügt.[492] Die Vorschrift ist nicht auf die Technologieausfuhr bezüglich der ge-

486 Zur genauen Definition des Technologiebegriffes im deutschen Außenwirtschaftsrecht s. 1. Teil A.I.

487 *Pottmeyer*, KWKG, Einleitung, Rn. 169.

488 BT-Drucksache 11/4928, S. 5.

489 BT-Drucksache 17/7926, S. 5.

490 3. Teil A.III.

491 Eine genauere Beschreibung der ausgenommenen Rüstungsgüter findet sich in § 8 Abs. 2 Nr. 1–3 AWV.

492 Nach der Gesetzesbegründung (BT-Drs. 17/14624, S. 118) dient die Vorschrift der Beseitigung doppelter Genehmigungserfordernisse, denn die Ausfuhr der genannten Güter in die betreffenden Länder unterliege bereits einem waffenrechtlichen Genehmigungsverfahren. Ein zusätzlicher außenwirtschaftsrechtliches Genehmigungsverfahren würde zu einem administrativen Mehraufwand ohne erkennbaren Mehrwert für die Sicherheit führen. Mit dem waffenrechtlichen Genehmigungsverfahren kann nicht das Genehmigungserfordernis des Art. 4 der Feuerwaffen-VO (Verordnung (EU) Nr. 258/2012 des Europäischen Parlaments und des Rates vom 14. März 2012

nannten Waren anwendbar. Der Wortlaut spricht von „folgenden Güter[n]". Unter „Güter" fallen nach § 2 Abs. 13 AWG zwar auch Technologien. Durch das Wort „folgende" verweist die Vorschrift aber auf die in den untenstehenden Nummern aufgelisteten Güter. Diese werden mit einer Bezugnahme auf § 1 Abs. 4 WaffG in Verbindung mit der Anlage 1 („Begriffsbestimmungen") zum Waffengesetz detailliert beschrieben. Die Anlage 1 enthält waffenrechtliche Begriffe ohne eine Bezugnahme auf die Technologie zu ihrer Entwicklung, Herstellung oder Verwendung. Die Technologie wird also von dem Wortlaut des § 8 Abs. 2 AWV nicht erfasst. Als Ausnahmevorschrift ist diese eng auszulegen. Es bleibt somit bezüglich einer Technologieausfuhr für die oben genannten Güter in die Schweiz, nach Island und Norwegen bei dem Genehmigungserfordernis des § 8 Abs. 1 Nr. 1 AWV.

Die Bagatellklausel des Abs. 3, die Güter im Wert von nicht mehr als 5.000 Euro von der Genehmigungspflicht ausnimmt, ist nach ihrem Wortlaut nicht auf Nr. 1 anwendbar.

Nicht ausdrücklich erfasst sind die nach Art. 1 Abs. 2 des Gemeinsamen Standpunkts 2008/944/GASP genehmigungspflichtigen tatsächlichen Ausfuhren, wenn diese zum Zwecke der Lizenzproduktion von Militärgütern in Drittländern erfolgen. Diese sind dann erfasst, wenn die tatsächlichen Ausfuhren selbst genehmigungspflichtig sind. Da sich die Genehmigungspflicht hinsichtlich der tatsächlichen Ausfuhren mit der der Technologieausfuhr aufgrund der Verweisungstechnik in Nr. 0022 der Ausfuhrliste deckt, wurde durch diese Umsetzung keine Regelungslücke geöffnet.

bb) Genehmigungserfordernis für die Technologieverbringung

Nach § 11 Abs. 1 S. 1 AWV bedarf die Verbringung der in Teil I Abschnitt A der Ausfuhrliste genannten Güter der Genehmigung. Die Ermächtigung für die

---

zur Umsetzung des Artikels 10 des Protokolls der Vereinten Nationen gegen die unerlaubte Herstellung von Schusswaffen, dazugehörigen Teilen und Komponenten und Munition und gegen den unerlaubten Handel damit, in Ergänzung des Übereinkommens der Vereinten Nationen gegen die grenzüberschreitende organisierte Kriminalität (VN-Feuerwaffenprotokoll) und zur Einführung von Ausfuhrgenehmigungen für Feuerwaffen, deren Teile, Komponenten und Munition sowie von Maßnahmen betreffend deren Einfuhr und Durchfuhr; Abl. 2012 L 94/1.) gemeint sein. Denn in Erwägungsgrund 9 heißt es, dass die Verordnung die Richtlinie 91/477/EWG des Rates vom 18. Juni 1991 über die Kontrolle des Erwerbs und Besitzes von Waffen (Abl. 1991 L 256/51) unberührt lässt. Da die Länder Island, Norwegen und Schweiz die Richtlinie und ihre späteren Änderungen umgesetzt haben, ist Art. 4 der Feuerwaffen-VO nicht anwendbar.

Regelung des Art. 11 Abs. 1 AWV leitet sich ebenfalls aus der Schutzklausel nach Art. 346 AEUV und damit aus § 4 Abs. 1 Nr. 1 AWG („wesentliche Sicherheitsinteressen") ab.[493] Die Verbringung der in Teil I Abschnitt A der Ausfuhrliste genannten Güter stellt auch einen zulässigen Beschränkungsgegenstand im Sinne des § 5 Abs. 1 Nr. 1 Hs. 1 AWG dar. Hintergrund der Regelung ist die aufgrund der unterschiedlichen Exportpolitik der Mitgliedstaaten bestehende Umgehungsproblematik.[494]

Verbringung ist nach § 2 Abs. 21 Nr. 1 AWG auch[495] „die […] Übertragung von […] Technologie aus dem Inland in das übrige Zollgebiet der Europäischen Union einschließlich ihrer Bereitstellung auf elektronischem Weg für natürliche und juristische Personen in dem übrigen Zollgebiet der Europäischen Union.". Erfasst ist also auch, ebenso wie bei der Ausfuhr, die nicht gegenständliche Übermittlung von Technologie. Mit der Erfassung der elektronischen Bereitstellung wurde die Vorgabe aus Art. 1 Abs. 2 4. Anstrich des Gemeinsamen Standpunkts 2008/944/GASP umgesetzt. Auch bezüglich der Genehmigungspflicht bei der Verbringung kann, insbesondere in Hinblick auf die Umgehungsproblematik, nichts anderes gelten als bei der Ausfuhr. Bereits die Verbringung wesentlicher Unterlagen, seien sie auch noch nicht vollständig, ist genehmigungspflichtig. § 11 Abs. 1 S. 2 nimmt von dieser Genehmigungspflicht die gleichen Güter aus wie § 8 Abs. 2 AWV. Diese Ausnahme ist jedoch analog zur Technologieausfuhr nicht auf die Technologieverbringung anwendbar.[496]

Im Ergebnis wird die Technologieverbringung wie die Technologieausfuhr behandelt. Der Technologietransfer innerhalb der Europäischen Union ist also gegenüber einem Technologietransfer in einen Drittstaat nicht privilegiert.

b) Erbringung technischer Unterstützung

Die Einführung eines Genehmigungsvorbehalts auch hinsichtlich der technischen Unterstützung ist im Wassenaar-Abkommen politisch vorgegeben. Die konkrete Ausgestaltung des Genehmigungsvorbehalts zur technischen Unterstützung in den §§ 49 ff. AWV sind das Ergebnis der Umsetzung der Art. 2 und

493 *Simonsen/Pietsch*, in: Wolffgang/Simonsen, AWR-Kommentar, Bd. 3, § 7 AWV, Rn. 1.

494 *Simonsen/Pietsch*, in: Wolffgang/Simonsen, AWR-Kommentar, Bd. 3, § 7 AWV, Rn. 3.

495 Nach § 2 Abs. 21 Nr. 2 AWG ist Verbringung auch „Lieferung von Waren oder die Übertragung von Software oder Technologie aus dem übrigen Zollgebiet der Europäischen Union in das Inland einschließlich ihrer Bereitstellung auf elektronischem Weg für natürliche und juristische Personen im Inland." Diese Untersuchung soll sich jedoch auf den Technologietransfer aus der Bundesrepublik ins Ausland beschränken.

496 Für eine Begründung s. B.II.1.a)aa).

3 der „Gemeinsamen Aktion 2000/401/GASP des Rates vom 22.06.2000 über die Kontrolle von technischer Unterstützung in Bezug auf bestimmte militärische Endverwendungen“[497] (Gemeinsame Aktion 2000/401/GASP) durch die 51. Verordnung zur Änderung der AWV[498] in nationales Recht.[499] § 50 AWV regelt die Genehmigungserfordernisse für technische Unterstützung in Drittländern, § 51 AWV die Genehmigungserfordernisse für technische Unterstützung im Inland. § 53 AWV hält Befreiungen von der Genehmigungspflicht bereit.

aa) Genehmigungserfordernis für die technische Unterstützung in Drittländern

Die Beschränkung des § 50 Abs. 1 AWV beruht auf der Ermächtigungsgrundlage des § 4 Abs. 1 AWV. Die Vorgängervorschrift § 45a Abs. 1 AWV a. F. war mit „Beschränkung nach § 7 Abs. 1 AWG“ übertitelt, wobei § 7 Abs. 1 AWG a. F. dem heutigen § 4 Abs. 1 AWG entspricht.

Nach § 50 Abs. 1 AWV bedarf es der Genehmigung für eine technische Unterstützung in Drittländern durch einen Deutschen oder einen Inländer im Sinne des § 2 Abs. 15 Nr. 2 bis 4 AWG, die nicht von § 49 Abs. 1 AWV erfasst ist, wenn der Deutsche oder oben bezeichneter Inländer vom BAFA darüber unterrichtet worden ist, dass die technische Unterstützung im Zusammenhang mit einer militärischen Endverwendung steht und in einem Land im Sinne des Art. 4 Abs. 2 der Dual-Use-VO erbracht wird.

„Technische Unterstützung“ ist nach § 2 Abs. 16 S. 1 AWG jede technische Hilfe in Verbindung mit der Reparatur, Entwicklung, Herstellung, Montage, Erprobung, Wartung oder jeder anderen technischen Dienstleistung. Gemäß § 2 Abs. 16 S. 2 AWG kann technische Unterstützung in Form von Unterweisung, Ausbildung, Weitergabe von praktischen Kenntnissen oder Fähigkeiten oder in Form von Beratungsleistungen erfolgen. Sie umfasst auch mündliche, fernmündliche und elektronische Formen der Unterstützung, § 2 Abs. 16 S. 3 AWG. Weitere Beispiele nennt Anmerkung 2 zur Begriffsbestimmung „Technologie“ der Ausfuhrliste.[500] Länder im Sinne des Art. 4 Abs. 2 der Dual-Use-VO sind solche, gegen die ein Waffenembargo[501] aufgrund eines vom Rat festgelegten Gemeinsamen Stand-

497 Abl. 2000 L 159/216.

498 BT-Drs. 14/4166 vom 28.09.2000.

499 *Pietsch*, in: Wolffgang/Simonsen, AWR-Kommentar, Bd. 3, § 45a AWV, Rn. 2.

500 S. 1. Teil A.I.

501 Zu Waffenembargos auf internationaler, europäischer und nationaler Ebene, s. A.

punkts, einer Gemeinsamen Aktion[502], einer Entscheidung der OSZE[503] oder aufgrund einer verbindlichen Resolution des VN-Sicherheitsrats verhängt wurde.

Nach Abs. 2 S. 1 besteht zudem die Pflicht („hat"), das BAFA zu unterrichten, wenn bekannt ist,[504] dass die geplante technische Unterstützung in einem Drittland für eine militärische Endverwendung bestimmt ist. Das BAFA entscheidet dann über die Genehmigungspflicht, S. 2. Bis zu dieser Entscheidung darf die technische Unterstützung nicht erbracht werden, S. 3. Nach dem Wortlaut der ersten beiden Absätze muss nur die technische Unterstützung in einem Drittland erbracht werden, nicht hingegen die militärische Endverwendung, auch wenn dies meist so sein mag.[505]

Abs. 1 und 2 gelten nach Abs. 3 nicht, wenn die technische Unterstützung durch Weitergabe von Informationen erfolgt, die allgemein zugänglich oder Teil der Grundlagenforschung sind (Nr. 1) oder mündlich erfolgen und keine Technologie betreffen, die in Teil I Abschnitt A Nr. 0022 gelistet ist (Nr. 2).

bb) Genehmigungserfordernis für die technische Unterstützung im Inland

Nach § 51 Abs. 1 Nr. 2 AWV, der auf § 4 Abs. 1 AWG beruht,[506] bedarf die technische Unterstützung im Inland durch einen Inländer der Genehmigung, wenn

502 Soweit ersichtlich, wurde noch kein Waffenembargo auf eine Gemeinsame Aktion gestützt, s. A.II.1.

503 In Reaktion auf den Konflikt zwischen Armenien und Aserbaidschan über das Gebiet Bergkarabach forderte die OSZE im Beschluss vom 28. Februar 1992 die Mitgliedstaaten auf, ein Waffenembargo über alle Lieferungen an die Konfliktparteien zu verhängen. Das Embargo wurde bisweilen nicht aufgehoben. Die Bundesrepublik Deutschland setzt das Embargo auf der administrativen Ebene um, es werden also keine Ausfuhrgenehmigungen für die Güter des Teils I Abschnitt A – darunter Technologie, Nr. 0022 – der Ausfuhrliste für Ausfuhren nach Aserbaidschan und Armenien erteilt, vgl. Informationen des Zolls auf http://www.unidir.org/files/medias/pdfs/background-paper-the-arms-trade-treat-and-russian-arms-exports-expectations-and-possible-consequences-sergey-denisentsev-and-konstantin-makienko-eng-0-257.pdf, zuletzt abgerufen am 15.09.2016.

504 Solch eine Kenntnis kann der Exporteur beispielsweise durch Frühwarnschreiben der Bundesregierung erlangen. Wer diese erhält, aber bewusst nicht zur Kenntnis nimmt, kann bei der Anwendung des Exportkontrollrechts als „unzuverlässig" (zum Erfordernis der Zuverlässigkeit s. unten 3. Teil C.III.1, C.III.4) gelten, BAFA, HADDEX, Bd. 1, Teil 1, Rn. 37.

505 *Friedrich*, in: Hocke/Friedrich, Außenwirtschaftsrecht, Bd. 1, § 45 a AWV, Rn. 2.

506 Zur Begründung s. B.II.1.b)aa). § 51 Abs. 1 Nr. 2 AWV hat keine Entsprechung in der Gemeinsamen Aktion 2000/401/GASP.

der Inländer vom BAFA darüber unterrichtet worden ist, dass die technische Unterstützung gegenüber Ausländern erbracht wird, die nicht in einem Land ansässig sind, das in Anhang II a Teil 2[507] der Verordnung (EG) Nr. 428/2009 genannt oder Mitglied der Europäischen Union ist. Zudem bedarf die technische Unterstützung im Inland durch einen Inländer nach Abs. 2 der Genehmigung, wenn er vom BAFA darüber unterrichtet wurde, dass die technische Unterstützung im Zusammenhang mit einer militärischen Endverwendung steht, die nicht von Abs. 1 erfasst ist, und gegenüber Ausländern erbracht wird, die nicht in einem Land im Sinne des Art. 4 Abs. 2 der Dual-Use-Verordnung ansässig sind. § 51 Abs. 3 AWV schreibt wie § 50 Abs. 2 AWV die Pflicht zur Unterrichtung des BAFA in bestimmten Fällen vor. § 51 Abs. 4 AWV enthält Ausnahmeregelungen wie § 50 Abs. 3 AWV mit der Abweichung, dass nach § 51 Abs. 4 Nr. 2 AWV die Mündlichkeit der technischen Unterstützung nicht vorausgesetzt wird. Für die Genehmigungsvorbehalte in Abs. 2 und 3 ist zu beachten, dass nach § 51 Abs. 5 AWV als Ausländer auch solche natürlichen Personen anzusehen sind, deren Wohnsitz oder gewöhnlicher Aufenthalt im Inland auf höchstens fünf Jahre befristet ist.

cc) Befreiungen von dem Erfordernis der Genehmigung

Befreiungen von der Genehmigungspflicht sieht § 53 AWV in vier verschiedenen Fällen vor. Der erste Fall ist die technische Unterstützung durch Behörden oder Dienststellen der Bundesrepublik Deutschland im Rahmen ihrer dienstlichen Aufgaben (Nr. 1). Der Behördenbegriff ist § 1 Abs. 4 VwVfG zu entnehmen,[508] wonach jede Stelle, die öffentliche Aufgaben wahrnimmt, erfasst ist. Es ist kaum vorstellbar, dass es Dienststellen gibt, die keine öffentlichen Aufgaben wahrnehmen. Der Begriff ist wohl nur zur Klarstellung eingefügt worden, denn es sollen alle Träger der öffentlichen Verwaltung gemeint sein, selbst wenn sie im Verkehr nicht als Behörde bezeichnet werden.[509] Durch die Einschränkung „im Rahmen ihrer dienstlichen Aufgaben" werden Beliehene und Universitäten von der Befreiung ausgenommen, denn ihre Aufgabe ist nicht die technische Unterstützung im Sinne der §§ 49 ff. AWV.[510]

Ausgenommen von der Genehmigungspflicht ist auch die technische Unterstützung, die für die Bundeswehr aufgrund der von ihr erteilten Aufträge erbracht

507 Dies muss richtigerweise Anhang II Teil 3 heißen.

508 *Friedrich*, in: Hocke/Friedrich, Außenwirtschaftsrecht, Bd. 1, § 45 e AWV, Rn. 2.

509 *Friedrich*, in: Hocke/Friedrich, Außenwirtschaftsrecht, Bd. 1, § 45a AWV, Rn. 2.

510 *Friedrich*, in: Hocke/Friedrich, Außenwirtschaftsrecht, Bd. 1, § 45a AWV, Rn. 3.

wird (Nr. 2). Dieser Befreiungstatbestand lässt den Empfänger der technischen Unterstützung offen. Voraussetzung ist, dass die Bundeswehr Auftraggeber ist. Begünstigter kann deshalb beispielsweise auch eine ausländische Armee sein.[511]

Eine Befreiung gilt auch für die technische Unterstützung, die zu einem Zweck erbracht wird, der in den Ausnahmen für die Güter der vom Trägertechnologie-Kontrollregime erfassten Technologie in Anhang IV der Verordnung (EG) 428/2009 genannt ist (Nr. 3).

Die letzte Befreiung bezieht sich auf die technische Unterstützung, die das unbedingt notwendige Minimum für Aufbau, Betrieb, Wartung und Reparatur derjenigen Güter darstellt, für die eine Ausfuhrgenehmigung erteilt wurde (Nr. 4). Diese Vorschrift entspricht der Anmerkung 2a zur Nr. 0022 (Technologie) des Teil I A der Ausfuhrliste.

c) Bewertung der Genehmigungsvorbehalte

Die Vorgabe des Genehmigungsvorbehalts im Gemeinsamen Standpunkt 2008/944/GASP beziehungsweise in der Gemeinsamen Aktion 2000/401/GASP wurde im deutschen Recht in den §§ 8, 11 und 55 ff. AWV umgesetzt. Im Ergebnis wird die Technologieverbringung (innerhalb der Europäischen Union) genauso wie die Technologieausfuhr (in einen Drittstaat) behandelt. Auch bei der technischen Unterstützung wird hinsichtlich der Genehmigungspflicht nicht zwischen Mitgliedstaaten und Nicht-Mitgliedstaaten der Europäischen Union unterschieden. Der Technologietransfer innerhalb der Europäischen Union ist also – dem Gemeinsamen Standpunkt 2008/944/GASP und der Gemeinsamen Aktion 2000/401/GASP entsprechend – gegenüber einem Technologietransfer in einen Drittstaat nicht privilegiert. Dies zeigt – zusammen mit der Praxis der Staaten zur nationalen Regelung des Rüstungsmarktes[512], dass die Europäische Union nicht zu einem gemeinsamen Markt für Rüstungsgüter geworden ist.

2. Formelle Vorgaben für das Genehmigungsverfahren

Für einen vollständigen Überblick über das deutsche Regelungssystem für den Technologietransfer konventioneller Rüstungsgüter werden hier die einschlägigen formellen Vorgaben kurz dargestellt.[513]

---

511 So *Friedrich*, in: Hocke/Friedrich, Außenwirtschaftsrecht, Bd. 1, § 45a AWV, Rn. 4.

512 S. Ausführungen zur Rechtsetzungskompetenz der Mitgliedstaaten bei Art. 346 AEUV in Teil II, C.II.2.

513 Für längere, allgemeine Ausführungen s. beispielsweise *Ehrlich*, in: Bieneck (Hrsg.), Außenwirtschaftsrecht, § 17; BAFA, HADDEX, Bd. 1, Teil 6.

a) Zuständige Behörde

Nach § 13 Abs. 1 AWG ist für den Erlass von Verwaltungsakten aufgrund des AWG und der nach dem AWG erlassenen Rechtsverordnungen sowie aufgrund von Rechtsakten des Rats oder der Kommission der Europäischen Union im Bereich des Außenwirtschaftsrechts das BAFA zuständig, soweit im AWG oder aufgrund einer nach dem AWG erlassenen Rechtsverordnung nichts anderes bestimmt ist.[514] Solch anderes bestimmt Abs. 2, der in den Fällen des Technologietransfers jedoch keine entscheidende Rolle spielt. Sachlich zuständig für die gesamte Bundesrepublik Deutschland ist damit das BAFA als Bundesoberbehörde.

Bei politisch besonders bedeutsamen Entscheidungen werden in der Regel auch die Ressorts der Bundesregierung, insbesondere das Bundesministerium für Wirtschaft und Energie (BMWi), einbezogen.[515] Das BMWi beteiligt das Auswärtige Amt regelmäßig bei außenpolitischen Fragestellungen.[516] Entscheidungen über Rüstungsexporte von herausgehobener Bedeutung oder über solche, die ein politisches Konfliktpotential bergen, sowie über entsprechende Voranfragen werden dem geheim tagenden Bundessicherheitsrat zur Befassung vorgelegt.[517] Die politische Willensbildung findet dann dort statt.[518] Der Bundessicherheitsrat hat zwar nur Beratungs- und Empfehlungsfunktion – eine Entscheidungsbefugnis kommt ihm nicht zu.[519] Seine Empfehlungen entfalten aber eine starke politische Bindungswirkung.[520]

b) Verfahrens- und Formvorschriften[521]

Am Anfang des Genehmigungsverfahrens steht die Antragstellung des Ausführers. Daran schließt sich die Prüfung des Antrags durch die Behörde an, für

514 Die Einhaltung außenwirtschaftlicher Vorschriften wird jedoch nicht nur durch das BAFA, sondern auch von anderen Behörden, wie den Oberfinanzdirektionen, Zollbehörden und Staatsanwaltschaften, kontrolliert, *Weith u. a.*, Exportkontrolle, S. 174 f.

515 *Weith u. a.*, Exportkontrolle, S. 175.

516 *Weith u. a.*, Exportkontrolle, S. 175.

517 *Glawe*, DVBl 2012, S. 329 (331); *Zähle*, Der Staat 2005, S. 462 (476) m.w.N; zum Informationsrecht von Parlamentariern über die Beratung im Bundessicherheitsrat s. BVerfG, Urteil vom 21.10.2014–2 BvE 5/11, NVwZ 2014, 1652 sowie seine Besprechung *Glawe*, NVwZ 2014, 1632 ff.

518 *Glawe*, DVBl 2012, S. 329 (331).

519 *Glawe*, DVBl 2012, S. 329 (331 f.); Kirchner, DVBl 2012, S. 336 (337 f.); beide mit ausführlicher Begründung, die in dieser Untersuchung nicht wiederholt werden soll.

520 *Glawe*, DVBl 2012, S. 329 (331).

521 Zu Heilung und Folgen von Verfahrensfehlern, die nicht Gegenstand der Untersuchung sein sollen, s. *Ehrlich*, in: Bieneck (Hrsg.), Außenwirtschaftsrecht, § 17, Rn. 65–70.

welche die Vorschriften für das Genehmigungsverfahren und die Vorschriften für die Form der Entscheidung dem allgemeinen Verwaltungsrecht zu entnehmen sind. Verfahrenserleichterungen bestehen in Form allgemeiner Genehmigungen.

aa) Antragstellung

Am Anfang des Genehmigungsverfahrens steht das Begehren des Antragstellers auf Erlass einer Genehmigung, also eines begünstigenden Verwaltungsakts.[522] Nach § 8 Abs. 5 AWG hat der Antragsteller bei der Beantragung einer Genehmigung nach § 8 Abs. 1 S. 1 AWG oder einer Bescheinigung nach § 8 Abs. 2 S. 2 AWG vollständige und richtige Angaben zu machen oder zu benutzen. Weitere Vorgaben finden sich in § 21 AWV, der die Antragstellung für Ausfuhrgenehmigungen regelt und gemäß § 27 S. 1 AWV auch auf die Verbringung anwendbar ist. Für die Antragstellung bei einer technischen Unterstützung ist keine besondere Form vorgeschrieben.[523]

Nach § 21 Abs. 1 AWV (in Verbindung mit § 27 S. 1 AWV) kann Antragsteller nur der Ausführer (Verbringer) sein. Ausführer ist gemäß § 2 Abs. 2 Nr. 2 AWG

> „jede natürliche oder juristische Person oder Personengesellschaft, die zum Zeitpunkt der Ausfuhr Vertragspartner des Empfängers in einem Drittland ist und im Fall von […] Technologie über deren Übertragung aus dem Inland in ein Drittland einschließlich ihrer Bereitstellung auf elektronischem Weg in ein Drittland bestimmt."

Verbringer ist nach § 2 Abs. 20 Nr. 1 AWG

> „jede natürliche oder juristische Person oder Personengesellschaft, die über die Verbringung von Gütern bestimmt und im Zeitpunkt der Verbringung im Fall des Absatzes 21 Nummer 1[524] Vertragspartner des Empfängers im Inland ist.".

Nach Ziff. 2 der Zuverlässigkeitsgrundsätze hat der Antragsteller zudem einen Ausfuhrverantwortlichen[525] zu benennen.

Nach § 21 Abs. 2 AWV sind dem Antrag auf Genehmigung der Ausfuhr oder Verbringung Dokumente zum Nachweis des Endempfängers, Endverbleibs und Verwendungszwecks (im Folgenden: Endverbleibserklärung) beizufügen. Die Pflicht zur Vorlage der Endverbleibserklärung entfällt beim Vorliegen einer All-

---

522 *Weith u. a.*, Exportkontrolle, S. 165.

523 So auch BAFA, Merkblatt Technologieexport, S. 25.

524 Der Fall des Abs. 21 Nr. 1 ist die „Lieferung von […] Technologie aus dem Inland in das übrige Zollgebiet der Europäischen Union einschließlich ihrer Bereitstellung auf elektronischem Weg für natürliche und juristische Personen in dem übrigen Zollgebiet der Europäischen Union."

525 Zu seinen Aufgaben s. *Weith u. a.*, Exportkontrolle, S. 180.

gemeinen Genehmigung, da in diesem Fall eine Antragstellung gerade nicht erforderlich ist. Es ist zwischen privaten und amtlichen Endverbleibserklärungen sowie staatlichen Einfuhrbescheinigungen (*Import Certificates*) zu unterscheiden. Die private Endverbleibserklärung ist die Erklärung eines privaten Endverwenders und enthält Angaben über das zu liefernde Gut, das Bestimmungsland, den konkreten Verwendungszweck sowie eine Reexportklausel[526].[527] Die amtliche Endverbleibserklärung entspricht inhaltlich der privaten, erfolgt aber durch eine staatliche Stelle.[528] Von einer amtlichen Endverbleibserklärung wird auch gesprochen, wenn eine private Endverbleibserklärung durch eine amtliche Stelle bestätigt wird.[529] *Import Certificate*s sind amtliche Vordrucke von einer staatlichen oder von dieser ermächtigten Stelle, in denen die Anwendung der nationalen Exportkontrollen nach Grenzübertritt sowie anschließendem Reexport erklärt wird.[530] Das BAFA kann auf die Vorlage der Dokumente auch verzichten oder andere Dokumente zum Nachweis des Verbleibs der Güter verlangen. Bei bestimmten Ländern kann das BAFA eine Internationale Einfuhrbescheinigung *(International Import Certificate)* des Bestimmungslands anerkennen, § 21 Abs. 3 AWV. Weitere regelmäßig einzureichende Unterlagen sind technisches Datenmaterial, Prospekte und Vertragsunterlagen über die auszuführenden oder zu verbringenden Güter.[531]

Diese Unterlagen sind die Grundlage, um eine Prognose über den künftigen Endverbleib zu treffen. Den tatsächlichen Endverbleib können diese Dokumente jedoch nicht garantieren. Dieser liegt zeitlich nach der Genehmigungsentscheidung und wird nicht mehr kontrolliert.

bb) Vorschriften für das Genehmigungsverfahren

Das Außenwirtschaftsrecht enthält nur wenige eigene Verfahrensvorschriften. Als Teil des besonderen Verwaltungsrechts sind die Vorschriften des Allgemeinen Verwaltungsrechts, insbesondere die des VwVfG, anzuwenden.[532] Die zuständige

---

526 Die Reexportklausel besagt, dass ein weiterer Export nur mit der Zustimmung des Lieferanten und damit der deutschen Genehmigungsbehörde erfolgen soll, *Weith u. a.*, Exportkontrolle, S. 178.

527 *Weith u. a.*, Exportkontrolle, S. 177.

528 *Weith u. a.*, Exportkontrolle, S. 178.

529 *Weith u. a.*, Exportkontrolle, S. 178.

530 *Weith u. a.*, Exportkontrolle, S. 178.

531 *Weith u. a.*, Exportkontrolle, S. 177.

532 BAFA, HADDEX, Bd. 1, Teil 6, Rn. 273; *Ehrlich*, in: Bieneck (Hrsg.), Außenwirtschaftsrecht, § 17, Rn. 38.

Behörde ermittelt nach § 24 Abs. 1 S. 1 VwVfG den entscheidungserheblichen Sachverhalt von Amts wegen, welcher Grundlage ihrer Entscheidung wird.[533] Dem Antragsteller obliegt die Mitwirkung an der Sachverhaltsermittlung.[534] Bei der Sachverhaltsermittlung kann das BAFA auch andere Behörden wie den Bundesnachrichtendienst oder das Bundesamt für Sicherheit in der Informationstechnik beteiligen.[535] Gemäß § 10 S. 1 VwVfG ist für das Verfahren keine bestimmte Form einzuhalten, soweit keine besonderen Rechtsvorschriften für die Form des Verfahrens bestehen. Die Durchführung soll einfach, zweckmäßig und zügig erfolgen, § 10 S. 2 VwVfG. Besondere Rechtsvorschriften hält das Außenwirtschaftsrecht nicht bereit.[536] Zu beachten sind jedoch die Vorschriften der §§ 71a ff. VwVfG. Nach § 71a VwVfG finden die §§ 71b bis 71e VwVfG Anwendung, wenn das Verwaltungsverfahren die Erteilung einer Genehmigung zum Ziel hat (Genehmigungsverfahren), die der Durchführung von Vorhaben im Rahmen einer wirtschaftlichen Unternehmung des Antragstellers dient. Die §§ 71a ff. VwVfG dienen der Beschleunigung des Genehmigungsverfahrens.[537]

cc) Vorschriften für die Form der Entscheidung

Im Fall einer ablehnenden Entscheidung ist die Begründungspflicht aus § 39 Abs. 1 VwVfG einzuhalten. Formelhafte allgemeine Sätze genügen den Anforderungen der Begründungspflicht nicht.[538] Diese Form der Begründung wäre allein im Fall des § 39 Abs. 2 Nr. 4 VwVfG zulässig, der von der Begründungspflicht eine Ausnahme vorsieht, wenn sich dies aus der Rechtsvorschrift ergibt. Eine nur eingeschränkte Begründungspflicht kann für eine Genehmigungsentscheidung gelten, wenn diese davon abhängt, ob die Zwecke des § 4 Abs. 1 AWG (wesentliche Sicherheitsinteressen, friedliches Zusammenleben der Völker, auswärtige Beziehungen) nicht oder nur unwesentlich gefährdet werden.[539] In diesen Fällen ist die Einschätzung des Auswärtigen Amts gefragt, welche unter Umständen nicht näher begründet werden kann, da diese auch auf nachrichtendienstlichen Kenntnissen beruhen kann, die geheimhaltungsbedürftig sind.[540]

---

533 *Weith u. a.*, Exportkontrolle, S. 165, 181.
534 *Weith u. a.*, Exportkontrolle, S. 165, 181.
535 *Weith u. a.*, Exportkontrolle, S. 175.
536 *Weith u. a.*, Exportkontrolle, S. 181.
537 Zu Einzelheiten s. beispielsweise die Kommentierung zu §§ 71 a ff. VwVfG bei *Bonk*, in: Stelkens/Bonk/Sachs, VwVfG.
538 Kopp/Ramsauer, VwVfG, § 39, Rn. 18.
539 *Tiedemann*, in: Bader/Ronellenfitsch, VwVfG-Kommentar, § 39, Rn. 90.
540 *Tiedemann*, in: Bader/Ronellenfitsch, VwVfG-Kommentar, § 39, Rn. 90.

Eine extensive Interpretation dieser Vorschrift verbietet sich jedoch bereits aus Rechtsstaatlichkeitserwägungen.[541]

dd) Verfahrenserleichterungen in Form Allgemeiner Genehmigungen

Es bestehen Verfahrenserleichterungen in Form von Allgemeinen Genehmigungen. Diese haben die gleiche Wirkung wie alle anderen Genehmigungen, bedürfen aber keines Antrags.[542] Sie werden von Amts wegen in Form der Allgemeinverfügung (§ 35 S. 2 VwVfG) bekannt gegeben, § 1 Abs. 2 AWV,[543] und bewirken, dass automatisch alle Ausfuhren und Verbringungen genehmigt sind, welche die Voraussetzungen der jeweiligen Allgemeinen Genehmigung erfüllen.[544] Bei der Ausfuhr oder Verbringung eines Guts des Teils I Abschnitt A der Ausfuhrliste kommen ausschließlich die Allgemeinen Genehmigungen Nr. 18 bis 27 (außer 20) in Betracht.[545] Die Allgemeinen Genehmigungen Nr. 25, 26 und 27 betreffen den Technologietransfer.

Die Allgemeine Genehmigung Nr. 25[546] betrifft die Ausfuhr und Verbringung von allen Gütern des Teils I Abschnitt A der Ausfuhrliste in den genannten Fallgruppen. Darunter fällt nach Ziff. 4.14 b) „Technologie, sofern diese in das Inland eingeführt oder verbracht worden ist und unverändert wieder in das Verwendungsland ausgeführt oder verbracht wird". Dies gilt auch, „wenn die Technologie mit Eintragungen ergänzt worden ist, die weder alleine noch in Verbindung mit der wieder auszuführenden oder zu verbringenden Unterlagen eine Nutzung erlauben, die über die vor der Ergänzung bestehende Nutzungsmöglichkeit hinausgeht". Nach Ziff. 4.14 c) fällt unter die Allgemeine Genehmigung auch „Technologie, wenn die Ausfuhr oder Verbringung nur vorübergehend erfolgt

541 *Von Bogdandy*, VerwArch 1992, S. 53 (71).

542 BAFA Merkblatt, Allgemeine Genehmigungen, Teil II, S. 8.

543 Auf die Rechtsnatur der Allgemeinen Genehmigungen, die nach dem Gesetzeswortlaut „Allgemeinverfügung" ist, soll hier nicht eingegangen werden. Es sei jedoch angemerkt, dass die Regelung des § 1 Abs. 2 AWV in der juristischen Literatur stark kritisiert wird. *Hohmann* bezeichnet das Rechtsinstrument der Allgemeinen Genehmigung als „dubios", *ders.* Außenhandelsfreiheit, S. 338 (mit rechtlicher Analyse auf S. 339–342); ausführliche Diskussion auch bei *Simonsen*, in: Wolffgang/Simonsen, AWR-Kommentar, Bd. 3, § 1 AWV, Rn. 9–17. Sehr kritisch ebenfalls *von Bogdandy*, VerwArch 1992, S. 53 (73 f.).

544 BAFA Merkblatt, Allgemeine Genehmigungen, Teil II, S. 8.

545 BAFA Merkblatt, Allgemeine Genehmigungen, Teil II, S. 10.

546 S. Bekanntmachung des BAFA der Allgemeinen Genehmigung Nr. 25 (für die Ausfuhr und Verbringung von Rüstungsgütern in bestimmten Fallgruppen) vom 14. März 2016.

und sie Dritten nicht Überlassen [sic] oder in sonstiger Weise zur Verfügung gestellt wird, oder ihre Ausfuhr oder Verbringung im Rahmen von Angebotsverfahren erforderlich ist, oder die Ausfuhr oder Verbringung zum Zwecke der Wartung und Instandsetzung von bereits mit Genehmigung ausgeführten oder verbrachten Güter erfolgt.„ Zusätzlich ist erforderlich, dass „sowohl das Land, in das sie zu diesem Zwecke ausgeführt oder verbracht werden, als auch das Endbestimmungsland ein Mitgliedstaat der Europäischen Union oder in Anhang IIa Teil 2 der EG-VO[547] genannt ist.".

Die Allgemeine Genehmigung Nr. 26 betrifft nach Ziff. 41.1. die Verbringung aller in Teil I Abschnitt A der Ausfuhrliste genannten Güter aus dem Inland durch einen im Inland niedergelassenen Verbringer an einen Empfänger, der den Streitkräften eines Mitgliedstaats angehört, oder an einen Auftraggeber, der den Erwerb ausschließlich für diese Streitkräfte tätigt, oder sonstigen Empfänger, der die erhaltenen Güter an diese Streitkräfte übergibt. Nach Ziff. 4.2. werden Güter der Kriegswaffenliste ausgenommen. Technologie im Sinne der Unternr. 0022a des Teils I Abschnitt A der Ausfuhrliste wird von der Allgemeinen Genehmigung erfasst. Diese Privilegierung der Technologieausfuhr bezüglich Kriegswaffen gegenüber der Ausfuhr fertig hergestellter Kriegswaffen ist nicht nachvollziehbar.

Die Allgemeine Genehmigung Nr. 27 betrifft nach Ziff. 4.1. die Verbringung von Technologie der Unternr. 0022a des Teils 1 Abschnitt A der Ausfuhrliste für die unter Ziff. 4.1. aufgeführten Waren. Dazu zählen unter anderem die Nrn. 0003 (Munition), 0006 (Landfahrzeuge), 0009a, b, f, g (Kriegsschiffe), 0010a, b, d–i (Luftfahrzeuge) und 0013 (Spezialpanzer- oder Schutzausrüstung) des Teils 1 Abschnitt A der Ausfuhrliste. Voraussetzung ist ein Empfänger in einem anderen Mitgliedstaat der Europäischen Union, der gemäß Art. 9 der Richtlinie zur Vereinfachung der Bedingungen für die innergemeinschaftliche Verbringung von Verteidigungsgütern (Richtlinie 2009/43/EG vom 6. Mai 2005) zertifiziert ist. Zudem darf es sich nicht um Güter handeln, die nach Ziff. 4.2. ausgeschlossen sind, so beispielsweise Güter, die in der Kriegswaffenliste genannt sind. Zugelassenes Bestimmungsziel ist nach Ziff. 5 allein das Zollgebiet der Europäischen Union (§ 2 Abs. 25 AWG).

Sogenannte „Befreiungen", wie sie § 19 Abs. 1 AWV a. F.[548] vorsah, gibt es nicht mehr. Die Befreiungstatbestände des § 19 Abs. 1 AWV a. F. wurden durch die Novellierung der AWV aufgehoben und in Allgemeine Genehmigungen überführt.

547 Dies muss richtigerweise Anhang II Teil 3 heißen.

548 So beispielsweise in § 19 Abs. 1 Nr. 21 b) AWV a.F. bei Wiederausfuhr/-verbringung von unveränderten oder lediglich mit Eintragungen ergänzten Fertigungsunterlagen für Rüstungsgüter.

3. *Entscheidungsvarianten der Behörde*

Mögliches Ergebnis der Entscheidung der Genehmigungsbehörde ist eine Genehmigungserteilung[549] oder Genehmigungsablehnung. Beide Entscheidungen stellen einen Verwaltungsakt im Sinne des § 35 S. 1 VwVfG dar.[550] Neben der Einzelausfuhrgenehmigung gibt es auch die Sammelausfuhrgenehmigung und die Höchstbetragsgenehmigung. Eine Sammelausfuhrgenehmigung stellt eine befristete Genehmigung für eine unbestimmte Anzahl gleichartiger Handlungen eines Antragstellers dar. Diese Art der Genehmigung ist aufgrund der Begünstigung nur eines Antragstellers und der Genehmigung gleichartiger Handlungen trotz des abstrakten Merkmals der unbestimmten Anzahl eine Regelung des Einzelfalls[551] und damit ein Verwaltungsakt im Sinne des § 35 S. 1 VwVfG.[552] Eine Höchstbetragsgenehmigung ist eine Genehmigung für einen bestimmten Ausführer für eine betragsmäßig beschränkte Vielzahl von Ausfuhren eines bestimmten Guts an einen bestimmten Empfänger.[553]

Ein Verwaltungsverfahren kann auch durch die Erteilung einer Voranfrage abgeschlossen werden.[554] Auf eine Voranfrage bescheidet das BAFA dem Antragsteller, ob eine Genehmigungspflicht besteht.[555] Ist dies der Fall, wird geprüft, ob nach der gegenwärtigen Sach- und Rechtslage eine Genehmigung erteilt würde.[556] Dieser Bescheid stellt eine Zusicherung im Sinne des § 38 VwVfG dar,[557] welche die Genehmigungsentscheidung präjudiziert. Zu ihrer Wirksamkeit bedarf sie der Schriftform (§ 38 Abs. 1 VwVfG). Ändert sich nach Abgabe der Zusicherung die Sach- oder Rechtslage derart, dass die Behörde bei Kenntnis dieser Änderung

549 Nicht unumstritten ist, ob die Gestattungswirkung auch den Empfänger, das Empfängerland oder den Endverbleib erfasst. Dagegen spricht, dass es sich bei diesen Umständen um zukünftige Ereignisse handelt, auf deren Eintreten von deutscher Seite kein verbindlicher Einfluss ausgeübt werden könne, *Holthausen*, RIW 1987, S. 893 (895). Dafür spricht hingegen der Tenor der Genehmigungsentscheidung.

550 *Holthausen*, RIW 1987, S. 893 (895). Für eine Erläuterung der Rechtsbehelfe gegen die Entscheidungen, s. *Weith u. a.*, Exportkontrolle, S. 190.

551 Im Ergebnis so auch *von Bogdandy*, VerwArch 1992, S. 53 (73).

552 Vgl. *von Bogdandy*, VerwArch 1992, S. 53 (73); *Bull/Mehde*, Allgemeines Verwaltungsrecht, Rn. 700; *Stelkens*, in Stelkens/Bonk/Sachs, VwVfG, § 35, Rn. 206.

553 *Weith u. a.*, Exportkontrolle, S. 197.

554 *Weith u. a.*, Exportkontrolle, S. 165, 185.

555 *Ehrlich*, in Bieneck (Hrsg.), Außenwirtschaftsrecht, § 16, Rn. 5.

556 *Ehrlich*, in Bieneck (Hrsg.), Außenwirtschaftsrecht, § 16, Rn. 5.

557 *Ehrlich*, in Bieneck (Hrsg.), Außenwirtschaftsrecht, § 16, Rn. 5; *Hohmann*, Außenhandelsfreiheit, S. 345.

die Zusicherung nicht gegeben hätte oder aus rechtlichen Gründen nicht hätte geben dürfen, ist die Behörde nach § 38 Abs. 3 VwVfG an die Zusicherung nicht mehr gebunden.

Ein Nullbescheid ist die behördliche Feststellung (feststellender Verwaltungsakt[558]), dass ein Vorhaben keiner Genehmigung bedarf, und beendet ebenfalls das Genehmigungsverfahren.[559] Die Zuverlässigkeit des Antragstellers kann auch bei der Erteilung von Nullbescheiden ein entscheidungsrelevanter Faktor sein, § 8 Abs. 2 S. 2 in Verbindung mit S. 1 AWG.

Keine ein Verwaltungsverfahren abschließende Entscheidung ist die Erteilung einer „Auskunft zur Güterliste".[560] Es handelt sich hierbei um ein behördlich technisches Fachgutachten, in welchem bestätigt wird, dass das fragliche Gut nicht von einer Güterliste erfasst wird.[561]

III. Fazit

Wie durch das Wassenaar-Abkommen und den Gemeinsamen Standpunkt 2008/944/GASP vorgegeben, untersteht der Technologietransfer konventioneller Rüstungsgüter im deutschen Recht dem Genehmigungsvorbehalt. Nach § 8 Abs. 1 Nr. 1 AWV bedarf die Ausfuhr (Transfer in ein Drittland), nach § 11 Abs. 1 S. 1 AWV die Verbringung (Transfer in einen Mitgliedstaat der Europäischen Union) der in Teil I Abschnitt A genannten Güter, mithin auch der Technologie konventioneller Rüstungsgüter, der Genehmigung. Der Vorbehalt gilt auch bezüglich einer elektronischen Bereitstellung der Technologie.

Die §§ 50 Abs. 1 und 51 Abs. 1 Nr. 2 AWV stellen entsprechend des Wassenaar-Abkommens und der Gemeinsamen Aktion 2000/401/GASP bezüglich der technischen Unterstützung im Ausland und Inland Genehmigungsvorbehalte auf. Befreiungen von der Genehmigungspflicht bei technischer Unterstützung sieht § 53 AWV vor.

Es hat sich gezeigt, dass der Technologietransfer innerhalb der Europäischen Union gegenüber einem Technologietransfer in einen Drittstaat nicht privilegiert ist. Dies zeigt – zusammen mit der Praxis der Staaten zur nationale Regelung des Rüstungsmarkts –, dass die Europäische Union nicht zu einem gemeinsamen Markt für Rüstungsgüter geworden ist.

---

558 *Von Bogdandy*, VerwArch 1992, S. 53 (83); *Hohmann*, Außenhandelsfreiheit, S. 342.
559 *Weith u. a.*, Exportkontrolle, S. 165, 185.
560 *Weith u. a.*, Exportkontrolle, S. 165, 186.
561 *Weith u. a.*, Exportkontrolle, S. 164.

Zuständige Behörde für die Genehmigung des Technologietransfers ist das BAFA. Bezüglich der Verfahrens- und Formvorschriften sind neben den allgemeinen Verwaltungsvorschriften insbesondere die Vorgaben der §§ 8 AWV und 21 AWV (in Verbindung mit § 27 S. 1 AWV) zu beachten. Es bestehen Verfahrenserleichterungen in Form von Allgemeinen Genehmigungen.

C. Ambitionierte Leitlinien für die Genehmigungsentscheidung und ihre mangelnde Umsetzung in deutsches Recht

Bisher wurden die Embargos als absolute Beschränkungen und die Genehmigungsvorbehalte als relative Beschränkungen dargestellt. Der Vorbehalt an sich bedeutet jedoch nur, dass die Ausfuhr oder Verbringung technischer Unterlagen beziehungsweise die Erbringung technischer Unterstützung kontrolliert wird. In diesem Abschnitt soll analysiert werden, welche Kriterien für diese Kontrolle herangezogen werden.

I. Politisch verbindliche internationale und regionale Leitlinien

Rechtlich verbindliche internationale Leitlinien existieren nicht. Die auf den Technologietransfer anwendbaren Leitlinien sind nur politisch verbindlich. Hier gibt es zum einen die Kriterien des oben bereits vorgestellten Wassenaar-Abkommens sowie die OSZE-Leitlinien.

1. Keine rechtlich verbindlichen internationalen Leitlinien

Ist ein Konsens erreichbar, so bieten die Vereinten Nationen aufgrund der großen Mitgliederzahl ein Forum für die Diskussion gemeinsamer Lösungsansätze wie für eine universelle Normsetzung und Implementierung.[562] Daher soll zunächst untersucht werden, ob der Technologietransfer hinsichtlich konventioneller Rüstungsgüter von den Initiativen der Vereinten Nationen zur Regulierung des Handels mit konventionellen Rüstungsgütern oder vom Waffenhandelsvertrag umfasst wird.

a) Initiativen der Vereinten Nationen

Das Waffenregister ist eine durch die Resolution 46/36L vom 6. Dezember 1991 beschlossene Institution der Vereinten Nationen. Ihre Aufgabe ist die Doku-

562 *Lehmeier*, in: Schorlemer (Hrsg.), Praxis-Handbuch UNO, S. 177 (197).

mentation des weltweiten Handels mit konventionellen Hauptwaffensystemen. Hierunter fallen Kampfpanzer, gepanzerte Kampffahrzeuge, großkalibrige Artilleriesysteme, Kampfflugzeuge, Kampfhubschrauber, Kriegsschiffe und Raketen sowie deren Start- und Abschusssysteme.[563] Durch die Herstellung von Transparenz bei Rüstungstransfers sollen gefährliche Missverständnisse über die Absicht von Staaten vermieden werden. Das Waffenregister veröffentlicht jährlich Zahlen über die grenzüberschreitenden Waffenverkäufe, welche von den Mitgliedstaaten an das Waffenregister gemeldet werden.[564] Der Technologietransfer wird hier nicht erfasst.[565]

Das Kleinwaffenaktionsprogramm der Vereinten Nationen[566] wurde im Rahmen der „Conference on the Illicit Trade in Small Arms and Light Weapons in All Its Aspects" der Vereinten Nationen (9. bis 20. Juli 2001) beschlossen. Das politisch verbindliche Aktionsprogramm enthält verschiedene präventive und reaktive Maßnahmen, um den unkontrollierten Kleinwaffenhandel und die Kleinwaffenproliferation zu bekämpfen.[567] Der Technologietransfer ist jedoch nicht Gegenstand des Aktionsprogramms.

Das Feuerwaffen-Protokoll[568] vom 8. Juni 2001 wurde als Zusatzprotokoll der VN–Konvention gegen das transnationale organisierte Verbrechen beschlossen. Es soll die Zusammenarbeit zwischen den Vertragsstaaten fördern, erleichtern und verstärken, um die unerlaubte Herstellung von Schusswaffen, dazugehöriger Teile und Komponenten und Munition und den unerlaubten Handel damit zu verhüten, zu bekämpfen und zu beseitigen (Artikel 2).[569] Im Gegensatz zum Kleinwaffenaktionsprogramm ist das Feuerwaffenprotokoll rechtlich verbindlich.[570] Der Technologietransfer ist jedoch ebenfalls nicht Gegenstand dieser Vereinbarung.

---

563 Resolution 46/36 L vom 6. Dezember 1991, Anhang.

564 Reporte unter https://www.un.org/disarmament/convarms/register/ (zuletzt abgerufen am: 30.09.2016).

565 Insoweit missverständlich *Nünlist*, CSS 2013, Nr. 145, S. 3.

566 „Programme of Action to Prevent, Combat and Eradicate the Illicit Trade in Small Arms and Light Weapons in All Its Aspects", A/CONF.192/15.

567 S. für die einzelnen Maßnahmen *Wisotzki*, Kleinwaffen ohne Grenzen, HSFK-Report 15/2005, S. 23 ff.

568 „Protocol against the Illicit Manufacturing of and Trafficking in Firearms, Their Parts and Components and Ammunition, supplementing the United Nations Conventions against Transnational Organized Crime", A/55/383/Add.2.

569 S. zum Feuerwaffenprotokoll auch *Wisotzki*, Kleinwaffen ohne Grenzen, HSFK-Report 15/2005, S. 26 f.

570 *Wisotzki*, Kleinwaffen ohne Grenzen, HSFK-Report 15/2005, S. 26.

Initiativen der Vereinten Nationen zur Regulierung des Handels mit konventionellen Rüstungsgütern, wie das Waffenregister, das Kleinwaffenaktionsprogramm oder das Feuerwaffenprotokoll regeln den Technologietransfer also nicht.

b) *Waffenhandelsvertrag (Arms Trade Treaty)*

aa) Verhandlungen über die Aufnahme des Technologietransfers

Die Idee für einen Waffenhandelsvertrag wurde von einer Gruppe von Friedensnobelpreisträgern unter der Leitung von Óscar Arias entwickelt.[571] In der 61. Generalversammlung im Jahr 2006 haben die Mitgliedstaaten die Resolution A/RES/61/89 "Towards an arms trade treaty: establishing common international standards for the import, export and transfer of conventional arms" (ATT Resolution) angenommen.[572]

Die Resolution A/RES/61/89 ersuchte den Generalsekretär der Vereinten Nationen, die Meinungen der Mitgliedstaaten zur Durchführbarkeit, zum Anwendungsbereich und den Kriterien für ein umfassendes, bindendes Rechtsinstrument einzuholen sowie eine Gruppe von Regierungsexperten einzusetzen, die ebenfalls diese Fragen prüfen sollte. Über 90 Staaten antworteten auf die Frage des Generalsekretärs der Vereinten Nationen. Dabei unterstützten 51 Staaten[573] die Einbeziehung von Technologie in den Waffenhandelsvertrag. Es wurden vor allem die Kategorien „manufacturing technology" (37 Staaten), „technology" (15 Staaten) und „technological development" (6 Staaten) genannt.[574] Auch wenn nur

---

571 *Brzoska/Kühn*, Vereinte Nationen 2012, 223 (223) mit weiteren Erläuterungen zur Vorgeschichte des Waffenhandelsvertrags.

572 Für die Resolution stimmten 153 Staaten, 24 Staaten enthielten sich, die USA stimmten dagegen.

573 Albanien, Australien, Bangladesch, Bosnien und Herzegowina, Bundesrepublik Deutschland, Bulgarien, Burkina Faso, Dänemark, Demokratische Republik Kongo, Djibouti, Elfenbeinküste, Estland, Fiji, Irland, Italien, Jamaika, Japan, Kanada, Kenia, Kolumbien, Kroatien, Lettland, Liechtenstein, Litauen, Luxembourg, Malawi, Malta, Marokko, Mazedonien, Moldau, Montenegro, Neuseeland, Niederlande, Niger, Norwegen, Österreich, Paraguay, Peru, Portugal, Republik Korea, Schweden, Slowakei, Spanien, Südafrika, Togo, Tschechische Republik, Türkei, Ungarn, Vereinigtes Königreich, Zambia, Zypern, *Parker*, Analysis of States Views on an ATT, S. 6, Fn. 6.

574 *Parker*, Analysis of States Views on an ATT, S. 6; *Parker*, Implications of States Views on an ATT, http://www.unidir.org/programmes/conventional-weapons/analysis-of-states-views-on-an-arms-trade-treaty, letzter Aufruf: 16.09.2016, S. 15. Eine tabellarische Übersicht, welche die Zustimmung einzelner Staaten zu den verschiedenen Kategorien darstellt, findet sich bei *Parker*, Analysis of States Views on an ATT, Anhang D.

sechs Staaten[575] die letzte Kategorie nannten, so betonten auch andere Staaten die Notwendigkeit einer flexiblen Beschreibung, um neuere technische Entwicklungen zu erfassen, ohne die Liste fortlaufend aktualisieren zu müssen.[576] 17 Staaten nannten den unsichtbaren Transfer, acht Staaten die Lizenzproduktion als Transferform, welche vom Vertrag erfasst sein sollten.[577] Wahrscheinlich ist, dass viele Staaten, welche die Technologie als eigene Kategorie nannten, ebenfalls die Lizenzproduktion mit erfasst sehen wollten.[578]

Dass nicht alle Staaten eine Einbeziehung des Technologietransfers in den Anwendungsbereich des Vertrags unterstützen, ist auch den Vorteilen des Technologietransfers zuzuschreiben. Wie bereits dargestellt[579], wird dieser auch mit positiven Effekten für die Zivilindustrie und den Arbeitsmarkt in Verbindung gebracht. Die unterschiedlichen Meinungen der Staaten zur Einbeziehung des Technologietransfers werden beeinflusst von ihren wirtschaftlichen und sicherheitspolitischen Interessen.[580] Eine klare Einteilung der Staatenmeinungen in Gruppen – beispielsweise in die der Exporteure oder der Importeure – gestaltet sich diffizil, da die Staaten unterschiedliche Strategien für ihre Marktentwicklung verfolgen.[581] Zudem berücksichtigt die Meinung der Staaten zumeist die Meinung ihrer Abnehmer und Verbündeten[582], wie auch aus den Begründungen der ausdrücklichen Ablehnung einer Einbeziehung hervorgeht.[583] Auch haben die Staaten ein unterschiedliches nationales Niveau bezüglich ihrer Exportkontrollregeln für den Technologietransfer.[584]

Neben den befragten Staaten antwortete auch die eingesetzte Regierungsexpertengruppe und wies im Jahr 2008 unter anderem auf die Veränderungen im Waffenhandel hin:

> "Experts observed that globalization had changed the dynamics of international arms trade. They noted that the types of weapon systems, equipment and their components

575 Australien, Zypern, Irland, Japan, Peru und Türkei, *Parker*, Analysis of States Views on an ATT, S. 6, Fn. 7.

576 Belgien, Montenegro und die Niederlande, *Parker*, Analysis of States Views on an ATT, S. 6.

577 *Parker*, Implications of States Views on an ATT, S. 20.

578 *Parker*, Implications of States Views on an ATT, S. 20.

579 Einleitung A.

580 *Gruselle/Le Meur*, Recherches & documents, n°02/2012, S. 23.

581 *Gruselle/Le Meur*, Recherches & documents, n°02/2012, S. 23 f.

582 *Gruselle/Le Meur*, Recherches & documents, n°02/2012, S. 23 f.

583 S. hierzu unten im selben Abschnitt.

584 *Gruselle/Le Meur*, Recherches & documents, n°02/2012, S. 23 f.

being manufactured in cooperation, under joint ventures and licensing was increasing and that most arms-producing States were increasingly relying on technology transfers and upgrades from external sources, rather than from their own indigenous production."[585]

Die Verhandlungen über den Einschluss des Technologietransfers setzten sich im Rahmen der Offenen Arbeitsgruppe und den vorbereitenden Ausschüssen fort.

Dem Bericht des vorbereitenden Ausschusses für die Konferenz über einen Waffenhandelsvertrag der Generalversammlung (A.CONF.217 vom 7. März 2012) hängt in Anhang II das inoffizielle Dokument des Vorsitzenden Roberto García Moritán (Argentinien) vom 14. Juli 2011 an. Das Non-Paper[586] sah die Aufnahme des Technologietransfers noch vor. Die Definitionsschwierigkeiten des Technologietransfers, die sich hier deutlich abzeichneten, wurden bereits erläutert.[587] Die weiteren Reaktionen der Staaten auf diesen Entwurf, zusammengestellt im Dokument A/CONF.217/2[588], fielen sehr unterschiedlich aus. Teils forderten Staaten ausdrücklich, Technologie beziehungsweise ihren Transfer, oder auch die Lizenzproduktion, technische Unterstützung und den Bereich der Forschung und Entwicklung nicht mit einzubeziehen.[589] Hierbei begründete Südkorea seine Position gegen die Einbeziehung von Technologie unter anderem mit den Schwierigkeiten der Begriffsdefinition.[590] Andere Staaten sprachen sich für die Aufnahme der Kategorie „Technologie" oder der Aktivität „Technologietransfer" aus.[591] Zudem betonten Staaten die Wichtigkeit einer hinreichend genauen und

585 Report of the Group of Governmental Experts to examine the feasibility, scope and draft parameters for a comprehensive, legally binding instrument establishing common international standards for the import, export and transfer of conventional arms, vom 26. August 2008, A/63/334, S. 13.

586 S. Fn. 174.

587 S. 1. Teil C.

588 „Compilation of the views on the elements of an arms trade treaty", 10. Mai 2012.

589 So beispielsweise Algerien, *Parker*, Analysis of States Views on an ATT, S. 4; Cuba, S. 25, 27; Indien, S. 38; Indonesien, S. 39; Republik Korea, S. 82; Saudi-Arabien, S. 84; Venezuela, S. 111 (wollte ebenfalls den Ausschluss von Klein- und Leichtwaffen, Munition und Komponenten); Vietnam, S. 112 (war auch für den Ausschluss von Munition und Komponenten).

590 *Parker*, Analysis of States Views on an ATT, S. 82, die Einbeziehung der Lizenzproduktion wurde hingegen befürwortet, da diese besser kontrollierbar sei.

591 So beispielsweise Australien, *Parker*, Analysis of States Views on an ATT, S. 9; Österreich, S. 11; Kanada, S. 17; Chile, S. 19; Costa Rica, S. 21; Dänemark, S. 28; Frankreich, S. 33; Deutschland, S. 36; Irland, S. 42; Japan (eingeschränkt), S. 45; Kenia, S. 47; Liechtenstein, S. 50; Malawi, S. 55; Malaysia, S. 59; Mexiko, S. 63 f.; Neuseeland, S. 69 (bezüglich der Lizenzproduktion); Norwegen, S. 71; Pakistan, S. 77, Portugal,

flexiblen Definition des Technologiebegriffs[592] sowie die Erfassung des sichtbaren und unsichtbaren Technologietransfers.[593] Schweden führte aus, es bedürfe einer Kontrolle der Technologie, um die Umgehung der Kontrollen für vollständige Waffen oder Waffensysteme zu verhindern.[594] Die Einbeziehung der Technologie in den Vertrag sollte jedoch keine großen Auswirkungen auf den tatsächlichen Technologietransfer haben, da die Technologieinhaber ihre Transfers bereits kontrollierten.[595]

Andere Staaten lehnten die Einbeziehung des Technologietransfers ab. So bezeichnete Armenien die Beschränkungen des legalen Technologietransfers schlichtweg als „unreasonable restrictions".[596] Russland erklärte seine ablehnende Haltung mit der ablehnenden Haltung seiner wichtigen militärischen und technologischen Kooperationspartner Indien und Indonesien.[597] Indien knüpft – wie bereits oben dargestellt[598] – seine Importgeschäfte im Rüstungshandel eng an einen Technologietransfer.

bb) Gescheiterte Abschlussverhandlungen und geglückte Resolution — ohne die Aufnahme des Technologietransfers

Im Juli 2012 beriet sich die internationale Gemeinschaft auf der „Diplomatischen Konferenz zu Verhandlungen über ein internationales Waffenhandelsabkommen" zu der Möglichkeit, erstmals verbindliche Regelungen zur Kontrolle des internationalen konventionellen Waffenhandels zu beschließen. Erforderlich war ein Konsens aller Staaten. Der Waffenhandelsvertrag scheiterte zunächst an den Widerständen Russlands, Chinas und der USA. China und die USA stemmten sich dagegen, Kleinwaffen beziehungsweise Munition einzubeziehen, Russland sprach sich gegen die Aufnahme des Menschenrechtskriteriums aus. Weitere Verhand-

S. 81, die ehemalige jugoslawische Republik Mazedonien, S. 97; Schweden, S. 86; Schweiz, S. 89; Togo, S. 98; Großbritannien und Nordirland, S. 107; Sambia, S. 115; Heiliger Stuhl, S. 118; Trinidad und Tobago (im Namen der Karibischen Gemeinschaft) S. 101 f.; Guatemala, S. 2.

592 So Australien, *Parker*, Analysis of States Views on an ATT, S. 9; Kanada, S. 17; Kenia, S. 47.

593 So Australien, *Parker*, Analysis of States Views on an ATT, S. 10.

594 Schweden, *Parker*, Analysis of States Views on an ATT, S. 86.

595 Schweden, *Parker*, Analysis of States Views on an ATT, S. 86.

596 Algerien, *Parker*, Analysis of States Views on an ATT, S. 7.

597 *Denisentsev/Makienko*, The Arms Trade, in: UNIDIR Resources, S. 24.

598 Einleitung A.

lungen im März 2013 scheiterten erneut. Diesmal konnte mit Iran, Nordkorea und Syrien keine Einigung erzielt werden.

Am 2. April 2013 wurde von der Generalversammlung mit einer Zweidrittelmehrheit in der Resolution 67/234 B das erste rechtlich verbindliche sowie global gültige Abkommen zur Regelung des Transfers konventioneller Rüstungsgüter beschlossen. 154 Staaten stimmten für die Resolution, 23 Staaten enthielten sich und drei Staaten – Iran, Syrien und Nordkorea – stimmten gegen die Resolution. Die Resolutionen der Generalversammlung haben zwar keinen rechtlich verbindlichen, sondern nur einen empfehlenden Charakter und können keine Bindung der überstimmten Mitglieder auslösen.[599] Ein dauerhaftes Handeln der überstimmten Staaten im Widerspruch zu den Resolutionen ist jedoch politisch kaum haltbar.[600] Dies gilt besonders für Resolutionen, die Anspruch auf Verbindlichkeit erheben, indem sie klare Verhaltensanforderungen enthalten.[601] Der Waffenhandelsvertrag enthält solche, da er in den Art. 6 ff. Regeln für den Transfer konventioneller Waffen aufstellt.

Im von der Generalversammlung angenommen endgültigen Vertrag[602], zuvor auch schon im gescheiterten Vertragsentwurf vom 1. August 2012[603], ist weder Technologie als Kategorie gelistet noch der Technologietransfer als Aktivität aufgenommen. Vielmehr wurde folgende Klausel in die Präambel aufgenommen:

> "Acknowledging that regulation of the international trade in conventional arms and preventing their diversion should not hamper international cooperation and legitimate trade in material, equipment and technology for peaceful purposes, [...]".

Die Präambel betont, dass der legale Technologietransfer zu friedlichen Zwecken durch die Regulierung des internationalen Handels mit konventionellen Waffen nicht behindert werden soll. Der Anwendungsbereich des Vertrages stellt einen Minimalkonsens dar, indem auf die bereits definierten sieben Rüstungskategorien (Kampfpanzer, gepanzerte Gefechtsfahrzeuge, großkalibrige Artilleriesysteme, Kampfflugzeuge und -hubschrauber, Kriegsschiffe, Raketen und ihre Startgeräte)

599 *Knauff*, Regelungsverbund, S. 271 ff.

600 *Knauff*, Regelungsverbund, S. 273.

601 *Knauff*, Regelungsverbund, S. 273.

602 Draft decision submitted by the President of the Final Conference, A/CONF/217/213/L.3, http://www.un.org/ga/search/viewm_doc.asp?symbol=A/CONF.217/2013/L.3, zuletzt abgerufen am 16.09.2016. Für einen Kommentar der einzelnen Regelungen des Vertrags s. *Da Silvia/Wood (Hrsg.)*, The Arms Trade Treaty, Brüssel 2015.

603 Draft of the Arms Trade Treaty submitted by the President of the Conference, A/CONF.217/CRP.1, http://www.un.org/ga/search/view_doc.asp?symbol=A/CONF.217/CRP.1&Lang=E, zuletzt abgerufen am 16.09.2016.

des VN-Waffenregisters von 1991 zurückgegriffen wird.[604] Bei Vereinbarungen über Handelsbeschränkungen mit konventionellen Waffen ist eine Einigung über strikte Beschränkungen besonders schwierig, da fast jeder Staat dieser Welt von der Regelung betroffen ist.[605]

Nach der Verabschiedung der Resolution wurde durch die Unterzeichnung und Ratifikation des Vertrags eine völkerrechtlich bindende Vereinbarung für die Vertragsstaaten auf den Weg gebracht. Der Vertrag trat 90 Tage nach der Ratifikation der ersten fünfzig Staaten für diese am 24. Dezember 2014 in Kraft. Für die weiteren Staaten wird der Vertrag 90 Tage nach der Ratifikation des jeweiligen Staats in Kraft treten. Derzeit haben 87 Staaten den Vertrag ratifiziert.[606] Die Bundesrepublik Deutschland hat den Vertrag am 3. Juni 2013 unterzeichnet und am 2. April 2014 ratifiziert.

2. *Politisch verbindliche Leitlinien des „Wassenaar-Abkommens"*

Nach Abschnitt II Ziff. 7 haben sich die Mitgliedstaaten des Wassenaar-Abkommens auf bestimmte Leitlinien („guidelines") geeinigt, welche im Entscheidungsprozess – dieser wird durch nationale gesetzliche Vorgaben geregelt – berücksichtigt werden sollen. Die Leitlinien „Best Practice Guidelines for Exports of Small Arms and Light Weapons" (SALW)[607] und „Elements for Export Controls of Man-Portable Air Defense Systems" (MANPADS)[608] enthalten jeweils einen Kriterienkatalog für die Genehmigungsentscheidung und schließen den Technologietransfer ausdrücklich mit ein. Einen nicht auf bestimmte Waffensysteme und dazugehörige Technologien beschränkten Ansatz verfolgt das Dokument „Elements for Objective Analysis and Advice Concerning Potentially Destabilising Accumulations of Conventional Weapons"[609], welches den Mitglied-

---

604 *Wisotzki*, HSFK-Report Nr. 6/2013, S. 17.

605 Ähnlich auch *Klare*, Int. Sec. 8/2 (1983), 68 (70); *Haftendorn* führt hierzu aus: „Auf konventionellem Gebiet fühlt sich aber kaum ein Staat zu klein, um eine Armee zu besitzen und auszurüsten.", *dies.*, Militärhilfe und Rüstungsexporte, S. 98.

606 Stand: 15.09.2016; Der Stand der Unterzeichnung und Ratifikation kann auf http://disarmament.un.org/treaties/t/att abgerufen werden, zuletzt abgerufen am 15.09.2016.

607 www.wassenaar.org/wp-content/uploads/2015/06/SALW_Guidelines.pdf, zuletzt abgerufen am 16.09.2016.

608 www.wassenaar.org/wp-content/uploads/2015/06/Elements-for-Export-Controls-of-Manpads.pdf, zuletzt abgerufen am 16.09.2016.

609 Angenommen 1998, geändert 2004, 2011, www.wassenaar.org/wp-content/uploads/2016/08/Elements-for-Objective-Analysis.pdf, zuletzt abgerufen am 16.09.2016.

staaten als Leitlinie für die Vermeidung destabilisierender Anhäufungen von konventionellen Waffen dienen soll. Im Jahr 2006 wurden zudem die Leitlinien für die Implementierung von Kontrollen des unsichtbaren Technologietransfers „Best practices for implementing intangible transfer of technology controls" (ITT),[610] beschlossen.

a) *Klein- und Leichtwaffen, schultergestützte Boden-Luft-Flugabwehrraketensysteme*

In den Leitlinien für Klein- und Leichtwaffen bekräftigen die Mitgliedstaaten, dass sie den Export dieser Waffen sowie den Technologietransfer bezüglich ihrer Entwicklung, Produktion, Testung und Weiterentwicklung strengen Kontrollen unterwerfen wollen. Bei der Genehmigungsentscheidung sind nach Ziff. 1 insbesondere die Notwendigkeit der Vermeidung von destabilisierenden Anhäufungen von Waffen, Spannungen und bewaffneten Konflikten im Empfängerstaat, seine Zuverlässigkeit und Achtung der Menschenrechte, das Risiko der Weiterverbreitung, aber auch sein legitimes Sicherheitsinteresse und sein Recht auf Selbstverteidigung zu betrachten. Nach Ziff. 2 soll der Export nicht genehmigt werden, falls bestimmte Risiken offensichtlich sind, wie beispielsweise die Unterstützung des Terrorismus oder eine Bedrohung der Sicherheit anderer Staaten.

Nach Ziff. 2 der Leitlinien zur Exportkontrolle von schultergestützten Boden-Luft-Flugabwehrraketensystemen (MANPADS) sollen die Mitgliedstaaten den Transfer der Technologie zur Herstellung dieser Systeme restriktiv handhaben. Bei der Genehmigungsentscheidung sind die Kriterien der Ziff. 3.7, 3.8 bis 3.9 und 3.11 zu beachten. Diese betreffen das Risiko der Weiterverbreitung sowie den Endverbleib.

b) *Destabilisierende Anhäufungen von konventionellen Waffen*

Das Dokument „Elements for Objective Analysis and Advice Concerning Potentially Destabilising Accumulations of Conventional Weapons" enthält einen Fragenkatalog, der den Mitgliedstaaten in Beratungsphasen über Genehmigungen oder Ablehnungen von Transfers eine Hilfe sein soll. Es wird ausdrücklich darauf hingewiesen, dass dieser nicht verbindlich ist und die Genehmigungsentscheidung bei den Mitgliedstaaten liegt. Zum einen soll die Motivation des

610 „Best practices for implementing intangible transfer of technology controls", agreed at the 2006 Plenary, www.wassenaar.org/wp-content/uploads/2015/06/ITT_Best_Practices_for_public_statement_2006.pdf, zuletzt abgerufen am 16.09.2016.

Erwerberstaates hinterfragt werden. Hier ist insbesondere der Endverbleib der Güter zu berücksichtigen:

> „If conventional weapons or military technology are being acquired through import, does the state provide valid and credible end-use/end-user or re-transfer assurances? Are there risks of diversion to unauthorised end-use/end-users?"[611]

Die Anschaffung von Technologie wird in Ziff. 5 (Acquisition of Military Technology) eigens behandelt. Hier dienen folgende Fragen als Entscheidungshilfe:

> „a. Would the acquisition of particular technology, whether by tangible or intangible means or by indigenous development, provide a substantial technological advantage to the state's military capability? How will it affect the regional balance of forces and overall regional situation?
> b. If by import, would the acquisition itself, or the terms of the deal, such as the offset agreements, lead to an indigenous production capability?
> c. If by import, is a design or technology package being provided in conjunction with the acquisition?
> d. If by import, is there a possibility of reverse engineering, *inter alia*, does the acquisition involve components, spares or prototypes that can be reverse-engineered?"

Es wird also, im Unterschied zu den Leitlinien zu SALW und MANPADS, verstärkt danach gefragt, inwieweit der Empfängerstaat die Fähigkeiten erwirbt, die Waffen selbst herzustellen.

c) Unsichtbarer Technologietransfer

In den Leitlinien für die Implementierung von Kontrollen des unsichtbaren Technologietransfers erkennen die Mitgliedstaaten eben diese Kontrollen als erfolgskritisch für die Glaubwürdigkeit und Effektivität ihres nationalen Kontrollsystems an und versichern (auf nationaler Ebene) ihre Durchführung. Die teilnehmenden Staaten, so heißt es in Abschnitt A der Leitlinien, sind sich dabei der Komplexität der Regelung bewusst und unterstützen eine klare Definition des unsichtbaren Technologietransfers – einschließlich mündlicher und elektronischer Übermittlung. Von der Kontrolle auszunehmen sind öffentlich zugängliche Informationen und Grundlagenforschung. Es ist vorgesehen, das Bewusstsein für unsichtbare Technologietransfers in Industrie, akademischen Einrichtungen und bei Einzelpersonen zu schärfen (Abschnitt B). Auch sind die Überwachung der Weitergabe *nach* dem Transfer sowie angemessene und abschreckende Strafen vorgesehen (Abschnitt C). Im Einzelnen bedeutet dies für den Bereich der Weitergabe transferierter Technologie, dass die Exporteure unsichtbarer Technologie für einen

---

611 Ziff. 1.b.

angemessenen Zeitraum Dokumentationen über den Export, insbesondere über den Endverbraucher, bereithalten müssen (Abschnitt C Nr. 1). Auch sollen diese Exporteure regelmäßigen „compliance checks“ unterzogen werden (Abschnitt C Nr. 2). Schließlich ist nach Abschnitt D ein Informationsaustausch auf freiwilliger Basis für verdächtige Erwerbsversuche kontrollierter Technologie vorgesehen.

Wie bereits gesehen[612], ist der (unsichtbare) Technologietransfer im deutschen Außenwirtschaftsrecht entsprechend der Vorgaben des Wassenaar-Abkommens definiert. Nach § 2 Abs. 16 S. 3 AWG sind auch mündliche, fernmündliche und elektronische Formen der Unterstützung erfasst. Das BAFA informiert in seinem Merkblatt „Technologietransfer und Non-Proliferation – Leitfaden für Industrie und Wissenschaft“[613] über die geltenden exportkontrollrechtlichen Beschränkungen im Bereich des Technologietransfers. Für die Kontrolle der Exporteure und des Endverbleibs der Technologie sind derzeit nur die Benennung des Ausfuhrverantwortlichen sowie die Abgabe einer Endverbleibserklärung vorgesehen.[614]

3. *Politisch verbindliche Leitlinien der OSZE*

Die OSZE ist eine verstetigte Staatenkonferenz, deren Ziel die Friedenssicherung ist. Sie ging am 1. August 1975 mit der Schlussakte von Helsinki aus der früheren Konferenz über Sicherheit und Zusammenarbeit in Europa (KSZE) hervor. Die Qualifikation der OSZE als Völkerrechtspersönlichkeit und damit als Internationale Organisation ist ungeklärt.[615] Mit dem Vertrag über konventionelle Streitkräfte in Europa, dem Open-Skies-Vertrag und dem Vertrag über den Vergleichs- und Schiedsgerichtshof bestehen nur „drei völkerrechtliche Verträge mit einem über die Binnensphäre der OSZE hinausgehenden Inhalt“.[616] Diese wurden noch vor der Umbenennung der KSZE zu Beginn der 1990er Jahre abgeschlossen. Da die OSZE im Nachhinein nicht miteinbezogen wurde, bildet sie allein das Forum ihrer Verhandlungen.[617] Die Natur sonstiger OSZE-Dokumente ist fraglich. Ihnen wird grundsätzlich keine rechtliche, sondern lediglich eine politische Verbindlichkeit zugesprochen.[618] Die relevanten Dokumente im konventionellen Rüstungsbereich, darunter die Prinzipien zur Regelung des Transfers konventioneller Waffen, das

---

612 Vgl. 1. Teil A.I.

613 Abrufbar unter www.ausfuhrkontrolle.info/ausfuhrkontrolle/de/arbeitshilfen/merkblaetter/merkblatt_technologietransfer_non_proliferation.pdf, zuletzt abgerufen am 16.09.2016.

614 S. hierzu näher unten B.II.2.b)aa).

615 *Knauff*, Regelungsverbund, S. 282 f.

616 *Knauff*, Regelungsverbund, S. 283 f.

617 *Knauff*, Regelungsverbund, S. 284.

618 *Knauff*, Regelungsverbund, S. 284 m.w.N.

Dokument über Kleinwaffen und leichte Waffen sowie die Prinzipien für Ausfuhrkontrollen von tragbaren Abschussgeräten für Flugabwehrraketensysteme (MANPADS), erfassen den Technologietransfer.

a) Prinzipien zur Regelung des Transfers konventioneller Waffen

Die Prinzipien zur Regelung des Transfers konventioneller Waffen[619] wurden auf der 49. Plenarsitzung des Besonderen Ausschusses des KSZE-Forums für Sicherheitskooperation am 25. November 1993 in Wien angenommen. In diesem Dokument bekräftigen die Teilnehmerstaaten in Abschnitt I unter anderem ihr „Bekenntnis zu den Prinzipien von Transparenz und Zurückhaltung beim Transfer konventioneller Waffen und *dazugehöriger Technologie* sowie ihre Bereitschaft, diese Prinzipien im Sicherheitsdialog des Forums für Sicherheitskooperation zu fördern".[620] Des Weiteren bekräftigen sie „die Notwendigkeit wirksamer staatlicher Mechanismen zur Kontrolle des Transfers konventioneller Waffen und *dazugehöriger Technologie* und der Abwicklung von Transfers im Rahmen dieser Mechanismen".[621] In Abschnitt II werden die Kriterien gelistet, welche beim staatlichen Kontrollmechanismus für den Transfer konventioneller Waffen und dazugehöriger Technologie zu berücksichtigen sind. Darunter fallen beispielsweise die Achtung der Menschenrechte im Empfängerland sowie dortige Spannungen oder bewaffnete Konflikte, die Einhaltung internationaler Verpflichtungen, aber auch das Sicherheits- und Verteidigungsbedürfnis des Empfängerlands. Gemäß Abschnitt III wird jeder Teilnehmerstaat die in Abschnitt II dargelegten Prinzipien erforderlichenfalls in seinen innerstaatlichen politischen Dokumenten widerspiegeln, gegenseitige Hilfe bei der Schaffung wirksamer Kontrollmechanismen erwägen und sich über Gesetzgebung, Praxis und Kontrollmechanismen im Bereich des Transfers konventioneller Waffen und dazugehöriger Technologie austauschen.

b) Dokument über Kleinwaffen und leichte Waffen

Das OSZE-Dokument über Kleinwaffen und leichte Waffen[622] wurde in der 208. Plenarsitzung des OSZE-Forums für Sicherheitskooperation am 24. November 2000 verabschiedet. In Abschnitt III vereinbaren die Teilnehmerstaaten „Kriterien

---

619 Einschließlich Beschluss Nr. 13/97 des Forums für Sicherheitskooperation vom 16.07.1997, DOC.FSC/3/96/Rev.1 vom 25.02.1998.

620 Abschnitt I, Ziff. 3 (c) der Prinzipien, Betonung hinzugefügt.

621 Abschnitt I, Ziff. 3 (e) der Prinzipien, Betonung hinzugefügt.

622 Document on Small Arms and Light Weapons, FSC.DOC.1/00 vom 24. November 2000.

zur Regelung der Ausfuhr von Kleinwaffen und der mit ihrer Entwicklung, Produktion, Erprobung und Aufrüstung verbundenen Technologie". Diese Kriterien beruhen dabei auf dem OSZE-Dokument über „Prinzipien zur Regelung des Transfers konventioneller Waffen". Nach Abschnitt III (A) Ziff. 3 sollen Teilnehmerstaaten gewährleisten, „dass die mit Herstellern außerhalb ihrer Hoheitsgebiete abgeschlossenen Lizenzvereinbarungen über die Produktion von Kleinwaffen gegebenenfalls eine Klausel enthalten, der zufolge die oben aufgeführten Kriterien für alle Ausfuhren von Kleinwaffen gelten, die nach dieser Vereinbarung unter Lizenz hergestellt werden". Jeder Teilnehmerstaat wird nach Abschnitt III (A) Ziff. 4 (i) erforderlichenfalls die Grundsätze in seine innerstaatlichen politischen Dokumente zur Regelung der Ausfuhr konventioneller Waffen und dazugehöriger Technologie einbinden. Nach der Schlussbestimmung in Abschnitt VI Ziff. 6 des OSZE-Dokuments sind die Inhalte des Dokuments politisch bindend.

c) Prinzipien für Ausfuhrkontrollen von tragbaren Abschussgeräten für Flugabwehrraketensysteme (MANPADS)

Der Beschluss Nr. 3/04 „OSZE-Prinzipien für Ausfuhrkontrolle von tragbaren Abschussgeräten für Flugabwehrraketensysteme (MANPADS)"[623] wurde in der 423. Plenarsitzung des OSZE-Forums für Sicherheitskooperation am 26. Mai 2004 angenommen. Nach Ziff. 1.2 gelten einzelstaatliche Ausfuhrkontrollen

> „für den internationalen Transfer oder Rücktransfer von MANPADS einschließlich [...] Koproduktion oder Lizenzvereinbarung für die Produktion [...]. Zum Geltungsbereich der Ausfuhrregelung und der damit verbundenen Kontrollen gehören auch Forschung, Planung, Entwicklung, Konstruktion, Fertigung, Herstellung, Zusammenbau, Erprobung, Instandsetzung, Wartung, Veränderungen, Nachrüstung, Modernisierung [...] von MANDADS; technische Daten, Software, technische Hilfe, Demonstration und Schulung im Zusammenhang mit diesen Funktionen".

Diese Prinzipien versuchen hier alle Formen und Stadien des Technologietransfers exemplarisch im Anwendungsbereich zu erfassen. Diese Auflistung zeigt erneut, wie vielfältig die Formen des Technologietransfers sein können und dass er in jedem Stadium auftreten kann.

In Ziff. 2 werden Kontrollbedingungen und Beurteilungskriterien aufgezählt. So sollen beispielsweise die unzulässige Verbreitung oder missbräuchliche Verwendung im Empfängerland sowie die Fähigkeit und Bereitschaft der Empfängerregierung, Schutz vor nicht genehmigten Rücktransfers, Verlust, Diebstahl oder

623 Principles for the export controls of man-portable air defense systems (MANPADS), FSC.DEC/3/04 vom 26. Mai 2004.

unzulässiger Verbreitung zu bieten, bei der Genehmigungsentscheidung berücksichtigt werden (Ziff. 2.5). Gemäß Ziff. 4 übernehmen die Teilnehmerstaaten diese Prinzipien in ihre innerstaatlichen politischen Grundsätze.

4. Fazit

Auf internationaler Ebene existieren keine rechtlich verbindlichen Kriterien für die Genehmigungsentscheidung über die Ausfuhr von Technologie konventioneller Rüstungsgüter. Kriterien sind jedoch politisch verbindlich vereinbart worden – so im Rahmen des Exportkontrollregimes Wassenaar-Abkommen und in den OSZE-Leitlinien. Gemein ist den Vereinbarungen, dass bei der Genehmigungsentscheidung die Achtung der Menschenrechte im Empfängerland sowie dortige Spannungen oder bewaffnete Konflikte, die Einhaltung internationaler Verpflichtungen, aber auch das Sicherheits- und Verteidigungsbedürfnis des Empfängerlandes zu berücksichtigen sind. Auch der Endverbleib der Güter spielt eine entscheidende Rolle. Festgestellt wurde, dass die Initiativen der Vereinten Nationen zur Regulierung des Handels mit konventionellen Rüstungsgütern, wie das Waffenregister, das Kleinwaffenaktionsprogramm oder das Feuerwaffenprotokoll, den Technologietransfer nicht regeln.

II. Rechtlich verbindliche Leitlinien der Europäischen Union

In dem nachfolgenden Abschnitt sollen die im Unionsrecht geltenden Leitlinien betreffend den Technologietransfer konventioneller Rüstungsgüter untersucht werden. Zum einen ist auf die den Güterhandel regelnden Verordnungen, die nach Art. 288 Abs. 2 AEUV in all ihren Teilen verbindlich sind und in jedem Mitgliedstaat unmittelbar gelten, einzugehen. Zum anderen wird der Gemeinsame Standpunkt 2008/944/GASP analysiert.

1. Keine Regelung des Technologietransfers in unmittelbar anwendbaren Verordnungen

Die Feuerwaffen-Verordnung[624] verlangt in Art. 4 Abs. 1 S. 1 eine Genehmigung für die Ausfuhr der in Anhang 1 aufgeführten Feuerwaffen, ihrer Teile, wesent-

624 „Verordnung (EU) Nr. 258/2012 des Europäischen Parlaments und des Rates vom 14. März 2012 zur Umsetzung des Artikels 10 des Protokolls der Vereinten Nationen gegen die unerlaubte Herstellung von Schusswaffen, dazugehörigen Teilen und Komponenten und Munition und gegen den unerlaubten Handel damit, in Ergänzung des Übereinkommens der Vereinten Nationen gegen die grenzüberschreitende organisierte Kriminalität (VN-Feuerwaffenprotokoll) und zur Einführung von Ausfuhr-

lichen Komponenten und Munition, mithin also konventioneller Rüstungsgüter. Nicht Gegenstand der Feuerwaffen-Verordnung ist jedoch die Ausfuhr von Technologie und die technische Unterstützung, also der Technologietransfer.

Die Antifolter-Verordnung[625] stellt Regeln für den „Drittlandhandel mit Gütern auf, die zur Vollstreckung der Todesstrafe oder zum Zwecke der Folter und anderer grausamer, unmenschlicher oder erniedrigender Behandlung oder Strafe verwendet werden können, sowie für die Leistung damit verbundener technischer Hilfe", Art. 1. Die Anti-Folter-Verordnung erfasst in ihren Güterlisten (Anhang II und III) jedoch keine konventionellen Rüstungsgüter.

Die in der Ausfuhrkontrolle bedeutende Dual-Use-Verordnung erfasst zwar den Technologietransfer, ist aber für die vorliegende Untersuchung ebenfalls nicht einschlägig. Denn sie findet nur auf Güter mit doppeltem Verwendungszweck Anwendung.[626]

Verordnungen, die nach Art. 288 Abs. 2 AEUV in all ihren Teilen verbindlich sind und in jedem Mitgliedstaat unmittelbar gelten, beschränken den Technologietransfer konventioneller Rüstungsgüter im Ergebnis nicht. Dieses Ergebnis steht in Übereinstimmung mit dem oben gefundenen zur Kompetenz der Mitgliedstaaten zur Regelung des Transfers von Rüstungsgütern. Denn wie oben erläutert[627] ist nach der Praxis der Mitgliedstaaten die Jurisdiktionshoheit für den Rüstungsgüterhandel bei den Mitgliedstaaten verblieben. Diese üben ihre Souveränität auf dem für die Außen- und Sicherheitspolitik sensiblen Gebiet also weiterhin aus.

2. *Leitlinien des Gemeinsamen Standpunkts 2008/944/GASP*

Den Technologietransfer konventioneller Rüstungsgüter regeln im Rahmen der Gemeinsamen Außen- und Sicherheitspolitik allein[628] die politisch bindenden Re-

genehmigungen für Feuerwaffen, deren Teile, Komponenten und Munition sowie von Maßnahmen betreffend deren Einfuhr und Durchfuhr", Abl. 2012 L 94/1.

625 „Verordnung (EG) Nr. 1236/2005 des Rates vom 27. Juni 2005 betreffend den Handel mit bestimmten Gütern, die zur Vollstreckung der Todesstrafe, zu Folter oder zu anderer grausamer, unmenschlicher oder erniedrigender Behandlung oder Strafe verwendet werden könnten", Abl. 2005 L 200/1.

626 S. Einleitung B.

627 2. Teil, C.

628 Die Gemeinsame Aktion des Rates vom 12. Juli 2002 betreffend den Beitrag der Europäischen Union zur Bekämpfung der destabilisierenden Anhäufung und Verbreitung von Kleinwaffen und leichten Waffen und zur Aufhebung der Gemeinsamen Aktion 1999/34/GASP (2002/589/GASP, Abl. 2002 L 191, S. 1) will die destabilisierende

gelungen[629] des Verhaltenskodex der Europäischen Union für Waffenausfuhren[630], die im Jahr 2008 in den Gemeinsamen Standpunkt 2008/944/GASP überführt wurden. Die Bundesregierung meinte, mit der Verabschiedung des Gemeinsamen Standpunkts 2008/944/GASP sei

> „das bereits lange von der Bundesregierung verfolgte Ziel erreicht, die bewährten, bis dahin nur politischen bindenden Regelungen des EU-Verhaltenskodex für Waffenexporte zu überarbeiten und für alle EU-Mitgliedstaaten *rechtlich verbindlich* zu machen“.[631]

Der Gemeinsame Standpunkt 2008/944/GASP weitete gegenüber dem Verhaltenskodex die Kontrolle hinsichtlich des Technologietransfers, der Waffenvermittlertätigkeit und der Durchführungsaktionen aus. Die rechtliche Verbindlichkeit des Gemeinsamen Standpunkts 2008/944/GASP sowie seine Vorgabe des Genehmigungsvorbehalts wurden bereits dargestellt.[632] Hier soll es vor allem um den Inhalt der Leitlinien des Gemeinsamen Standpunkts und deren unmittelbare Anwendbarkeit gehen.

a) *Ehrgeizige Leitlinien*

Die Kriterien des Gemeinsamen Standpunkts 2008/944/GASP sind in Art. 2 aufgelistet[633]:

Kriterium 1:	Einhaltung der internationalen Verpflichtungen der Mitgliedstaaten
Kriterium 2:	Achtung der Menschenrechte und des humanitären Völkerrechts durch die Mitgliedstaaten
Kriterium 3:	Innere Lage im Endbestimmungsland als Ergebnis von Spannungen und bewaffneten Konflikten
Kriterium 4:	Aufrechterhaltung von Frieden, Sicherheit und Stabilität in der Region

---

Anhäufung und Verbreitung von Kleinwaffen und Leichtwaffen bekämpfen. Nach Art. 1 Abs. 3 findet die Gemeinsame Aktion auf die im Anhang aufgeführten Waffen Anwendung. Technologien sind vom Anwendungsbereich nicht umfasst.

629 *Wagner*, in: Joecks/Miebach (Hrsg.), Kommentar zum StGB, Bd. 7, Vorb. §§ 17 ff AWG, Rn. 20.

630 Abrufbar auf der Seite des Bundesministeriums der Verteidigung http://www.bmvg.de/portal/a/bmvg, zuletzt abgerufen am 16.09.2016. Zur politischen Lage Großbritanniens, Frankreichs und Deutschlands im Vorfeld des Abschlusses des Verhaltenskodexes, s. *Dembinski/Schumacher*, Rüstungsexport, HSFK-Report 9/2005, S. 18–20.

631 BT-Drs. 17/10230, S. 2; Betonung hinzugefügt.

632 B.I.2.

633 Namen der Kriterien teilweise leicht gekürzt.

Kriterium 5:	Nationale Sicherheit der Mitgliedstaaten und Gebiete, deren Außenbeziehungen in die Zuständigkeit eines Mitgliedstaates fallen, sowie nationale Sicherheit befreundeter und verbündeter Länder
Kriterium 6:	Verhalten des Käuferlandes gegenüber der internationalen Gemeinschaft
Kriterium 7:	Risiko der Abzweigung von Militärtechnologie oder Militärgütern
Kriterium 8:	Vereinbarkeit der Ausfuhr mit der technischen und wirtschaftlichen Leistungsfähigkeit des Empfängerlandes

Das Kriterium 1 schreibt die Einhaltung der internationalen Verpflichtungen der Mitgliedstaaten vor, darunter die Verpflichtungen zur Durchsetzung von Waffenembargos der Vereinten Nationen, der Europäischen Union oder der Organisation für Sicherheit und Zusammenarbeit in Europa. Die Bundesrepublik Deutschland hat die Embargovorschriften in nationales Recht im § 74 AWV umgesetzt. Zudem verweist das Kriterium unter anderem auf die Verpflichtungen im Rahmen des Wassenaar-Abkommens[634].

Das Kriterium 2 enthält die Achtung der Menschenrechte und des humanitären Völkerrechts durch das Endbestimmungsland. Die Mitgliedstaaten bewerten die Haltung des Empfängerlands zu den einschlägigen Grundsätzen der internationalen Menschenrechtsübereinkünfte[635] und verweigern die Genehmigung, wenn eindeutig das Risiko besteht, dass die Militärtechnologie oder die Militärgüter, die zur Ausfuhr bestimmt sind, zur internen Repression[636] benutzt werden können (lit. a) oder verwendet werden, um schwere Verstöße gegen das humanitäre Völkerrecht zu begehen (lit. c). Sind schwerwiegende Menschenrechtsverletzungen bereits festgestellt worden, ist besondere Vorsicht bei der Genehmigungserteilung angebracht (lit. b).

Eine Ausfuhrgenehmigung ist nach Kriterium 3 auch zu verweigern, wenn Güter im Endbestimmungsland bewaffnete Konflikte auslösen beziehungsweise verlängern würden oder bestehende Spannungen oder Konflikte verschärfen würden.

Gleiches gilt nach Kriterium 4, wenn der angegebene Empfänger die Güter zum Zwecke der Aggression gegen ein anderes Land oder zur gewaltsamen Durchsetzung eines Gebietsanspruchs benutzt.

---

634 S. hierzu C.I.2.

635 Anlage II zu Kapitel 3 Abschnitt 2 des Benutzerleitfadens enthält ein Verzeichnis der wichtigsten internationalen und regionalen Übereinkünfte.

636 Interne Repression umfasst unter anderem, so die nachgestellte Erläuterung, „Folter sowie andere grausame, unmenschliche oder erniedrigende Behandlung oder Bestrafung, willkürliche oder Schnell-Hinrichtungen, das Verschwindenlassen von Personen, willkürliche Verhaftungen und andere schwere Verletzungen der Menschenrechte und Grundfreiheiten, wie sie in den einschlägigen Menschenrechtsübereinkünften, einschließlich der Allgemeinen Erklärung der Menschenrechte und des Internationalen Pakts über bürgerliche und politische Rechte, niedergelegt sind".

Das Kriterium 5 schreibt die Berücksichtigung der Auswirkungen und Risiken für Verteidigungs- und Sicherheitsinteressen der Mitgliedstaaten und befreundeter und verbündeter Länder vor.

Nach Kriterium 6 ist das Verhalten des Käuferlands gegenüber der internationalen Gemeinschaft, unter besonderer Berücksichtigung seiner Haltung zum Terrorismus, der von ihm eingegangenen Bündnisse und der Einhaltung des Völkerrechts, zu beachten.

Kriterium 7 zielt auf die Minimierung des Risikos der Abzweigung von Militärtechnologie und -güter im Käuferland beziehungsweise des Risikos der Wiederausfuhr von Militärgütern unter unerwünschten Bedingungen. Zu berücksichtigen ist dabei von den Mitgliedstaaten unter anderem die technische Fähigkeit des Empfängerlands, diese Technologie zu nutzen (lit. b). Diese können als ein Schlüsselindikator für das Vorliegen des Risikos einer Abzweigung von Gütern für andere Endverwender betrachtet werden.[637] Beachtenswert ist auch die Fähigkeit des Empfängerlands, wirksame Ausfuhrkontrollen durchzuführen (lit. c). Hat sich das Empfängerland internationalen Ausfuhrkontrollen unterworfen, so ist dies positiv zu bewerten.[638] Weiter zu beachten ist das Risiko der unerwünschten (ohne Einhaltung der Wiederausfuhrbestimmungen oder Genehmigungspflichten) Wiederausfuhr (lit. d) und der Umleitung an terroristische Vereinigungen (lit. e). Im Verhaltenskodex noch nicht vorhanden war die Vorgabe, die Gefahr eines Reverse Engineering, also einer Nachentwicklung, oder eines unbeabsichtigten Technologietransfers zu berücksichtigen (lit. f).

Kriterium 8 stellt auf die Vereinbarkeit der Ausfuhr mit der technischen und wirtschaftlichen Leistungsfähigkeit des Empfängerlands ab. Die nachhaltige Entwicklung soll nicht ernsthaft beeinträchtigt werden.

Die Darstellung des Anwendungsbereichs und der Kriterien des Gemeinsamen Standpunkts 2008/944/GASP zeigt, dass die technische Unterstützung nicht Gegenstand ist. Dieser Gegenstand wird in der Gemeinsamen Aktion 2000/401/GASP behandelt.[639]

b) Fehlende unmittelbare Anwendbarkeit

Diskutiert wird derzeit, ob die Beschlüsse im Rahmen der Gemeinsamen Außen- und Sicherheitspolitik auch unmittelbar und vorrangig anwendbar sind.

---

637 Benutzerleitfaden zum Verhaltenskodex der Europäischen Union für Waffenausfuhren, S. 86.

638 Benutzerleitfaden zum Verhaltenskodex der Europäischen Union für Waffenausfuhren, S. 87.

639 S. B.II.1.b).

Denn für die Gemeinsame Außen- und Sicherheitspolitik gelten besondere Bestimmungen und Verfahren (Art. 24 Abs. 1 UAbs. 2 S. 1 EUV).[640] Nach einer Ansicht betrifft dies auch die unmittelbare Anwendbarkeit.[641] Denn fehle es an einer Übertragung von Zuständigkeiten auf die Europäische Union, so lägen die Voraussetzungen für einen Anwendungsvorrang und eine unmittelbare Wirkung nicht vor.[642] Wie bereits oben dargestellt[643], ist die Übertragung der Zuständigkeiten auf die Europäische Union im Bereich des Rüstungshandels nicht unstrittig. Jedenfalls rein tatsächlich liegt die Zuständigkeit in diesem Bereich weiterhin bei den Mitgliedstaaten. Auch fehlen dem Gemeinsamen Standpunkt Klage- und Sanktionsvorkehrungen.[644] Der Gemeinsame Standpunkt wird daher auch dem *soft law* zugeschrieben.[645]

Von einer nicht unmittelbaren Wirkung scheinen auch die Mitgliedstaaten auszugehen, denn sie überprüfen laut ihres Jahresberichts[646] den aktuellen Stand der Umsetzung und Anwendung *(implementation)* des Gemeinsamen Standpunkts in jedem Mitgliedstaat.[647] Nach diesem Jahresbericht ist in Deutschland der erforderliche Prozess bereits abgeschlossen:

> "Implementation completed.
>
> The existing legal requirements [...] in connection with the 'Political Principles Adopted by the Government of the Federal Republic of Germany for the Export of War Weapons and Other Military Equipment' of January 2000 make it possible to immediately apply the regulations laid down in the Common Position."[648]

Auch das Auswärtige Amt betont die nationale Verantwortung für die Exportkontrolle:

640 *Regelsberger/Kugelmann*, in: Streinz, EUV/AEUV, Art. 25 AEUV, Rn. 5.

641 *Regelsberger/Kugelmann*, in: Streinz, EUV/AEUV, Art. 25 AEUV, Rn. 5.

642 *Regelsberger/Kugelmann*, in: Streinz, EUV/AEUV, Art. 25 AEUV, Rn. 8; s. auch *Pechstein*, JZ 2010, S. 425 (429), der dem Recht im Rahmen der Gemeinsamen Außen- und Sicherheitspolitik generell die unmittelbare Anwendbarkeit und den Anwendungsvorrang abspricht.

643 S. 2. Teil C.

644 *Moltmann*, Gemeinsamer Standpunkt, HSFK Nr. 3/2012, S. 13.

645 *Moltmann*, Gemeinsamer Standpunkt, HSFK Nr. 3/2012, S. 13.

646 Nach Art. 8 Abs. 2 wird ein Jahresbericht, der auf den Beiträgen aller Mitgliedstaaten beruht, dem Rat vorgelegt.

647 Ebenfalls von keiner unmittelbarer Verbindlichkeit ausgehend *Moltmann*, Gemeinsamer Standpunkt, HSFK Nr. 3/2012, S. II.

648 17. Jahresbericht, Official Journal of the European Union, C 163/523 vom 04.05.2016, S. 525.

„Die Europäische Union stärkt ihre Exportkontrolle im Bereich konventioneller Waffen. Seit gestern (08.12.) besitzt die EU erstmals einen rechtlich verbindlichen Verhaltenskodex für Waffenausfuhren. Damit wird die Rüstungsexportkontrolle in allen Mitgliedsstaaten auf eine gemeinsame rechtliche Basis gestellt. [...] Die Exportkontrolle verbleibt weiter in nationaler Verantwortung, der Kodex trägt aber zu einer weiteren Harmonisierung bei.“[649]

Selbst wenn man nicht von einer unmittelbaren Wirkung des Gemeinsamen Standpunkts ausgehen kann[650], so bindet der Gemeinsame Standpunkt 2008/944/GASP die Mitgliedstaaten zumindest politisch.[651] Dies lässt sich auch Art. 29 S. 2 EUV entnehmen, nach dem die Mitgliedstaaten dafür Sorge zu tragen haben, dass ihre einzelstaatliche Politik mit den Standpunkten der Union in Einklang steht. Für eine nur politische Verpflichtung spricht auch, dass die Militärgüterliste, die für den Anwendungsbereich des Gemeinsamen Standpunkts 2008/944/GASP relevant ist, nur den Stellenwert einer politischen Verpflichtung[652] hat. Festzuhalten bleibt, dass der Gemeinsame Standpunkt aufgrund seiner politischen Bindungswirkung bei der Genehmigungsentscheidung zu beachten ist.

3. *Fazit*

Kriterien für die Genehmigungsentscheidung über einen Technologietransfer konventioneller Rüstungsgüter halten die Verordnungen der Europäischen Union nicht bereit. Kriterien finden sich einzig im Gemeinsamen Standpunkt 2008/944/GASP. Inhaltlich sind diese mit denen des Wassenaar-Abkommens und der OSZE vergleichbar. Der Gemeinsame Standpunkt ist als Beschluss jedoch nicht unmittelbar anwendbar und bindet die Mitgliedstaaten bei ihrer Genehmigungsentscheidung nur politisch. Daneben steht die rechtliche Verpflichtung, die Vorgaben des Gemeinsamen Standpunkts 2008/944/GASP umzusetzen.

---

649 Auswärtiges Amt, Presseerklärung 417/08 vom 9. Dezember 2008: Auswärtiges Amt begrüßt Stärkung der Kontrolle europäischer Waffenausfuhren, http://www.auswaertiges-amt.de/DE/Infoservice/Presse/Meldungen/2008/081209-AA-EU-Verhaltenskodex-Waffen.html, zuletzt abgerufen am 16.09.2016.

650 So auch *Biggs*, 1 CRICLJ 2011, S. 117 (127).

651 Zur politischen Bindungswirkung des Gemeinsamen Standpunkts allgemein *Terhechte*, in: Schwarze, EUV/AEUV, Art. 25 EUV, Rn. 6.

652 Benutzerleitfaden zum Verhaltenskodex der Europäischen Union für Waffenausfuhren, Kapitel 6.

III. Mangelnde Umsetzung der Leitlinien in deutsches Recht

Untersucht wird, inwieweit die auf internationaler und europäischer Ebene vorgegebenen Leitlinien in der Bundesrepublik Deutschland umgesetzt wurden. Hierfür werden die Vorgaben bezüglich der Genehmigungsentscheidung untersucht. Ansatzpunkt für die Genehmigungsentscheidung ist im deutschen Recht § 8 AWG. Weitere materielle Richtlinien für die Entscheidungsfindung enthalten die „Politische[n] Grundsätze der Bundesregierung für den Export von Kriegswaffen und sonstigen Rüstungsgütern"[653] vom 19. Januar 2000 (Politische Grundsätze), die „Grundsätze für die Erteilung von Genehmigungen für die Ausfuhren von Kleinen und Leichten Waffen, dazugehöriger Munition und entsprechender Herstellungsausrüstung in Drittländer"[654] (Grundsätze für Kleine und Leichte Waffen) und die „Grundsätze der Bundesregierung zur Prüfung der Zuverlässigkeit von Exporteuren von Kriegswaffen und rüstungsrelevanten Gütern"[655] vom 6. August 2001 (Zuverlässigkeitsgrundsätze).

1. Ansatzpunkt der Genehmigungsentscheidung in § 8 AWG

Gemäß § 8 Abs. 1 S. 1 AWG ist die Genehmigung zu erteilen, wenn zu erwarten ist, dass die Vornahme der Handlung den Zweck der Vorschrift nicht oder nur unwesentlich gefährdet. Sofern die Voraussetzungen vorliegen, formuliert § 8 Abs. 1 S. 1 AWG einen Rechtsanspruch („ist [...] zu erteilen").[656] Dieser Rechtsanspruch korrespondiert mit dem Grundsatz der Außenwirtschaftsfreiheit.

Relevante Handlungen im Sinne der Norm sind für die vorliegende Untersuchung die Ausfuhr, Verbringung oder technische Unterstützung. Das Tatbestandsmerkmal der fehlenden oder nur unwesentlichen Gefährdung weist eine geringe

---

653 Abgedruckt im Anhang.

654 „Grundsätze der Bundesregierung für die Ausfuhrgenehmigungspolitik bei der Lieferung von Kleinen und Leichten Waffen, dazugehöriger Munition und entsprechender Herstellungsausrüstung in Drittländer", abrufbar unter: www.bmwi.de/BMWi/Redaktion/PDF/G/grundsaetze-der-bundesregierung-fuer-die-ausfuhrgenehmigungspolitik-bei-der-lieferung-von-kleinen-und-leichten-waffen,property=pdf,bereich=bmwi2012,sprache=de,rwb=true.pdf, zuletzt abgerufen am 16.09.2016.

655 Abrufbar unter http://www.verwaltungsvorschriften-im-internet.de/bsvwvbund_25072001_VB4500917.htm, abgerufen am 17.09.2015.

656 *Ehrlich*, in: Bieneck (Hrsg.), Außenwirtschaftsrecht, § 16, Rn. 7; *Ehrlich*, in: Wolffgang/Simonsen, AWR-Kommentar, Bd. 2, § 3, Rn. 8; Friedrich, in: Hocke/Friedrich, Außenwirtschaftsrecht, Bd. 1, § 8 AWG, Rn. 3; *Sauer*, in: Hohmann/John, Kommentar Ausfuhrrecht, Teil 3, § 3 AWG, Rn. 9; *von Bogdandy*, VerwArch 1992, S. 53 (68).

Bestimmtheit auf.[657] So ist nicht bestimmt, wann die beabsichtigte Handlung die Gefahrenschwelle überschreitet.[658] Daraus resultiert ein Beurteilungsspielraum der Verwaltung,[659] der nur eingeschränkt gerichtlich überprüfbar ist.[660]

Es ist zu beachten, dass der Grad der zu fordernden Wahrscheinlichkeit der Gefährdung in dem Maße abnimmt, in dem die Wertigkeit des zu schützenden Rechtsguts steigt.[661] Als gefährdeter Zweck kommen im Fall des Technologietransfers insbesondere die Wahrung der wesentlichen Sicherheitsinteressen der Bundesrepublik Deutschland (§ 4 Abs. 1 Nr. 1 AWG) und die Erfüllung zwischenstaatlicher Vereinbarungen (§ 4 Abs. 2 AWG) in Betracht.[662] Damit sind keine allzu hohen Anforderungen an die Wahrscheinlichkeit eines Schadenseintritts zu stellen.[663] Zweifelt die Behörde im Genehmigungsverfahren an der fehlenden oder nur unwesentlichen Gefährdung, so hat sie dem Antragsteller die Möglichkeit zu geben, durch Beibringen weiterer Nachweise die Zweifel der Behörde auszuräumen.[664] Im Ergebnis ist trotz der reduzierten Anforderungen an die Wahrscheinlichkeit des Schadenseintritts bei einer gebundenen Entscheidung

---

657 So auch *von Bogdandy*, VerwArch 1992, S. 53 (69).

658 *Von Bogdandy*, VerwArch 1992, S. 53 (69).

659 Der Beurteilungsspielraum ist streng von einem Ermessensspielraum zu trennen, denn ersterer bezieht sich auf die Tatbestandsseite, letzterer auf die Rechtsfolgenseite, vgl. *von Bogdandy*, VerwArch 1992, S. 53 (75). Hier besteht ein Spielraum bei der Beurteilung der Erfüllung des Tatbestands, gerade nicht ein Ermessen bezüglich der Rechtsfolgen.

660 *Ehrlich*, in: Wolffgang/Simonsen, AWR-Kommentar, Bd. 2, § 3, Rn. 15 m.w.N; *Weith u. a.*, Exportkontrolle, S. 204. So insbesondere, soweit die Beschränkungsermächtigung sicherheitspolitische Zwecke verfolgt, denn „es kann nicht Aufgabe der Gerichte sein, die außen- und sicherheitspolitische Konzeption der Bundesregierung zu überprüfen", *von Bogdandy*, VerwArch 1992, S. 53 (77) mit weiteren Ausführungen und Nachweisen auf S. 75–79. Nicht zu verwechseln ist die Frage nach dem Beurteilungsspielraum und diejenige nach seiner gerichtlichen Kontrolle, insoweit verwirrend *Ehrlich*, in: Bieneck (Hrsg.), Außenwirtschaftsrecht, § 16, Rn. 15.

661 *Ehrlich*, in: Bieneck (Hrsg.), Außenwirtschaftsrecht, § 16, Rn. 13; *Ehrlich*, in: Wolffgang/Simonsen, AWR-Kommentar, Bd. 2, § 3, Rn. 13; *von Bogdandy*, VerwArch 1992, S. 53 (69).

662 S. 2. Teil B.I.2.

663 *Von Bogdandy*, VerwArch 1992, S. 53 (70).

664 *Von Bogdandy*, VerwArch 1992, S. 53 (70).

für eine Ablehnung der Nachweis einer konkreten Gefahr erforderlich.[665] Die Genehmigungsbehörde trifft hierfür die Darlegungslast.[666]

Nach § 8 Abs. 1 S. 2 AWG kann in anderen Fällen eine Genehmigung erteilt werden, wenn das volkswirtschaftliche Interesse an der Vornahme der Handlung die damit verbundene Beeinträchtigung des in der Ermächtigung angegebenen Zwecks überwiegt. Es handelt sich hierbei um eine Ermessensvorschrift („kann").[667] Der Antragsteller hat also nur einen Anspruch auf eine ermessensfehlerfreie Entscheidung der Behörde.[668] Nach § 40 VwVfG hat die Behörde ihr Ermessen entsprechend dem Zweck der Ermessensermächtigung auszuüben und die gesetzlichen Grenzen des Ermessens einzuhalten. Die behördliche Ermessensentscheidung ist nach § 114 VwGO gerichtlich überprüfbar. Mit „volkswirtschaftlichem Interesse" ist gerade nicht das Interesse des einzelnen Unternehmens, sondern das gesamtwirtschaftliche Interesse gemeint.[669] Hierunter wird die Stabilität des Preisniveaus, hoher Beschäftigungsstand, außenwirtschaftliches Gleichgewicht sowie stetiges und angemessenes Wirtschaftswachstum gefasst.[670]

Gemäß § 8 Abs. 2 S. 1 AWG kann die Genehmigungserteilung von sachlichen und persönlichen Voraussetzungen, insbesondere der Zuverlässigkeit des Antragstellers, abhängig gemacht werden. Es handelt sich hier also um eine sogenannte Mischgenehmigung, die sowohl auf die Person des Antragstellers abstellt (Personalgenehmigung)[671], als auch auf die Gefahr, die von der zu genehmigenden Handlung ausgeht (Sachgenehmigung)[672].[673] Durch die Betonung der Zuverlässig-

---

665 *Von Bogdandy*, VerwArch 1992, S. 53 (69).

666 *Von Bogdandy*, VerwArch 1992, S. 53 (70); a.A *Friedrich*, in: Hocke/Friedrich, Außenwirtschaftsrecht, Bd. 1, § 8, Rn. 5.

667 So auch *Ehrlich*, in: Bieneck (Hrsg.), Außenwirtschaftsrecht, § 16, Rn. 7. Für eine ausführliche Darstellung der Ermessensentscheidung nach § 8 Abs. 1 S. 2 AWG s. *Ehrlich*, in: Bieneck (Hrsg.), Außenwirtschaftsrecht, § 16, Rn. 19–21; *Fürstenwerth*, Ermessensentscheidungen im Außenwirtschaftsrecht, S. 177.

668 *Ehrlich*, in: Bieneck (Hrsg.), Außenwirtschaftsrecht, § 16, Rn. 18.

669 *Ehrlich*, in: Bieneck (Hrsg.), Außenwirtschaftsrecht, § 16, Rn. 18; *Ehrlich*, in: Wolffgang/Simonsen, AWR-Kommentar, Bd. 2, § 3, Rn. 17.

670 *Ehrlich*, in: Bieneck (Hrsg.), Außenwirtschaftsrecht, § 16, Rn. 18; *Ehrlich*, in: Wolffgang/Simonsen, AWR-Kommentar, Bd. 2, § 3, Rn. 17.

671 Beispiele sind die Fachkenntnisse, Geschäftsbeziehungen, Staatsangehörigkeit und Ansässigkeit im Wirtschaftsgebiet des Antragstellers, *Stein/Thoms*, in: Rüsken, § 8 AWG, Rn. 22.

672 Beispiele sind hier der Zeitpunkt der Abwicklung des Geschäfts oder der Verwendungszweck, *Stein/Thoms*, in: Rüsken, § 8 AWG, Rn. 21.

673 *Von Bogdandy*, VerwArch 1992, S. 53 (80).

keit zeigt der Gesetzgeber, dass er dieses persönliche Kriterium für bedeutsam hält.[674] Zuverlässig ist ein Antragsteller, wenn er die Gewähr dafür bietet, dass er die maßgeblichen exportrechtlichen Vorschriften einhält.[675] Da der Genehmigungsbehörde eine Einschätzungsprärogative zukommt, kann sie – je nach der Schwere des Verdachts und der Bedeutung des Geschäfts – die Genehmigung bereits beim Verdacht der Unzuverlässigkeit versagen.[676] Die Genehmigung ist bis auf Ausnahmen in Fällen von Gesamtrechtsnachfolge und Unternehmenszusammenschlüssen nicht übertragbar.[677]

2. *Politische Grundsätze der Bundesregierung*

Die Tatbestandsvoraussetzungen für die Genehmigungsfähigkeit weisen deutlich politische Bezüge auf.[678] Am 19. Januar 2000 beschloss die Bundesregierung die Politischen Grundsätze für den Export von Kriegswaffen und sonstigen Rüstungsgütern, die bei der Genehmigungsentscheidung beachtet werden sollen. Es handelt sich hierbei um eine Neufassung der Politischen Grundsätze aus dem Jahr 1982[679]. Bei der Neufassung wurden als weitere Ziele der Rüstungsexportpolitik der Schutz der Menschenrechte und eine nachhaltige Entwicklung in der Welt aufgenommen.[680] Die politischen Grundsätze nehmen auf die oben dargelegten Kriterien der internationalen und europäischen Leitlinien Bezug und sollen diese so umsetzen. Problematisch ist jedoch die Anwendung dieser Bezugnahme auf den Technologietransfer sowie die Verbindlichkeit der Politischen Grundsätze und die Justiziabilität der auf ihr beruhenden Entscheidungen.

---

674 *Ehrlich*, in: Wolffgang/Simonsen (Hrsg.), AWR-Kommentar, Bd. 2, § 3, Rn. 19. Zur Neufassung der Politischen Grundsätze s. auch *Wild*, Rüstungsexportpolitische Entscheidungen, S. 30 ff.

675 *Ehrlich*, in: Bieneck (Hrsg.), Außenwirtschaftsrecht, § 16, Rn. 22; *Sauer*, in: Hohmann/John, Kommentar Ausfuhrrecht, Teil 3, § 3 AWG, Rn. 16. Zur Bestimmung der Zuverlässigkeit s. auch 3. Teil C.III.1, C.III.4.

676 *Stein/Thoms*, in: Rüsken, § 8 AWG, Rn. 25.

677 *Von Bogdandy*, VerwArch 1992, S. 53 (80) m.w.N.

678 *Monreal/Runte*, GewArch 2004, S. 142 (147).

679 Politische Grundsätze der Bundesregierung für den Export von Kriegswaffen und sonstigen Rüstungsgütern vom 28.04.1982. Zur Diskussion um die Richtlinien der Bundesregierung 1981 bis 1982 s. *Brzoska*, Rüstungsexportpolitik, S. 108 ff.

680 *Wagner*, in: Joecks/Schmitz, Münchner Kommentar StGB, Bd. 6/1, vor §§ 34 ff. AWG, Rn. 20.

a) *Übernahme der Kriterien internationaler und europäischer Leitlinien*

Auf den Gemeinsamen Standpunkt 2008/944/GASP sowie die anderen Leitlinien wird in den Politischen Grundsätzen in Abschnitt I Ziff. 1 Bezug genommen:

> „Die Bundesregierung trifft ihre Entscheidungen nach dem Gesetz über die Kontrolle von Kriegswaffen (KWKG) und dem Außenwirtschaftsgesetz (AWG) über Exporte von Kriegswaffen und sonstigen Rüstungsgütern in Übereinstimmung mit dem von dem Rat der Europäischen Union (EU) angenommen ‚Verhaltenskodex der Europäischen Union für Waffenausfuhren' vom 8. Juni 1998 bzw. etwaige Folgeregelungen sowie den von der Organisation für Sicherheit und Zusammenarbeit in Europa (OSZE) am 25. November 1993 verabschiedeten ‚Prinzipien zur Regelung des Transfers konventioneller Waffen'. Die Kriterien des EU–Verhaltenskodex sind integraler Bestandteil dieser Politischen Grundsätze. Soweit die nachfolgenden Grundsätze im Verhältnis zum EU–Verhaltenskodex restriktivere Maßstäbe vorsehen, haben die Vorrang."

Die Kriterien des Gemeinsamen Standpunkts sind in den relevanten Gesetzen bislang nicht verankert.[681] Im Rahmen der Novelle des deutschen Außenwirtschaftsrechts wurde eine Aufnahme der Kriterien in das AWG vorgeschlagen, aber mit folgender Begründung abgelehnt:

> „Die komplexen Abwägungsregeln des Gemeinsamen Standpunktes 2008/944/GASP können nicht unmittelbar in das deutsche AWG übernommen werden, ohne dessen Rahmen gänzlich zu sprengen und das Ziel der Novelle, das Außenwirtschaftsrecht zu entschlacken und übersichtlicher zu gestalten, zu konterkarieren. Zudem wäre die Übernahme dieser Regelungen in das AWG angesichts ihrer Komplexität nicht mit einem Zugewinn an Rechtssicherheit verbunden."[682]

Die Argumentation ist nachvollziehbar. Eine Übernahme der Kriterien in das AWG würde nicht zur Übersichtlichkeit und Kürze des Gesetzes beitragen. Ein Zugewinn an Rechtssicherheit kann nicht erreicht werden, da die Kriterien eher unbestimmt sind.

Die oben dargestellten wesentlichen gemeinsamen Kriterien der internationalen und europäischen Leitlinien finden sich auch in den Politischen Grundsätzen wieder. So sind bei der Genehmigungsentscheidung auch nach den Politischen Grundsätzen die Achtung der Menschenrechte im Empfängerland (Abschnitt I Ziff. 2, Abschnitt III Ziff. 4), die dortigen Spannungen oder bewaffnete Konflikte (Abschnitt III Ziff. 4) sowie die Einhaltung internationaler Verpflichtungen (Ab-

681 Ebenso *Friederichs*, Stellungnahme für den Ausschuss für Wirtschaft und Technologie, Ausschuss-Drs. 17(9)1055, S. 4.

682 BT-Drs. 17/11127.

schnitt III Ziff. 7) zu prüfen. Auch in den Politischen Grundsätzen spielt der Endverbleib eine entscheidende Rolle (Abschnitt IV).

b) *Unterschiedlicher Maßstab für Kriegswaffen und Waren der Ausfuhrliste einerseits und den Technologietransfer andererseits*

In den „Allgemeine[n] Prinzipien" wird unter Ziff. 1 festgehalten, dass die Bundesregierung ihre Entscheidungen über die Kontrolle von Kriegswaffen und sonstigen Rüstungsgütern nach dem KWKG, dem AWG, dem Gemeinsamen Standpunkt 2008/944/GASP und den von der OSZE am 25. November 1993 verabschiedeten „Prinzipien zur Regelung des Transfers konventioneller Waffen" trifft. Unter Kriegswaffen werden nach Fußnote 1 die in der Kriegswaffenliste (Anlage zum KWKG) aufgeführten Waffen gefasst. Der Begriff „sonstige Rüstungsgüter" wird über die Fußnote 2 konkretisiert. Danach sind Waren[683] des Abschnitts A Teil I der Ausfuhrliste, mit Ausnahmen von Kriegswaffen, gemeint. Unter den Warenbegriff des novellierten AWG lässt sich Technologie nicht fassen, denn § 2 Abs. 18 AWG definiert Güter als „Waren, Software und Technologie". „Technologie" steht damit als eigene Kategorie neben der Kategorie „Ware". Die Grundsätze wurden jedoch weit vor der Novelle des Außenwirtschaftsrechts verfasst, sodass zur Auslegung des Wortlauts auf die Regelungen vor der Novelle zurückzugreifen ist. Nach § 4 Abs. 2 Nr. 2 AWG a. F. sind Waren „bewegliche Sachen, die Gegenstand des Handelsverkehrs sein können, und Elektrizität; ausgenommen sind Wertpapiere und Zahlungsmittel". Nach § 4 Abs. 2 Nr. 3 AWG a. F. sind Güter „Waren, einschließlich Datenverarbeitungsprogrammen (Software) und Technologie". Auch nach der alten Fassung des AWG lässt sich unter den Begriff „Waren" Technologie nicht fassen. Der Wortlaut der Politischen Grundsätze deutet folglich darauf hin, dass der Technologietransfer nicht in ihren Anwendungsbereich fällt.

Hieran ändert auch die Tatsache nichts, dass die Kriterien des Gemeinsamen Standpunkts, der auch den Technologietransfer berücksichtigt, als Nachfolgeregelung des „Verhaltenskodex der Europäischen Union für Waffenausfuhren" vom 8. Juni 1998 nach Ziff. 1 „integraler Bestandteil" der Politischen Grundsätze sind. Denn diese Kriterien sind nach Ziff. 1 bei den Entscheidungen über Exporte von Kriegswaffen und sonstigen Rüstungsgütern im Sinne der Politischen Grundsätze zu berücksichtigen. Den Anwendungsbereich können sie demnach nicht erweitern. Gleiches gilt für die Bezugnahme auf die OSZE-Prinzipien zur Re-

683 Den ausdrücklichen Wortlaut ignorierend und statt von „Waren" von „Gütern" ausgehend *Stein/Thoms*, in: Rüsken, § 8 AWG, Rn. 28.

gelung des Transfers konventioneller Waffen in Abschnitt I Ziff. 1 der Politischen Grundsätze.

Zu untersuchen ist, inwieweit Sinn und Zweck der Politischen Grundsätze für das Erfassen des Technologietransfers sprechen. Die Ziele der Politischen Grundsätze wurden in der Präambel niedergeschrieben und sind zusammengefasst die folgenden: restriktive Gestaltung der Rüstungsexportpolitik; Orientierung am Sicherheitsbedürfnis und an außenpolitischen Interessen der Bundesrepublik Deutschland; Beitrag zur Sicherung des Friedens, der Gewaltprävention, der Menschenrechte und der nachhaltigen Entwicklung in der Welt; Berücksichtigung internationaler Beschlüsse sowie Hinwirkung auf ihre Rechtsverbindlichkeit auf europäischer und internationaler Ebene. Der Sinn und Zweck der Grundsätze spricht für den Einschluss der Technologie. Denn dieser würde zu einer restriktiveren Exportpolitik führen, da sich eben nicht nur Waffen- und Warenexporte, sondern auch Technologieexporte an den Maßstäben der Grundsätze messen lassen müssten. Zudem könnten Technologietransfers ohne die Beachtung der Grundsätze bei ihrer Genehmigung das Sicherheitsbedürfnis und das außenpolitische Interesse der Bundesrepublik stören.[684] Das Proliferationsproblem, das sich an Technologietransfers anschließt, ist zudem der Sicherung des Friedens, der Gewaltprävention, der Menschenrechte und nachhaltigen Entwicklung in der Welt abträglich.

Betrachtet man die Politischen Grundsätze von 1982, so fällt ein Hinweis in Abschnitt I Ziff. 7 auf, nach dem „bei Vergabe von Lizenzen, bei Exporten von Fertigungsunterlagen oder Anlagen zur Herstellung von Kriegswaffen [...] Endverbleibsregelungen für die damit hergestellten Kriegswaffen anzustreben [sind]". Hier wird also die Technologieausfuhr bezüglich Kriegswaffen erfasst. Dieser oder ein ähnlicher Hinweis findet sich in der Neufassung der Politischen Grundsätze nicht wieder. Unklar ist, ob der Bezug auf die Fertigungsunterlagen für Kriegswaffen versehentlich oder bewusst nicht übernommen wurde.

Die Politischen Grundsätze nehmen später gelegentlich auf kriegswaffennahe sonstige Rüstungsgüter Bezug, die als Anlagen und Unterlagen zur Herstellung von Kriegswaffen definiert werden. Nach Ziff. III. 5, der den Export in sonstige, also nicht in EU-, NATO- oder NATO-gleichgestellte Länder regelt, wird dieser nicht genehmigt, wenn die Empfängerländer in eine bewaffnete Auseinandersetzung verwickelt sind, eine solche dort droht,[685] oder bestehende Spannungen

684 Zur Begründung s. 2. Teil B.I.1.

685 Die Drohung einer bewaffneten Auseinandersetzung wurde in den Politischen Grundsätzen doppelt aufgenommen: in Ziff. III 5 1. Spiegelstrich 2. Variante und 2. Spiegelstrich 1. Variante.

und Konflikte durch den Export ausgelöst, aufrechterhalten oder verschärft werden würden. Beim Export kriegswaffennaher sonstiger Rüstungsgüter in Zusammenhang mit einer Lizenzvergabe sind wirksame Endverbleibsregelungen zur Voraussetzung zu machen (Ziff. IV 2). Für einen Reexport ist das schriftliche Einverständnis der Bundesregierung einzuholen (Ziff. IV 3) – eine Regelung, die in der Praxis schwer kontrollierbar und durchsetzbar ist. Bei unverlässlichem Endverbleib soll eine Belieferung mit kriegswaffennahen sonstigen Rüstungsgütern ausscheiden (Ziff. IV 4). Die Politischen Grundsätze machen damit nur für einen Teil des Technologietransfers (Export von „Anlagen und Unterlagen") Vorgaben. Die technische Unterstützung oder die Ausfuhr nicht-verkörperter Technologie werden beispielsweise gar nicht erfasst. Zudem beziehen sich diese Vorgaben nur auf die oben dargestellten Bereiche, also beispielsweise nicht auf den Export in NATO- oder NATO-gleichgestellte Länder.

Es ist festzuhalten, dass der Wortlaut eindeutig gegen eine allgemeine Einbeziehung des Technologietransfers spricht; Sinn und Zweck der Politischen Grundsätze stehen einer Einbeziehung nicht entgegen, sprechen sogar für diese. Das Abstellen auf den Sinn und Zweck der Vorschrift ist jedoch nur ein schwacher Hinweis, da sich unter diesen nicht nur der Technologieexport für konventionelle Rüstungsgüter, sondern beispielsweise auch der Export von Dual-Use-Waren oder der Export jeder „sensitiven Ware" subsumieren ließe. Angesichts des ausdrücklichen Wortlauts ist davon auszugehen, dass der Technologieexport nicht allgemein von den Politischen Grundsätzen erfasst ist. Lediglich die einzelnen, auf Teile des Technologietransfers ausdrücklich Bezug nehmenden, Leitlinien sind bei Genehmigungsentscheidung betreffend den Technologietransfer heranzuziehen.

c) *Fehlende rechtliche Verbindlichkeit und Justiziabilität*

Es ist der Frage nachzugehen, ob den Politischen Grundsätzen Rechtsverbindlichkeit zukommt. Hierzu wird untersucht, ob eine Rechtsverbindlichkeit bereits ausdrücklich geregelt ist oder aber hergeleitet werden kann. Im Anschluss wird auf die Justiziabilität der Vorgaben der Politischen Grundsätze eingegangen.

aa) Keine ausdrückliche Regelung der rechtlichen Verbindlichkeit

Eine Pflicht zur Beachtung der Politischen Grundsätze ist nicht normiert, weder im AWG noch in der AWV. Eine von der SPD-Bundestagsfraktion vorgeschlagene[686] Bezugnahme auf die Politischen Grundsätze und auf den Gemeinsamen

686 BT-Drs. 17/12101 S. 9 f.; BT-Drs. 17/12188 (Entschließungsantrag). Zuletzt ähnlich die Bundestagfraktion BÜNDNIS90/DIE GRÜNEN in BT-Drs. 18/4940, S. 3.

Standpunkt in dem AWG lehnten die Regierungsfraktionen ab.[687] Der Antrag[688] lautete im Einzelnen:

„Der Bundestag möge beschließen:
1. In § 4 Absatz 1 AWG eine weitere Ziffer einzufügen:
6. den Kriterien aus den ‚Politischen Grundsätzen der Bundesregierung für den Export von Kriegswaffen und sonstigen Rüstungsgütern' und dem ‚Gemeinsamen Standpunkt des Rates vom 8. Dezember 2008 betreffend gemeinsamer Regeln für die Kontrolle der Ausfuhr von Militärtechnologie und Militärgütern (2008/944/GASP)' zu entsprechen.

Begründung
Die Modernisierung des Außenwirtschaftsgesetzes eröffnet die Chance, die Regelungen des Außenwirtschaftsrechts an zivilgesellschaftliche und europäische Entwicklungen anzupassen und bietet die Möglichkeit, die Kriterien aus den ‚Politischen Grundsätzen der Bundesregierung für den Export von Kriegswaffen und sonstigen Rüstungsgütern' und dem Gemeinsamen Standpunkt zur Ausfuhr von Kriegsgerät in den Regelungskatalog des Gesetzes aufzunehmen. Kriterien wie zum Beispiel die Beachtung von Menschenrechten in Empfängerländern deutscher Rüstungsgüter sowie die Förderung von Frieden und Freiheit in der Welt hätten dann Gesetzesrang."

Der Antrag fand keine Mehrheit.[689] Nach *Wendling*, Leiter der Unterabteilung „Außenwirtschaftskontrollen, Asien, Australien" im Bundesministerium für Wirtschaft und Energie,[690] hätte die Kodifizierung des Gemeinsamen Standpunktes 2008/944/GASP und der Politischen Grundsätze eine „unnötige Aufblähung des Gesetzes" bedeutet.[691] Dies kann nicht überzeugen. Wie oben gesehen[692], würde die Übernahme der ausformulierten Kriterien in das AWG die Übersichtlichkeit tatsächlich erschweren. Eine knappe Bezugnahme auf die Politische Grundsätze und den Gemeinsamen Standpunkt 2008/944/GASP eignet sich jedoch kaum für eine „Aufblähung des Gesetzes". Durch die Bezugnahme und damit Begründung einer rechtlichen Verbindlichkeit der in den Politischen Grundsätzen und dem Gemeinsamen Standpunkt 2008/944/GASP niedergelegten Kriterien könnte sich jedoch ein erhöhter Begründungsaufwand für die Genehmigungsentscheidung ergeben. Denn die Abwägung im Entscheidungsprozess müsste im Falle eines Rechtsstreits für das Gericht nachvollziehbar sein.

---

687 Vgl. auch hierzu *Voland*, GWR 2013, S. 264 (265).
688 Ausschussdrucksache 17(9)1071.
689 BT-Drs. 17/12101, S. 9.
690 Stand: 16.09.2016.
691 *Wendling*, AW-Prax 2013, S. 157 (158).
692 C.III.2.a).

bb) Keine schlüssige Herleitung der gesetzlichen Verbindlichkeit

Teilweise wird der Versuch unternommen, eine rechtliche Verbindlichkeit der Politischen Grundsätze herzuleiten. Die Politischen Grundsätze werden teils als ermessenslenkende Verwaltungsvorschriften, auch als Ermessensrichtlinien, bezeichnet.[693] Als Binnenrechtssätze der Verwaltung kommt ihnen zwar grundsätzlich keine Außenwirkung zu, die Behörde ist aber aufgrund von Art. 3 Abs. 1 GG an ihre Entscheidungspraxis gebunden.[694] Nur aus sachlichen Erwägungen oder mit Blick auf alle zukünftigen Entscheidungen darf sie von dieser abweichen (Selbstbindung der Verwaltung).[695] Im Rahmen einer Genehmigungsentscheidung nach § 8 Abs. 1 S. 1 AWG ist aber gerade keine Ermessensausübung vorgesehen[696]. Die Qualifizierung als Ermessensrichtlinien hilft also im Fall der gebundenen Entscheidung nach § 8 Abs. 1 S. 1 AWG nicht weiter.

Die Politischen Grundsätze könnten jedoch normkonkretisierende Verwaltungsvorschriften darstellen. So bedürfen beispielsweise die Begriffe „wesentliche Sicherheitsinteressen“ oder „auswärtige Beziehungen“ durchaus einer Konkretisierung. Hinsichtlich der Qualifizierung als Verwaltungsvorschriften, seien es ermessenslenkende oder normkonkretisierende, ist jedoch Folgendes zu beachten: In den Erklärungen wird die Rüstungsexportpolitik gegenüber den Nicht-NATO-Staaten verbindlich im Sinne eines weitgehenden Exportverbots festgelegt, und es werden Sanktionen für die Unzuverlässigkeit des Ausfuhrverantwortlichen getroffen, ohne dass diese Regelungen auf ein Gesetz gestützt werden können.[697] Dass durch diese Regelungen in den Schutzbereich von Grundrechten eingegriffen wird,[698] spricht gegen die Rechtsnatur einer Verwaltungsvorschrift. Entsprechende

693 *Epping*, DWiR 1991, S. 276 (281); *Glawe*, DVBl 2012, S. 329 (331); *Kirchner*, DVBl 2012, S. 336 (342); *Pottmeyer*, KWKG, Einleitung, Rn. 228 zu den Grundsätzen von 1982; *Pottmeyer/Sinnwell*, DWiR 1991, S. 133 (133).

694 *Epping*, DWiR 1991, S. 276 (282); *Kirchner*, DVBl 2012, S. 336 (342).

695 *Epping*, DWiR 1991, S. 276 (282); *Kirchner*, DVBl 2012, S. 336 (342).

696 S. hierzu bereits C.III.1.

697 *Hohmann*, Außenhandelsfreiheit, S. 345.

698 Da nach den Zuverlässigkeitsgrundsätzen ein Austausch des Ausfuhrverantwortlichen erzwungen werden kann, liegt ein Eingriff in den Schutzbereich des Art. 12 GG und Art. 2 Abs. 1 GG vor; da eine Nichtbescheidung des Antrags auch bei bloßem Verdacht der Unzuverlässigkeit erfolgen kann, wird in den Schutzbereich des Art. 14 Abs. 1 GG (eingerichteter und ausgeübter Gewerbebetrieb) und in Art. 2 Abs. 1 GG eingegriffen. Das in den Grundsätzen zum Rüstungsexport festgelegte weitgehende Exportverbot in Nicht-NATO-Staaten greift in den Schutzbereich des Art. 12 GG ein, der das Exportrecht schützt; vgl. *Hohmann*, Außenhandelsfreiheit, S. 346, Fn. 43; *Pottmeyer/Sinnwell*, DWiR 1991, S. 133 (138).

grundrechtsrelevante Vorschriften liegen aber nicht vor.[699] Eine Qualifizierung der Grundsätze als Verwaltungsvorschriften, seien es ermessenslenkende oder normkonkretisierende, scheidet daher aus.[700]

Auch *Hohmann* lehnt eine Qualifizierung als Verwaltungsvorschriften ab und vertritt die Ansicht, dass es sich bei den Politischen Grundsätzen „inhaltlich um eine Verordnung" handelt.[701] Da das Verfahren für Verordnungen nicht eingehalten wurde, seien diese jedoch rechtswidrig.[702] Das AWG sei, so *Hohmann*, um entsprechende Verordnungsermächtigungen zu ergänzen, und die Politischen Grundsätze sollten nach ihrer Rücknahme als Verordnung neu erlassen werden.[703] Die Rechtsverordnung wäre nicht nur rechtswidrig, sondern aufgrund des Verstoßes gegen das Zitiergebot aus Art. 80 Abs. 1 S. 1 GG bereits nichtig.[704]

Zwar schließt die Nichtigkeit nicht das Vorliegen einer Rechtsverordnung aus, doch ist der Verstoß gegen das Zitiergebot ein Indiz, dass gerade nicht von einer Verordnungsermächtigung Gebrauch gemacht werden wollte.[705] Die von *Hohmann* angenommene Rechtsnatur der Verordnung kann also durchaus angezweifelt werden. Folgt man seiner Ansicht, so kann auch eine Einstufung der Erklärungen als „inhaltliche" Verordnungen nicht eine Verbindlichkeit begründen, da diese als Rechtsverordnung, wie oben gezeigt, nichtig wäre.

Von einer gewohnheitsrechtlichen Geltung der Politischen Grundsätze kann nicht ausgegangen werden. Voraussetzungen hierfür sind eine länger dauernde, stetige, allgemeine und gleichmäßige Übung *(longa consuetudo)*, die von den Beteiligten als rechtsverbindlich anerkannt wird *(opinio iuris)*.[706] Schon die Annahme einer ständigen Übung ist schwer zu begründen. Da die Begriffe der Grundsätze sehr weit gefasst sind, kann man sich über die Einschlägigkeit einzelner Grundsätze und damit auch über ihre Einhaltung trefflich streiten. Schwierig ist auch die Bejahung der Rechtsüberzeugung. Die Pflicht zur Beachtung der

---

699 *Hohmann*, Außenhandelsfreiheit, S. 346.

700 So auch *Hohmann*, Außenhandelsfreiheit, S. 346. A.A. *Wendling*, als Unterabteilungsleiter des Bundesministeriums für Wirtschaft und Technologie (später: Energie) auf dem Exportkontrolltag 2013 am 1. März 2013, der von einer „Selbstbindung der Verwaltung" ausgeht, *Wendling*, AW-Prax 2013, S. 157 (158).

701 *Hohmann*, Außenhandelsfreiheit, S. 346.

702 *Hohmann*, Außenhandelsfreiheit, S. 346.

703 *Hohmann*, Außenhandelsfreiheit, S. 346 f. So ähnlich auch ein Vorschlag der SPD-Fraktion, s. C.III.2.c)aa).

704 Zu dieser Rechtsfolge s. *Wallrabenstein*, in: Münch/Kunig, GG, Art. 80, Rn. 46.

705 So auch *Sannwald*, in: Schmidt-Bleibtreu/Hofmann/Hopfauf, GG, Art. 80, Rn. 24.

706 *Hopfauf*, in: Schmidt-Bleibtreu/Hofmann/Hopfauf, GG, Einleitung, Rn. 227.

Grundsätze wurde in der letzten Novellierung des Außenwirtschaftsrechts nicht gesetzlich verankert, obwohl hierzu die Möglichkeit bestand. Als rechtlich verbindlich werden die Politischen Grundsätze im Allgemeinen nicht bezeichnet. Hinzu kommt, dass die Grundsätze die Außenwirtschaftsfreiheit beschränken und somit in Grundrechte eingreifen,[707] die zu ihrer Beschränkung ausdrücklich geschriebenes Recht verlangen, wie beispielsweise Art. 12 Abs. 1 S. 2 GG.

Im Ergebnis ist also festzuhalten, dass die Politischen Grundsätze nicht rechtsverbindlich sind.[708] Hierfür spricht vor allem der Titel des Dokuments „Politische Grundsätze".[709] Es besteht aber eine starke politische Bindungswirkung,[710] da durch die Beteiligung der zuständigen Ministerien[711] eine gewisse politische Selbstbindung[712] der Exekutive entstand.

Diese exekutivische Entscheidungsverantwortung bei gleichzeitiger Zurücknahme der gerichtlichen Kontrolle[713] bringt praktische Vorteile mit sich. Die Exekutive genügt bei einer Gefährdung der nationalen Sicherheit den sich hieraus ergebenen Erfordernissen an Schnelligkeit, Geheimhaltung und Flexibilität bei der Entscheidungsfindung in der Regel leichter als ein Gericht.[714] Besondere Geheimhaltungserfordernisse bei nationalen Sicherheitsfragen können zu Schwierigkeiten bei der Beweiserhebung führen.[715] Auch sind widerstreitende politische Interessen kaum beweisfähig.[716]

---

707 S. Fn. 701.

708 So auch *Friederichs*, Stellungnahme für den Ausschuss für Wirtschaft und Technologie, Ausschuss-Drs. 17(9)1055, S. 4; *Weith u. a.*, Exportkontrolle, S. 206.

709 *Weith u. a.*, Exportkontrolle, S. 206. Übliche Bezeichnungen für eine Verwaltungsvorschrift sind „Allgemeine Verwaltungsvorschrift", „Anordnung", „Richtlinie", „Anweisung", „Dienstanweisung", Runderlass", „Rundverfügung", usw., *Ipsen*, Allgemeines Verwaltungsrecht, Rn. 142, Fn. 97.

710 So auch *Weith u. a.*, Exportkontrolle, S. 206.

711 Bundesministerium für Wirtschaft und Energie (damals: Wirtschaft und Arbeit), Auswärtiges Amt, Bundesministerium der Verteidigung, Bundesministerium für wirtschaftliche Zusammenarbeit und Entwicklung, *Weith u. a.*, Exportkontrolle, S. 206, Fn. 15.

712 So auch *Wessels*, AW-Prax 2000, S. 181 (183).

713 S. hierzu auch unten C.III.2.c)cc)).

714 *Krieger*, Die Haltung europäischer Gerichte zu Sicherheitsfragen, in: Iliopoulos-Strangas u. a. (Hrsg.), Rechtsstaat, Freiheit und Sicherheit in Europa, S. 483 (484); *Krieger*, Streitkräfte im demokratischen Verfassungsstaat, S. 355.

715 *Krieger*, Streitkräfte im demokratischen Verfassungsstaat, S. 355.

716 *Krieger*, Streitkräfte im demokratischen Verfassungsstaat, S. 355.

Bedenklich ist jedoch, dass die Außenwirtschaftsfreiheit, grundrechtlich geschützt durch Art. 2 Abs. 1, 12 Abs. 1 und 14 Abs. 1 GG[717], durch politisch verbindliche Grundsätze eingeschränkt wird. In das Recht aus Art. 2 Abs. 1 GG (Allgemeine Handlungsfreiheit) kann jedoch nach Art. 2 Abs. 2 S. 3 GG nur aufgrund eines Gesetzes eingegriffen werden (einfacher Gesetzesvorbehalt)[718].[719] Das Recht auf Berufsfreiheit aus Art. 12 Abs. 1 S. 2 GG kann nur durch Gesetz oder aufgrund eines Gesetzes eingeschränkt werden[720]. Art. 14 Abs. 1 S. 2 sieht vor, dass die Schrankenbestimmung bei der Eigentumsgarantie aus Art. 14 GG durch Gesetz bestimmt wird.[721] Die Einschränkung der oben genannten Grundrechte aufgrund der Politischen Grundsätze und nicht durch ein formelles Gesetz ist damit nicht verfassungskonform.

cc) Fehlende Justiziabilität

Selbst bei einer Annahme der Rechtsverbindlichkeit der Politischen Grundsätze wäre deren Einhaltung für Dritte nicht justiziabel. Grundsätzlich steht der Rechtsweg jedem offen, der geltend macht, durch die öffentliche Hand in subjektiven Rechten verletzt worden zu sein, Art. 19 Abs. 4 S. 1 GG. Dieser Grundsatz findet seine Ausprägung in § 42 Abs. 2 Verwaltungsgerichtsordnung. Es wird also – vorbehaltlich abweichender Regelungen durch Gesetz – die Rüge der Verletzung eines subjektiven Rechts gefordert. Solch anderweitige Regelungen finden sich insbesondere im Umweltrecht.[722] § 64 Bundesnaturschutzgesetz (BNatSchG) sieht beispielsweise eine Verbandsklage zum Schutz der Mitwirkungsrechte des § 63 BNatSchG vor.[723]

---

717 S. 2. Teil A.II.

718 *Jarass*, in Jarass/Pieroth, GG, Art. 2 Rn. 58; *Maurer*, Staatsrecht I, § 9 Rn. 49.

719 *Murswiek*, in: Sachs, GG, Art. 2, Rn. 101. S. hierzu auch *Sachs*, Verfassungsrecht II Grundrechte, B 2, Rn. 7.

720 *Mann*, in: Sachs, GG, Art. 12, Rn. 108; *Scholz*, in: Maunz/Dürig, GG, Bd. II, Art. 12, Rn. 322. Nach der Rechtsprechung des BVerfG bezieht sich der Gesetzesvorbehalt entgegen des Wortlauts nicht nur auf die Berufsausübung, sondern auf die gesamte Berufsfreiheit, BVerfGE 54, 237 (246); s. hierzu auch *Jarass*, in Jarass/Pieroth, GG, Art. 12 Rn. 27; a.A. *Maurer*, Staatsrecht I, § 9 Rn. 49, der das Recht auf Berufswahl vorbehaltslos gewährleistet und nur den verfassungsimmanenten Schranken unterliegend sieht; s. hierzu auch *Sachs*, Verfassungsrecht II Grundrechte, B 12, Rn. 31 ff.

721 *Jarass*, in Jarass/Pieroth, GG, Art. 14 Rn. 35; *Wendt*, in: Sachs, GG, Art. 14, Rn. 54; s. hierzu auch *Sachs*, Verfassungsrecht II Grundrechte, B 14, Rn. 31.

722 *Wolffgang*, Stellungnahme zur Novelle des Außenwirtschaftsgesetzes, Ausschuss-Drs. 17(9)1057, S. 22.

723 *Wolffgang*, Stellungnahme zur Novelle des Außenwirtschaftsgesetzes, Ausschuss-Drs. 17(9)1057, S. 22 mit weiteren Beispielen aus dem Umweltrecht.

Die Bundestagsfraktion BÜNDNIS 90/DIE GRÜNEN beantragte, die Möglichkeit einer Verbandsklage zur Sicherung von Menschenrechten bei Rüstungsexporten zu prüfen.[724] Denn Menschenrechte seien in diesem Kontext nicht einklagbar.[725] Das Erfordernis der individuellen Klagebefugnis schließe die Klage Dritter aus.[726] Eine Verbandsklage ähnlich der des Umwelt- oder Verbraucherschutzes könne dem abhelfen.[727]

Bei einer Ausfuhrgenehmigung werden zwar wie im Umweltrecht auch die Interessen des Begünstigten der Genehmigung gegen solche der Allgemeinheit abgewogen, dies jedoch nicht im Rahmen eines Planverfahrens, an dem die Allgemeinheit zu beteiligen ist.[728] Vielmehr entscheidet hier die Bundesregierung unter Berücksichtigung sicherheits- und außenpolitischer Belange, die nicht unmittelbar für die Öffentlichkeit bestimmt sind.[729] Eine Beteiligung der Öffentlichkeit am Genehmigungsverfahren ist nicht vorgesehen.[730] Nach der Rechtsprechung des BVerfG kommt der Bundesregierung bei Fragen, die mit auswärtigen Beziehungen zusammenhängen, ein breites politisches Ermessen zu.[731]

3. *Grundsätze für Kleine und Leichte Waffen*

Die Bundesregierung hat am 18. März 2015 die Grundsätze für die Erteilung von Genehmigungen für die Ausfuhren von Kleinen und Leichten Waffen, dazugehöriger Munition und entsprechender Herstellungsausrüstung in Drittländer beschlossen. In Ziffer 2 heißt es:

> „Es werden grundsätzlich keine Genehmigungen für die Ausfuhr von Komponenten und Technologie in Drittländer (z.B. im Zusammenhang mit Lizenzvergaben) erteilt, die in dem betreffenden Land eine neue Herstellungslinie für Kleine und Leichte Waffen oder entsprechende Munition eröffnen."

Die Grundsätze für Kleine und Leichte Waffen beziehen sich ausdrücklich nur auf die Ausfuhr in Drittländer. Dies sind nach Definition der Grundsätze „alle

724 BT-Drs 17/9412, S. 4.
725 BT-Drs 17/9412, S. 4.
726 BT-Drs 17/9412, S. 4.
727 BT-Drs 17/9412, S. 4.
728 Vgl. *Wolffgang*, Stellungnahme zur Novelle des Außenwirtschaftsgesetzes, Ausschuss-Drs. 17(9)1057, S. 23.
729 *Wolffgang*, Stellungnahme zur Novelle des Außenwirtschaftsgesetzes, Ausschuss-Drs. 17(9)1057, S. 23.
730 *Wolffgang*, Stellungnahme zur Novelle des Außenwirtschaftsgesetzes, Ausschuss-Drs. 17(9)1057, S. 24.
731 BVerfG, NJW 1992, S. 2624 (2624).

Länder außer den EU-Mitgliedsstaaten, den NATO-Ländern und den NATO-gleichgestellten Ländern (Australien, Japan, Neuseeland und Schweiz)". Da nur die Ausfuhr von Technologie erwähnt wird, ist das Leisten von technischer Unterstützung nicht erfasst. Ebenso wie den Politischen Grundsätzen fehlt es auch hier an der rechtlichen Verbindlichkeit und Justiziabilität.[732]

4. *Zuverlässigkeitsgrundsätze*

Neben den Politischen Grundsätzen sind bei der Genehmigungsentscheidung im Rahmen der Zuverlässigkeitsprüfung des Exporteurs die Zuverlässigkeitsgrundsätze heranzuziehen.[733] Die Grundsätze zur Prüfung der Zuverlässigkeit gelten nach Ziff. 1 für Anträge auf Erteilung von Genehmigungen zum Zwecke der Ausfuhr (Nr. 1 a)) und Verbringung (Nr. 1 d)) nach dem AWG und der AWV für Güter des Teils 1 Abschnitt A der Ausfuhrliste. Durch die Verwendung des Begriffs „Güter" wird nach § 4 Abs. 2 Nr. 3 AWG a. F. oder § 2 Abs. 13 AWG deutlich, dass die Grundsätze auch für die Ausfuhr oder Verbringung von Technologie gelten. Dies wird in der Präambel nochmals unterstrichen, indem ausdrücklich auf „Waren [...] einschließlich [...] Technologie" Bezug genommen wird.

§ 8 Abs. 2 AWG wird durch die Zuverlässigkeitsgrundsätze konkretisiert. Nach diesen kann die Erteilung der Genehmigung von persönlichen Voraussetzungen abhängig gemacht werden. Die Zuverlässigkeitsgrundsätze sind eine Verwaltungsvorschrift in Form einer Ermessensrichtlinie.[734] Die Bundesregierung weist die ihr nachgeordneten Behörden an, in welcher Weise das ihnen zukommende Ermessen bei der Erteilung der Genehmigung ausgeübt werden soll.[735]

Nach Ziff. 2 ist vom Antragsteller ein Ausfuhrverantwortlicher zu benennen. Bestehen tatsächliche Anhaltspunkte dafür, dass der Ausfuhrverantwortliche beispielsweise gegen Vorschriften des AWG oder der AWV verstoßen haben könnte, so ist nach Ziff. 3 nicht über den Antrag zu entscheiden, bis der Sachverhalt aufgeklärt ist. Bei tatsächlichem Grund zur Annahme der Unzuverlässigkeit ist nach Ziff. 4 der Antrag abzulehnen. Bei bereits erteilten Genehmigungen ist in solch einem Fall ein Widerruf oder eine Rücknahme möglich, vergleiche Ziff. 6.

---

732 Für eine Begründung s. C.III.2.c).

733 S. ergänzend auch die Bekanntmachung, http://www.verwaltungsvorschriften-im-internet.de/bsvwvbund_25072001_VB4500917.htm, zuletzt abgerufen am 16.09.2016.

734 *Sinnwell*, in: Bebermeyer (Hrsg.), Deutsche Ausfuhrkontrolle, S. 121.

735 *Sinnwell*, in: Bebermeyer (Hrsg.), Deutsche Ausfuhrkontrolle, S. 121.

5. *Fazit*

Gemäß § 8 Abs. 1 S. 1 AWG besteht ein Anspruch auf die Genehmigungserteilung, wenn zu erwarten ist, dass die Vornahme der Handlung den Zweck der Vorschrift nicht oder nur unwesentlich gefährdet. Die Zwecke der Vorschriften zu Regelung des Technologietransfers sind insbesondere die Wahrung der wesentlichen Sicherheitsinteressen der Bundesrepublik Deutschland (§ 4 Abs. 1 Nr. 1 AWG) und die Erfüllung zwischenstaatlicher Vereinbarungen (§ 4 Abs. 2 AWG). Der Verwaltung kommt hinsichtlich der Einschätzung der Gefährdung ein Beurteilungsspielraum zu. Die Genehmigungsentscheidung soll sich an den Politischen Grundsätzen der Bundesregierung orientieren, welche die auf internationaler und europäischer Ebene formulierten Kriterien aufnehmen. Diese enthalten für den Technologietransfer jedoch kaum Vorgaben, wie eine Auslegung der Politischen Grundsätze gezeigt hat. Die technische Unterstützung oder die Ausfuhr nicht-verkörperter Technologie wird beispielsweise nicht erfasst. Die Politischen Grundsätze sind nach Auffassung der Verfasserin zudem nicht rechtlich verbindlich. Eine gesetzliche Verankerung der Rechtsverbindlichkeit wurde bei der Novelle des Außenwirtschaftsrechts im Jahr 2013 ausdrücklich abgelehnt und lässt sich auch nicht herleiten.

Nähme man eine solche an, wäre die Entscheidung anhand der Kriterien für Dritte nicht justiziabel, da es an der erforderlichen individuellen Klagebefugnis fehlen würde. Diese exekutivische Entscheidungsverantwortung bei gleichzeitiger Zurücknahme der gerichtlichen Kontrolle bringt praktische Vorteile mit sich. Die Exekutive genügt bei einer Gefährdung der nationalen Sicherheit den sich hieraus ergebenen Erfordernissen an Schnelligkeit, Geheimhaltung und Flexibilität bei der Entscheidungsfindung in der Regel leichter als ein Gericht. Dass die Außenwirtschaftsfreiheit, die sich auf die Grundrechte aus Art. 2 Abs. 1, Art. 12 Abs. 1 und Art. 14 Abs. 1 GG stützt, aufgrund der Politischen Grundsätze und nicht durch ein formelles Gesetz eingeschränkt wird, ist mit dem Gesetzesvorbehalt jedoch nicht in Einklang zu bringen. Die Grundsätze für Kleine und Leichte Waffen leiden an den gleichen Defiziten: fehlende Rechtsverbindlichkeit und Justiziabilität. Bei der Genehmigungsentscheidung ist zudem die persönliche Zuverlässigkeit des Antragstellers zu beachten. Die Zuverlässigkeitsgrundsätze der Bundesregierung enthalten entsprechende Prüfkriterien.

IV. Fazit

Auf internationaler Ebene existieren zwar keine rechtlich, jedoch politisch verbindliche Leitlinien für die Genehmigungsentscheidung. Diese sind im Wassenaar-Abkommen und in Vereinbarungen der OSZE zu finden. Festgestellt wurde, dass die Initiativen der Vereinten Nationen zur Regulierung des Handels mit konventionellen Rüstungsgütern, wie das Waffenregister, das Kleinwaffenaktionsprogramm oder das Feuerwaffenprotokoll den Technologietransfer nicht regeln. Auf Unionsebene geben die Verordnungen, die nach Art. 288 Abs. 2 AEUV in all ihren Teilen verbindlich sind und in jedem Mitgliedstaat unmittelbar gelten, keine Leitlinien für die Genehmigungsentscheidung vor. Lediglich der rechtlich verbindliche, jedoch nicht unmittelbar anwendbare Gemeinsame Standpunkt 2008/944/GASP hält Kriterien für die Genehmigungsentscheidung bereit.

Die Kriterien der einzelnen internationalen und europäischen Werke sind miteinander vergleichbar. Schwerpunktmäßig wird auf die Achtung der Menschenrechte im Empfängerland, die dortigen Spannungen oder bewaffneten Konflikte, die Einhaltung internationaler Verpflichtungen sowie den Endverbleib abgestellt. Die Untersuchung hat gezeigt, dass diese Kriterien in der Bundesrepublik Deutschland für den Technologietransfer kaum umgesetzt wurden. Die Politischen Grundsätze nehmen auf die Kriterien Bezug, behandeln den Technologietransfer jedoch nur defizitär. Die technische Unterstützung oder die Ausfuhr nicht-verkörperter Technologie werden beispielsweise nicht erfasst. Die Politischen Grundsätze sind zudem nicht rechtsverbindlich. Nähme man eine Rechtsverbindlichkeit an, wäre die Entscheidung anhand der Kriterien für Dritte nicht justiziabel. Es würde an der erforderlichen individuellen Klagebefugnis fehlen. Diese exekutivische Entscheidungsverantwortung verbunden mit einer Zurücknahme der gerichtlichen Kontrolle, bringt praktische Vorteile mit sich. Bei einer Gefährdung der nationalen Sicherheit genügt die Exekutive den sich aus der Gefährdung ergebenen Erfordernissen an Schnelligkeit, Geheimhaltung und Flexibilität bei der Entscheidungsfindung in der Regel leichter als ein Gericht. Dass jedoch die Außenwirtschaftsfreiheit, die sich auf die Grundrechte aus Art. 2 Abs. 1, Art. 12 Abs. 1 und Art. 14 Abs. 1 GG stützt, aufgrund der Politischen Grundsätze und nicht durch ein formelles Gesetz eingeschränkt wird, ist mit dem Gesetzesvorbehalt nicht in Einklang zu bringen. Die Grundsätze für Kleine und Leichte Waffen zeigen die gleichen Defizite: fehlenden Rechtsverbindlichkeit und Justiziabilität.

D. Fazit

Der Technologietransfer konventioneller Rüstungsgüter wird durch Embargos absolut beschränkt. Die nach Art. 41 VN-Charta in Resolutionen des Sicherheitsrats der Vereinten Nationen beschlossenen Embargomaßnahmen umfassen teils den Technologietransfer und initiieren entsprechende Maßnahmen auf unionsrechtlicher und nationaler Ebene. Auf unionsrechtlicher Ebene kommt es bei der

Umsetzung nicht zu unmittelbar geltenden Wirtschaftssanktionen nach Art. 215 AEUV, sondern ausschließlich zu nicht unmittelbar wirkenden, jedoch rechtlich verbindlichen Standpunkten der Europäischen Union nach Art. 29 EUV. Diese werden dann auf nationaler Ebene, in Deutschland im Rahmen des § 74 AWV, umgesetzt.

Der Technologietransfer konventioneller Rüstungsgüter wird durch Genehmigungsvorbehalte relativ beschränkt. Wie durch das Wassenaar-Abkommen und den Gemeinsamen Standpunkt 2008/944/GASP vorgegeben, untersteht der Technologietransfer konventioneller Rüstungsgüter im deutschen Recht dem Genehmigungsvorbehalt. Nach § 8 Abs. 1 Nr. 1 AWV bedarf die Ausfuhr, nach § 11 Abs. 1 S. 1 AWV die Verbringung der in Teil I Abschnitt A genannten Güter der Genehmigung. Die §§ 50 Abs. 1 und 51 Abs. 1 Nr. 2 AWV stellen bezüglich der technischen Unterstützung einen Genehmigungsvorbehalt auf. Zuständige Behörde für die Genehmigung des Technologietransfers ist das BAFA.

Auf internationaler Ebene existieren im Rahmen des Wassenaar-Abkommens und der OSZE politisch verbindliche Leitlinien. Die Untersuchung hat gezeigt, dass die Initiativen der Vereinten Nationen zur Regulierung des Handels mit konventionellen Rüstungsgütern, wie das Waffenregister, das Kleinwaffenaktionsprogramm oder das Feuerwaffenprotokoll, den Technologietransfer nicht regeln. Auf Unionsebene geben die Verordnungen, die nach Art. 288 Abs. 2 AEUV in all ihren Teilen verbindlich sind und in jedem Mitgliedstaat unmittelbar gelten, keine Leitlinien für die Genehmigungsentscheidung vor. Lediglich der rechtlich verbindliche, jedoch nicht unmittelbar anwendbare Gemeinsame Standpunkt 2008/944/GASP enthält Kriterien für die Genehmigungsentscheidung.

In allen Werken wird schwerpunktmäßig auf die Achtung der Menschenrechte im Empfängerland, die dortigen Spannungen oder bewaffneten Konflikten, die Einhaltung internationaler Verpflichtungen sowie den Endverbleib abgestellt. Diese Kriterien wurden in der Bundesrepublik Deutschland hinsichtlich des Technologietransfers kaum umgesetzt. Allein die Politischen Grundsätze nehmen auf diese Kriterien Bezug. Die Politischen Grundsätze behandeln den Technologietransfer jedoch nur defizitär. Nicht erfasst werden beispielsweise die technische Unterstützung oder die Ausfuhr nicht-verkörperter Technologie. Zudem sind die Politischen Grundsätze nicht rechtsverbindlich. Bei Annahme einer Rechtsverbindlichkeit wäre die Entscheidung anhand der Kriterien für Dritte dennoch nicht justiziabel, da es an der erforderlichen individuellen Klagebefugnis fehlen würde. Diese exekutivische Entscheidungsverantwortung in Verbindung mit einer Zurücknahme der gerichtlichen Kontrolle bringt durchaus praktische Vorteile mit sich. Die Exekutive genügt bei einer Gefährdung der nationalen Sicherheit den sich hieraus ergebenen Erfordernissen an Geheimhaltung, Flexibilität und Schnelligkeit bei der Entscheidungsfindung in der Regel leichter als ein Gericht. Dass die Außenwirtschaftsfreiheit, die sich auf die Grundrechte aus Art. 2 Abs. 1, Art. 12 Abs. 1 und Art. 14 Abs. 1 GG stützt, nicht durch ein formelles Gesetz, sondern aufgrund der Politischen Grundsätze und eingeschränkt wird, ist mit dem Gesetzesvorbehalt nicht in Einklang zu bringen. Die Grundsätze für Kleine und Leichte Waffen leiden an den gleichen Defiziten: fehlende Rechtsverbindlichkeit und Justiziabilität.

Zusammenfassende Schlussbetrachtung

Der Technologietransfer konventioneller Rüstungsgüter ist ein bedeutender Bestandteil des internationalen Rüstungsgüterhandels. Die Vorteile eines Technologietransfers sind sowohl für den Technologieerwerber als auch für den Technologiegeber vielfältig: Der Technologieerwerber erreicht die Möglichkeit, eigene Rüstungsgüter selbst herzustellen. Durch die Produktion im eigenen Land verspricht sich der Technologieerwerber eine höhere Beschäftigung und oft auch einen Technologiefortschritt in der zivilen Industrie. Neben den wirtschaftlichen Vorteilen führt die eigene Herstellung von Rüstungsgütern auch zu dem politischen Vorteil der Unabhängigkeit von künftigen Rüstungsgüterimporten. Der Technologiegeber gewinnt neue Marktzugänge und profitiert von zusätzlichen Einnahmen im Rahmen der Lizenzvergabe oder einer Kostenreduktion und Risikoteilung bei der gemeinsamen Entwicklung und Herstellung, die auch die Kompatibilität von Rüstungssystemen steigern kann. Neben den geschilderten Vorteilen ist eine bedenkliche Folge des Technologietransfers die Multiplizierung der Hersteller konventioneller Rüstungsgüter. Dies birgt zum einen aufgrund der international wachsenden Konkurrenz wirtschaftliche Nachteile für den Technologiegeber. Kaum abschätzbar sind zum anderen die außen- und sicherheitspolitischen Folgen, die durch die verstärkte und unkontrollierte Verbreitung der Rüstungsgüter durch die neu hinzugekommenen Hersteller entstehen können. Diese Risiken verlangen nach einer verlässlichen, international einheitlichen Kontrolle des Technologietransfers.

Als zwingende Voraussetzung eines international einheitlichen Kontrollstandards besteht bereits ein umfassender, entstehungsgeschichtlich erklärbarer, international einheitlicher Technologiebegriff im Bereich des konventionellen Rüstungshandels. Dieser verlangt ein spezifisches Wissen, das für die Entwicklung, Herstellung oder Verwendung eines Produktes nötig ist. Technologie kann in Form technischer Unterlagen oder technischer Unterstützung vorliegen. Der Technologiebegriff dient als Grundlage zur Beschreibung des Gegenstands unterschiedlicher Regelungen. Der Regelungsgegenstand erfasst vor allem Technologie, die für die Entwicklung, Herstellung oder Verwendung der Güter unverzichtbar ist. Allgemein zugängliche Informationen, Grundlagenforschung, Informationen für Patentanmeldungen sowie ein Minimum an Technologie werden vom Regelungsbereich ausdrücklich ausgenommen. Der Technologietransfer vollzieht sich vor allem im Rahmen der Lizenzvergabe und der gemeinsamen Entwicklung und Herstellung. Zur Klarstellung sei festgehalten, dass er mit einem Know-how-

Transfer, also einer Weitergabe nicht geschützten Wissens, einhergehen und verschiedene Stufen der Kooperation erreichen kann. Der Technologietransfer kann, muss aber nicht, im Rahmen eines Offset-Geschäftes stattfinden. Politisch wurde die Aufnahme des Technologietransfers in den Waffenhandelsvertrag (Arms Trade Treaty) diskutiert, im Ergebnis jedoch abgelehnt. Wie die Diskussion um den Anwendungsbereich des Waffenhandelsvertrags gezeigt hat, genügt die Erfassung von Technologie als Regelungsgegenstand, sofern der Transfer der Regelungsgegenstände kontrollpflichtig ist. Eine zusätzliche Erfassung des Technologietransfers als eigene zu kontrollierende Aktivität ist nicht erforderlich. Ebenso wenig zielführend ist die Aufnahme der Lizenzproduktion als eigene zu kontrollierende Aktivität.

Die Untersuchung hat gezeigt, dass der Technologietransfer konventioneller Rüstungsgüter zwar grundsätzlich frei ist, jedoch unter bestimmten Voraussetzungen durch den deutschen Gesetzgeber beschränkt werden kann. Regelungen zum Rüstungsexport finden sich im deutschen Recht im GG, KWKG, AWG und in der AWV. Der Technologietransfer konventioneller Rüstungsgüter ist jedoch nur im Außenwirtschaftsrecht, nicht im Kriegswaffenkontrollrecht geregelt. Dies ist eine Grundsatzentscheidung zugunsten der Freiheit des Technologietransfers. Denn der Außenwirtschaftsverkehr – und damit auch der im Außenwirtschaftsrecht geregelte Technologietransfer – ist nach § 1 Abs. 1 S. 1 AWG grundsätzlich frei. Dieser Grundsatz der Freiheit des Außenwirtschaftsverkehrs ist im Unionsrecht auch bezüglich der Ausfuhr in Drittländer nach Art. 1 der Ausfuhr-Verordnung sowie im Völkerrecht nach Art. XI Nr. 1 GATT anerkannt. Der deutsche Gesetzgeber kann den grundsätzlich freien Technologietransfer nach § 1 Abs. 1 S. 2 AWG in Verbindung mit § 4 Abs. 1 AWG zur Gewährleistung wesentlicher Sicherheitsinteressen der Bundesrepublik Deutschland oder in Verbindung mit § 4 Abs. 2 AWG zur Gewährleistung der Erfüllung supranationaler und internationaler rechtlich verbindlicher Vorgaben beschränken. Aufgrund der ausschließlichen Kompetenz der Europäischen Union im Außenhandel (Art. 3 Abs. 1 lit. e AEUV in Verbindung mit Art. 207 Abs. 1 AEUV) sind nach der Rechtsprechung des Europäischen Gerichtshofs nationale außenhandelspolitische Maßnahmen nur noch mit einer besonderen Ermächtigung der Union zulässig. Eine solche kann nach Art. 346 Abs. 1 lit. b Hs. 1 AEUV vorliegen, der zu einer Derogation vom gesamten Unionsrecht führt. Betrachtet man die Praxis der Mitgliedstaaten, so ist die Jurisdiktionshoheit zur Beschränkung des Technologietransfers in einer extensiven Anwendung der Ausnahmevorschrift des Art. 346 Abs. 1 lit. b Hs. 1 AEUV bei den Mitgliedstaaten verblieben.

Tatsächlich wird der Technologietransfer konventioneller Rüstungsgüter durch Embargos absolut und durch Genehmigungsvorbehalte relativ beschränkt. Die nach Art. 41 VN-Charta in Resolutionen des Sicherheitsrats der Vereinten Nationen beschlossenen Embargomaßnahmen betreffen teilweise auch den Technologietransfer und initiieren entsprechende Maßnahmen auf unionsrechtlicher sowie nationaler Ebene. Auf unionsrechtlicher Ebene kommt es bei der Umsetzung nicht zu unmittelbar geltenden Wirtschaftssanktionen nach Art. 215 AEUV, sondern ausschließlich zu nicht unmittelbar wirkenden, jedoch rechtlich verbindlichen Beschlüssen der Europäischen Union nach Art. 29 EUV. Diese werden dann auf nationaler Ebene, in Deutschland im Rahmen des § 74 AWV, umgesetzt.

Wie durch das internationale Exportkontrollregime Wassenaar-Abkommen und den Gemeinsamen Standpunkt 2008/944/GASP vorgegeben, untersteht der Technologietransfer konventioneller Rüstungsgüter im deutschen Recht einem Genehmigungsvorbehalt und damit einer relativen Beschränkung. Nach § 8 Abs. 1 Nr. 1 AWV bedarf die Ausfuhr, nach § 11 Abs. 1 S. 1 AWV die Verbringung der Technologie (Nr. 0022 des Teil I Abschnitt A der Anlage 1 zur AWV) der Genehmigung. Die §§ 50 Abs. 1 und 51 Abs. 1 Nr. 2 AWV stellen entsprechend der Gemeinsamen Aktion 2000/401/GASP bezüglich der technischen Unterstützung einen Genehmigungsvorbehalt auf. Der Technologietransfer innerhalb der Europäischen Union ist gegenüber einem Technologietransfer in einen Drittstaat nicht privilegiert. Dies zeigt ebenfalls, dass die Europäische Union nicht zu einem gemeinsamen Markt für Rüstungsgüter geworden ist.

Auf internationaler Ebene existieren keine rechtlich, jedoch politisch verbindliche Leitlinien für die Genehmigungsentscheidung im Rahmen des Wassenaar-Abkommens und der OSZE. Die Initiativen der Vereinten Nationen zur Regulierung des Handels mit konventionellen Rüstungsgütern, wie das Waffenregister, das Kleinwaffenaktionsprogramm oder das Feuerwaffenprotokoll regeln den Technologietransfer nicht. Auf Unionsebene geben die Verordnungen, die nach Art. 288 Abs. 2 AEUV in all ihren Teilen verbindlich sind und in jedem Mitgliedstaat unmittelbar gelten, keine Leitlinien für die Genehmigungsentscheidung vor. Lediglich der rechtlich verbindliche, jedoch nicht unmittelbar anwendbare Gemeinsame Standpunkt 2008/944/GASP enthält Kriterien für die Genehmigungsentscheidung.

Ein Vergleich der Kriterien zeigte, dass in allen Werken schwerpunktmäßig auf die Achtung der Menschenrechte im Empfängerland, die dortigen Spannungen oder bewaffneten Konflikte, auf die Einhaltung internationaler Verpflichtungen sowie auf den Endverbleib abgestellt wird. Die Untersuchung hat ergeben, dass diese Kriterien in der Bundesrepublik Deutschland kaum umgesetzt wurden.

Allein die Politischen Grundsätze nehmen auf diese Bezug. Die Politischen Grundsätze behandeln den Technologietransfer jedoch nur defizitär. Die technische Unterstützung oder die Ausfuhr nicht-verkörperter Technologie werden beispielsweise nicht erfasst. Zudem sind die Politischen Grundsätze nicht rechtsverbindlich. Nähme man eine Rechtsverbindlichkeit an, wäre die Entscheidung anhand der Kriterien für Dritte nicht justiziabel, da es an der erforderlichen individuellen Klagebefugnis fehlen würde. Diese exekutivische Entscheidungsverantwortung bei gleichzeitiger Zurücknahme der gerichtlichen Kontrolle bringt praktische Vorteile mit sich. Die Exekutive genügt bei einer Gefährdung der nationalen Sicherheit den sich hieraus ergebenen Erfordernissen an Schnelligkeit, Geheimhaltung und Flexibilität bei der Entscheidungsfindung in der Regel leichter als ein Gericht. Dass jedoch die Außenwirtschaftsfreiheit, die sich auf die Grundrechte aus Art. 2 Abs. 1, Art. 12 Abs. 1 und Art. 14 Abs. 1 GG stützt, aufgrund der Politischen Grundsätze und nicht durch ein formelles Gesetz eingeschränkt wird, ist mit dem Gesetzesvorbehalt nicht in Einklang zu bringen. Die Grundsätze für Kleine und Leichte Waffen leiden an den gleichen Defiziten: fehlende Rechtsverbindlichkeit und Justiziabilität.

Literaturverzeichnis

Ann, Christoph/Loschelder, Michael/Grosch, Marcus: Praxishandbuch Know-how-Schutz, Köln 2010.

Annan, Kofi: „We the peoples" The Role of the United Nations in the 21st century, New York 2000.

Armillotta, Monica: Technology Pooling Licensing Agreements, Baden-Baden 2010.

Augustesen, Jens: Europäische Rüstungsexportkontrolle. Bestandsaufnahme aus juristisch-politikwissenschaftlicher Sicht, Berlin 1992.

Bachmann, Ernst-Udo: Begriff und Rechtsgrundlagen des Außenwirtschaftsrechts AW-Prax 2000, S. 448–450.

BAFA: Technologietransfer und Non-Proliferation, Eschborn 2016.

Bader, Johann/Ronellenfitsch, Michael: Verwaltungsverfahrensgesetz: VwVfG, München 2016.

Behera, Laxman Kumar: India's Defense Offset Policy, Strategic Analysis 33/2 (2009), S. 242–253.

Benson, Lucy W.: Turning the Supertanker: Arms Transfer Restraints, Int. Sec. 3/4 (1979), S. 3–17.

Biggs, Adam Arthur: Captain of a ship of fools on a cruel sea: How European Union leadership may sink the proposed arms trade treaty, 1 CRICLJ 2011, S. 117–139.

Biggs, Adam Arthur: Lawmakers, guns & money: How the proposed arms trade treaty can target violence by reducing small arms & light weapons transfers to non-state groups, 44 CRLR 2011, S. 1311–1355.

Bitzinger, Richard A.: The Globalization of the Arms Industry: The Next Proliferation Challenge, Int. Sec. 19/2 (1994), S. 170–198.

Bogdandy, Armin von: Europäische und nationale Steuerung des Außenhandels, in: Siedentopf, Heinrich (Hrsg.), Europäische Integration und nationalstaatliche Verwaltung, Stuttgart 1991, S. 135–154.

Bogdandy, Armin von: Die außenwirtschaftliche Genehmigung: Rechtsnatur und Rechtsfolgen, VerwArch 1992, S. 53–96.

Borchert, Heiko/Thiele, Ralph: Rüstungsindustrie im Umbruch: Schrumpfende Heimmärkte und aggressive Schwellenländer erfordern rüstungspolitischen Gestaltungswillen, ZFAS 7/2014, S. 365–387.

Brandl, Ulrike: Die Umsetzung der Sanktionsresolutionen des Sicherheitsrats in der EU, AVR 2000, S. 376–396.

Braun, Wilfried: Offene Kompetenznormen – ein geeignetes und zulässiges Regulativ im Wirtschaftsverwaltungsrecht, VerwArch 1985, S. 24–60, 158–186.

Breith, Hans Jürgen: Technologietransfer im Rahmen von Rüstungsaufträgen, Soldat und Technik 10/1994, S. 509–513.

Breunig, Alexander/Strunz, Herbert: Rüstungspolitik, Frankfurt am Main 2011.

Bryde, Brun-Otto: Außenwirtschaftsrecht, in: Schmidt, Reiner (Hrsg.), Öffentliches Wirtschaftsrecht, Besonderer Teil 2, Berlin u. a. 1996, § 14.

Brzoska, Michael: Rüstungsexportpolitik, Frankfurt am Main 1986.

Brzoska, Michael/u. a.: World military expenditure and arms production, in: SIPRI Yearbook 1985, London/Philadelphia, S. 223–286.

Brzoska, Michael/Ohlson, Thomas: The trade in major conventional weapons, in: SIPRI Yearbook 1985, London/Philadelphia 1985, S. 345–443.

Brzoska, Michael/Kühn, Ulrich: Vertrag über den Waffenhandel: Staatenkonferenz 2.– 27. Juli 2012, Vereinte Nationen 2012, S. 223–225.

Bull, Peter/Mehde, Veith: Allgemeines Verwaltungsrecht mit Verwaltungslehre, 9. Aufl., Heidelberg 2015.

Bundesamt für Wirtschaft und Ausfuhrkontrolle (Hrsg.): HADDEX Handbuch der deutschen Exportkontrolle, Band 1 Kommentierungen, 113. EL, Stand: 01/2016, Köln.

Burgstaller, Peter: Patentrecht und Technologietransfer, Wien 2009.

Calliess, Christian/Ruffert, Matthias (Hrsg.): EUV/AEUV, 5. Aufl., München 2016.

Da Silvia, Clare/Wood, Brian (Hrsg.): Weapons and International Law: The Arms Trade Treaty, Brüssel 2015.

Dawkins, Peter M.: Conventional Arms Transfers and Controls: Producer Restraints, in: Cahn, Anne/Kruzel, Joseph/Dawkins, Peter/Huntzinger, Jacques (Hrsg.), Controlling Future Arms Trade, New York u. a. 1977, S. 109–159.

Dembinski, Matthias/Schumacher, Barbara: Wie Europa dem Rüstungsexport Schranken setzt, HSFK-Report 9/2005, Frankfurt am Main 2005.

Denisentsev, Sergey/Makienko, Konstantin: The Arms Trade Treat and Russian Arms Exports: Expectations and Possible Consequences, UNIDIR Resources, Abrufbar unter: http://www.unidir.org/files/medias/pdfs/background-paper-the-arms-trade-treat-and-russian-arms-exports-expectations-and-possible-consequences-sergey-denisentsev-and-konstantin-makienko-eng-0-257.pdf, Zuletzt abgerufen am: 30.09.2016.

Dietrich, Sascha: Europäische Sicherheits- und Verteidigungspolitik (ESVP), Baden-Baden 2006.

Dunne, J. Paul/Mehmet Uye: Defence spending and development, in: Tan, Andrew T.H. (Hrsg.), The Global Arms Trade, London 2010, S. 293–305.

Ebert, Klaus Wolfgang: Rechtliche Beschränkungen des Technologietransfers im Außenwirtschaftsverkehr, Baden-Baden 1986.

Ehrenberg, Eckehart: Der deutsche Rüstungsexport, München 1981.

Ehrlich, Wolfgang: § 2 Normensystem, in: Bieneck, Klaus (Hrsg.), Handbuch des Außenwirtschaftsrechts, Köln 2005.

Eisenhut, Dominik: Europäische Rüstungskooperation, Baden-Baden 2010.

Epping, Volker: Die Außenwirtschaftsfreiheit, Tübingen 1998.

Epping, Volker: Exportfreiheit und Exportkontrolle, DWiR 1991, S. 276–285.

Epping, Volker: Grundgesetz und Kriegswaffenkontrolle, Berlin 1993.

Frank, Lewis A.: The Arms Trade in International Relations, New York u. a. 1969.

Frowein, Jochen A.: Unilateral Interpretation of Security Council Resolutions – a Treat to Collective Security?, in: Götz, Volkmar/Selmer, Peter/Wolfrum, Rüdiger (Hrsg.), Liber amoricum Günther Jaenicke – Zum 85. Geburtstag, Berlin, Heidelberg u. a. 1998, S. 97–112.

Frowein, Jochen A.: Implementation of Security Council Resolutions taken under Chapter VII in Germany, in: Gowlland-Debbas, Vera (Hrsg.), United Nations Sanctions and International Law, The Hague u. a. 2001, S. 253–265.

Frowein, Jochen A./Krisch, Nico: Germany, in: Gowlland-Debbas, National Implementation of United Nations Sanctions, Leiden 2004, S. 233–264.

Fruchart, Damien/Holtom, Paul/Wezeman, Siemon T.: United Nations Arms Embargoes – Their Impact on Arms Flows and Target Behaviour, Stockholm 2007.

Fürstenwerth, Jörg Freiherr Frank von: Ermessensentscheidungen im Außenwirtschaftsrecht, Köln u. a. 1985.

Geiger, Rudolf/Khan, Daniel-Erasmus/Kotzur, Markus: EUV/AEUV, Kommentar, 5. Aufl., München 2010.

Gimelli Sulashvili, Barbara: Multiplying the Sources: Licensed and Unlicensed Military Production, in: Berman, Eric G./Krause, Keith/LeBrun, Emile/McDonald, Glenn (Hrsg.), Small Arms Survey Yearbook 2007, Genf 2007, S. 7–37.

Glawe, Robert: Der Bundessicherheitsrat als sicherheits- und rüstungspolitisches Koordinationselement, DVBl 2012, S. 329–335.

Golich, Vicki L.: From competition to collaboration: the challenge of commercial-class aircraft manufacturing, Int. Org. 46/4 (1992), S. 899–934.

Gornig, Gilbert: Die völkerrechtliche Zulässigkeit eines Handelsembargos, JZ 1990, S. 113–123.

Gowlland-Debbas, Vera: Sanctions Regimes under Article 41 of the UN Charter, in: Gowlland-Debbas, National Implementation of United Nations Sanctions, Leiden 2004, S. 1–31.

Grabitz, Eberhard/Hilf, Meinhard: Das Recht der Europäischen Union, Altband II EWGV (Römische Fassung), 14. EL, Stand: 10/1999, München.

Grabitz, Eberhard/Hilf, Meinhard/Nettesheim, Martin: Das Recht der Europäischen Union, Band III, 59. EL, Stand: 07/2016, München.

Grabitz, Eberhard/Hilf, Meinhard: Das Recht der Europäischen Union, Band V Sekundärrecht, 40. EL, Stand: 10/2009, München.

Graf Vitzthum, Wolfang (Hrsg.): Völkerrecht, 7. Aufl., Berlin/New York 2016.

Grässlin, Jürgen: Versteck dich, wenn sie schießen, Ulm 2003.

Griebel, Björn/Leidinger, Anika: Politikforum, AW-Prax 2013, S. 152–154.

Groeben, Hans von der/Schwarze, Jürgen: Kommentar zum Vertrag über die Europäische Union und zur Gründung der Europäischen Gemeinschaft, Band 4, Art. 189–314 EGV, 6. Aufl., Baden-Baden 2003.

Großfeld, Bernhard/Junker, Abbo: Das CoCom im Internationalen Wirtschaftsrecht, Tübingen 1991.

Gruselle, Bruno/Le Meur, Pierrine: Technology transfer and the Arms Trade Treaty – Issues and Perspectives, Recherches & documents n°02/2012, S. 3–28, Paris 2012.

Haftendorn, Helga: Militärhilfe und Rüstungsexporte der BRD, Düsseldorf 1971.

Hammond, Grant T.: Countertrade, Offsets and Barter in International Political Economy, London 1990.

Harder, Marion: Kapitel 21: Außenwirtschaftsrecht (AWG, KWKG, CWÜAG), in: Wabnitz, Heinz-Bernd/Janovsky, Thomas, Handbuch des Wirtschafts- und Steuerstrafrechts, 4. Aufl., München 2014.

Hasse, Rolf: Wirtschaftliche Sanktionen als Mittel der Außenpolitik, Berlin 1977.

Heidenkamp, Henrik: Deutsche Rüstungspolitik – ein Politikfeld unter Handlungsdruck, Budrich, 2015.

Helmschrott, Helmut: Technologietransfer und industrielle Forschung und Entwicklung in der Dritten Welt, München u. a. 1986.

Herdegen, Matthias: Völkerrecht, 15. Aufl., München 2016.

Hocke, Ernst/Friedrich, Klaus (Hrsg.): Außenwirtschaftsrecht, Band 1, 192. EL, Stand: 09/2016, Heidelberg.

Hohmann, Harald: Angemessene Außenhandelsfreiheit im Vergleich, Tübingen 2002.

Hohmann, Harald/John, Klaus (Hrsg.): Kommentar zum Ausfuhrrecht, München 2002.

Holthausen, Dieter: Der kriegswaffenrechtliche Genehmigungstatbestand für die Ausfuhr, RIW 1987, S. 893–901.

Hucko, Elmar Matthias/Wagner, Jörg (Hrsg.): Außenwirtschaftsrecht Kriegswaffenkontrollrecht, Köln 2001.

Ipsen, Hans Peter: Außenwirtschaft und Außenpolitik, Stuttgart u. a. 1967.

Ipsen, Jörg: Allgemeines Verwaltungsrecht, 9. Aufl., München 2015.

Ipsen, Knut: Völkerrecht, 6. Aufl., München 2014.

Janik, Marianne: Sensitive Waren und Dienstleistungen im Lichte des europäischen Gemeinschaftsrechts, Frankfurt am Main u. a. 1995.

Jarass, Hans/Pieroth, Bodo: Grundgesetz für die Bundesrepublik Deutschland, Kommentar, 14. Aufl., München 2016.

Joecks, Wolfgang/Miebach, Klaus: Münchner Kommentar zum StGB, Bd. 7, Nebenstrafrecht II, 2. Aufl., München 2015.

Kahl, Martin/Mölling, Christian: Die „Revolution in Military Affairs" und die Bedingungen und Möglichkeiten für Rüstungskontrolle, in: Neuneck, Götz/Mölling, Christian (Hrsg.), die Zukunft der Rüstungskontrolle, Baden-Baden 2005, S. 341–353.

Karpenstein, Ulrich: Europäisches Exportkontrollrecht für Dual-Use-Güter, Stuttgart u. a. 1998.

Kempen, Bernhard/Hillgruber, Christian: Völkerrecht, 2. Aufl., München 2012.

Kirchner, Patrick: Das System der Rüstungsexportkontrolle, DVBl 2012, S. 336–343.

Klare, Michael T.: The Unnoticed Arms Trade: Exports of the Conventional Arms-Making Technology, Int. Sec. 8/2 (1983), S. 68–90.

Klenke, Carsten: Rüstungsgüter, in: Wacker, Gudrun (Hrsg.), Chinas Aufstieg: Rückkehr der Geopolitik?, SWP 2006, S. 21–26.

Knauff, Matthias: Der Regelungsverbund: Recht und Soft Law im Mehrebenensystem, Tübingen 2010.

Kokott, Juliane/Rudolf, Beate: Fritz Werner Industrieausrüstungen GmbH v. Federal Republic of Germany. Case No. C-70/94, Criminal Proceedings against Leifer, Ca. No. C-83/94, 90 AJIL 1996, S. 286–290.

Kopp/Ramsauer: Verwaltungsverfahrensgesetz, 17. Aufl., München 2016.

Kozyulin, Vadim: Transfer of Defense Technologies: Should They be Included in the ATT?, UNIDIR Resources, Abrufbar unter: www.unidir.org/files/medias/pdfs/background-paper-transfer-of-defense-technologies-should-they-beincluded-in-the-att-vadim-kozyulin-eng-0-260.pdf, Zuletzt abgerufen am 30.09.2016.

Krach, Torsten: Die Europäisierung des nationalen Außenwirtschaftsstrafrecht, Regensburg 2005.

Krieger, Heike: Die Haltung europäischer Gerichte zu Sicherheitsfragen – Kontrolldichte und richterliche Zurückhaltung in Entscheidungen von EGMR und EuGH, in: Iliopoulos-Strangas, Julia/Diggelmann, Oliver/Bauer Hartmut (Hrsg.), Rechtsstaat, Freiheit und Sicherheit in Europa, Baden-Baden 2010, S. 483–502.

Krieger, Heike: Der Sicherheitsrat als Hüter der Menschenrechte: Grund und Grenzen seiner Kompetenz, Die Friedens-Warte 81 (2006), Heft 1, S. 107–128.

Krieger, Heike: Streitkräfte im demokratischen Verfassungsstaat, Göttingen 2004.

Krökel, Michael: Die Bindungswirkung von Resolutionen des Sicherheitsrates der Vereinten Nationen gegenüber Mitgliedstaaten, Berlin 1977.

Krugmann, Michael: Der Grundsatz der Verhältnismäßigkeit im Völkerrecht, Berlin 2004.

Kulessa, Manfred: Sanctions, in: Volger, Helmut (Hrsg.), A Concise Encyclopedia of the United Nations, The Hague, 2002, S. 476–481.

Kuss, Klaus-Jürgen: Gesetzestechnische Mängel und Rechtsschutzlücken im Außenwirtschaftsrecht, Die Verwaltung 1989, S. 55–74.

Lahti, Taneli: Gegengeschäfte in Waffensystemen, Hamburg 1998.

Lehmeier, Stefan: Die Rolle der Vereinten Nationen im Rahmen der konventionellen Rüstungskontrolle und Abrüstung, in: Schorlemer, Sabine von (Hrsg.), Praxishandbuch UNO, Heidelberg 2003, S. 177–199.

Lenz, Otto/Borchardt, Klaus-Dieter (Hrsg.): EU-Verträge, 6. Aufl., Köln/Wien 2012.

Li, Hsi-Cheng/Mirmirani, Sam: Global transfer of arms technology and its impact on economic growth, Contemporary Economic Policy XVI/10 (1998), S. 486–498.

Lock, Peter/Wulf, Herbert: The Economic Consequences of the Transfer of Military-orientated Technology, in: Kaldor, Mary/Eide, Asbjørn (Hrsg.), The World Military Order, London/Basingstoke 1979, S. 210–231.

Mangoldt, Hermann von/Klein, Friedrich/Starck, Christian (Hrsg.): Kommentar zum Grundgesetz, Band 2: Artikel 20 bis 82, 6. Aufl., München 2010.

Marauhn, Thilo: Strategische Ausfuhrbeschränkungen gegenüber Drittstaaten im Lichte des Gemeinschaftsrechts, ZaöRV 1994, S. 779–812.

Marquardt, Ulf/Pluskat, Sorika: Die Kontrolle von Unternehmenserwerben nach dem novellierten AWG, DStR 2009, S. 1314–1320.

Maunz, Theodor/Dürig, Günter: Grundgesetz, Band II, Art. 6–15, 75. Aufl., München 2015.

Maunz, Theodor/Dürig, Günter: Grundgesetz, Band IV, Art. 23–53a, 75. Aufl., München 2015.

Maurer, Hartmut: Staatsrecht I, 6. Aufl., München 2010.

Meng, Werner: Neure Entwicklungen im Streit um die Jurisdiktionshoheit der Staaten im Bereich der Wettbewerbsbeschränkungen, ZaöRV 1981, S. 469–513.

Meyer, Berthold: Konfliktregelung und Friedensstrategien, Wiesbaden 2011.

Monreal, Christoph/Runte, Hermann Das aktuelle Exportkontrollrecht - ein Überblick, GewArch 2004, S. 142–148.

Mallik, Amitav: Technology and Security in the 21st Century, New York 2004.

Mölling, Christian: Für eine sicherheitspolitische Begründung deutscher Rüstungsexporte, SWP-Aktuell 66, Berlin 2013.

Moltmann, Bernhard: Rüstungsexporte: richtig oder falsch? Plädoyer für eine ethische Urteilsbildung, Frankfurt 2006.

Moltmann, Bernhard: Die Zange, die nicht kneift, HSFK-Report Nr. 3/2012, Frankfurt am Main 2012.

Muchlinski, Peter: Multinational Enterprises and the Law, Oxford/Cambridge 1995.

Münch, Ingo von/Kunig, Philip (Hrsg.): Grundgesetz, Kommentar, Band 2: Art. 70 bis 146, 6. Aufl., München 2012.

Mützenich, Rolf/Karádi, Matthias Z.: Die Zukunft der Rüstungskontrolle: Perspektiven bei der Implementierung und Verifikation, in: Neuneck, Götz/Mölling, Christian (Hsrg.), Die Zukunft der Rüstungskontrolle, Baden-Baden 2005, S. 323–337.

Neuneck, Götz/Mutz, Reinhard: Vorbeugende Rüstungskontrolle, Baden-Baden 2000.

Niedermeier, Ursula: Risiken des DU-Exportkontrollrechts für deutsche Unternehmen, in: Ehlers, Dirk/Wolffgang, Hans-Michael/Lechleitner, Marc (Hrsg.), Risikomanagement im Exportkontrollrecht, Heidelberg 2004, S. 207–237.

Nünlist, Christian: Die Weiterverbreitung fortgeschrittener Waffensysteme, CSS 2013, Nr. 145, S. 1–4.

Oeter, Stefan: Neue Wege der Exportkontrolle im Bereich der Rüstungsgüter: Überlegungen zur laufenden Reform des Außenwirtschaftsrechts, ZRP 1992, S. 49–55.

Oeter, Stefan: Neutralität und Waffenhandel, Berlin 1992.

Pankratz, Thomas: Möglichkeiten und Grenzen einer europäischen Rüstungskooperation, Frankfurt am Main 2002.

Pant, Harsh V.: Indian Defense Policy at a Crossroads, Asia-Pacific Review 17/1 (2010), S. 124–144.

Parker, Christopher S.: New Weapons for Old Problems, Int. Sec. 23/4 (1999), S. 119–147.

Paschke, Marian/Graf, Christian/Olbrisch, Arne (Hrsg.): Hamburger Handbuch des Exportrechts, 2. Aufl., München 2014.

Pausenberger, Ehrenfried: Internationalisierungsstrategien industrieller Unternehmen, in: Dichtl, Erwin/Issing, Otmar (Hrsg.), Exportnation Deutschland, München 1992, S. 200–220.

Pechstein, Matthias: Die Intergouvernementalität der GASP nach Lissabon, JZ 2010, S. 425–432.

Petermann, Thomas/Socher, Martin/Wennrich, Christian: Präventive Rüstungskontrolle bei Neuen Technologien, Berlin 1997.

Plettenberg, Lars: Die Entwicklung des Rüstungsexports in Deutschland seit der Wiedervereinigung, Hamburg 2014.

Pottmeyer, Klaus: Kriegswaffenkontrollgesetz (KWKG), Kommentar, Köln u. a. 1994.

Pottmeyer, Klaus/Sinnwell, Wolfram A.: Der Ausfuhrverantwortliche im Außenwirtschafts- und Kriegswaffenkontrollrecht, DWiR 1991, S. 133–139.

Ranau, Jörg: „Arms Trade Treaty" und internationale Entwicklungen, AW-Prax 2013, S. 154–156.

Ramsay, John T.: Ramsay on technology transfer, Markham, Ontario 2013.

Ress, Hans-Konrad: Das Handelsembargo, Berlin u. a. 2000.

Reuter, Alexander: Außenwirtschafts- und Exportkontrollrecht Deutschland/Europäische Union, München 1995.

Reuter, Alexander: Nationale Exportkontrollen und EU-Recht, RIW 9/1996, S. 719–721.

Richter, Thilo: Die Rüstungsindustrie im europäischen Gemeinschaftsrecht, Baden-Baden 2007.

Rodriquez, Elizabeth: The Technology Transfer Law Handbook, Chicago 2014.

Roeser, Thomas: Völkerrechtliche Aspekte des internationalen Handels mit konventionellen Waffen, Berlin 1986.

Rosiny, Stephan: Außenwirtschaftsrechtliche Beschränkungen des Technologietransfers, RIW 9/1990, S. 702–707.

Rüsken, Reinhart (Hrsg.): Außenwirtschaftsgesetz – Kommentar, Bonn 2014.

Sachs, Michael: Grundgesetz, Kommentar, 7. Aufl., München 2014.

Sachs, Michael: Verfassungsrecht II, Grundrechte, 2. Aufl., Heidelberg 2003.

Schaller, Christian: Internationales Sanktionsmanagement im Rahmen von Art. 41 UN-Charta, Baden-Baden 2003.

Schmidt, Christian: Europäische und Transatlantische Rüstungskooperation aus politischer Sicht, in: Huber, Reiner/Lange, Klaus/McDonald, Daniel F./Meimeth, Michael (Hrsg.): European and Transatlantic Armaments Cooperation, München 2008, S. 13–20.

Schmidt-Bleibtreu, Bruno/Hofmann, Hans/Hopfauf, Axel (Hrsg.): Kommentar zum Grundgesetz, 13. Aufl., Köln 2014.

Schneider, Henning C.: Wirtschaftssanktionen, Berlin 1999.

Schotten, Gregor: Wirtschaftssanktionen der Vereinten Nationen im Umfeld bewaffneter Konflikte, Berlin 2007.

Schwarze, Jürgen (Hrsg.): EU-Kommentar, 3. Aufl., Baden-Baden 2012.

Senti, Richard: GATT: Allgemeines Zoll- und Handelsabkommen als System der Welthandelsordnung, Zürich 1986.

Simma, Bruno: Charta der Vereinten Nationen, München 1991.

Simma, Bruno/Khan, Daniel-Erasmus/Nolte, Georg/Paulus, Andreas: The Charta of the United Nations, Vol. II, 3. Aufl., Oxford 2012.

Sinnwell, Wolfram: Die Aufgaben des Ausfuhrverantwortlichen im Unternehmen, in: Bebermeyer, Hartmut (Hrsg.), Deutsche Ausfuhrkontrolle, Bonn 1992, S. 121–127.

Stein, Torsten/von Buttlar, Christiane: Völkerrecht, 13. Aufl., München 2012.

Stelkens, Paul/Bonk, Joachim/Sachs, Michael (Hrsg.): VwVfG, Kommentar, 8. Aufl., München 2014.

Stoll, Peter-Tobias: Technologietransfer Internationalisierungs- und Nationalisierungstendenzen, Berlin u.a 1994.

Stumpf, Herbert/Groß, Michael: Der Lizenzvertrag, Frankfurt am Main 2005.

Streinz, Rudolf (Hrsg.): EUV/AEUV, 2. Aufl., München 2012.

Sumer, Murat/Chuah, Jason: Emerging legal challenges for countertrade techniques in international trade, Int.T.L.R. 2007, 13(6), 111,-124.

Susanek, Alexander: Lieferbeziehungen, Lizenzvereinbarungen und Kaufoptionen als Instrument zur Gestaltung effizienter Investitionsanreize in Joint Ventures, Berlin 2007.

Tietje, Christian: Internationales Wirtschaftsrecht, Berlin 2009.

Trybus, Martin: The EC treaty as an instrument of European defence integration: judicial scrutiny of defence and security exceptions, CML Rev 39/2002, S. 1347–1372.

Udis, Bernard: Offsets and International Industrial Participation, in: Bitzinger, Richard A. (Hrsg.), The Modern Defense Industry, Santa Barbara u. a. 2009, S. 257–271.

Unser, Günther: Die UNO, Juli 2003.

Vedder, Christoph/Heintschel von Heinegg, Wolff (Hrsg.): Europäisches Unionsrecht, Kommentar, Baden-Baden 2011.

Verdross, Alfred/Simma, Bruno: Universelles Völkerrecht, Berlin 1984.

Voland, Thomas: „Wellnesskur“ für das Außenwirtschaftsrecht: Überblick über die AWG-Novelle, GWR 2013, S. 264–267.

Vollbrecht, Albert: Warenverkehrslenkung nach dem Außenwirtschaftsgesetz im Rahmen des Europäischen Gemeinschaftsrechts, Heidelberg 1987.

Wagner, Markus: Die wirtschaftlichen Maßnahmen des Sicherheitsrates nach dem 11. September 2001 im völkerrechtlichen Kontext – Von Wirtschaftssanktionen zur Wirtschaftsgesetzgebung?, ZaöRV 2003, S. 879–920.

Wamers, Paul: Illegaler Technologietransfer, Lübeck u. a. 1996.

Weber, Martin: Grundlagen des Außenwirtschaftsrechts, JA 1990, S. 73–80.

Weiss, Thomas G./Daws, Sam: The United Nations, New York 2007.

Weith, Nils/Wegner, Christof/Ehrlich, Wolfgang: Grundzüge der Exportkontrolle, Köln 2006.

Wendling, Karl: Neuerungen im Außenwirtschaftsrecht, AW-Prax 2013, S. 157–159.

Werthes, Sascha: Probleme und Perspektiven von Sanktionen als politisches Instrument der Vereinten Nationen, Münster u. a. 2003.

Wessels, Jörg: Die neuen Politischen Grundsätze, AW-Prax 2000, S. 181–183.

Wezeman, Siemon T.: The global arms trade after the Cold War, in: Tan, Andrew T.H. (Hrsg.), The Global Arms Trade, London 2010, S. 193–207.

Wild, Johannes: Die rüstungsexportpolitischen Entscheidungen der Bundesregierung, Hamburg 2013.

Wisotzki, Simone: Kleinwaffen ohne Grenzen, HSFK-Report 15/2005, Frankfurt am Main 2005.

Wisotzki, Simone: Rüstungsexporte unter verschärfter Kontrolle?, HSFK-Report 6/2013, Frankfurt am Main 2013.

Wolffgang, Hans-Michael: Europäisches Exportkontrollrecht, DVBl 1996, S. 277–286.

Wolffgang, Hans-Michael/Hölscher, Christoph: Das Wassenaar-Arrangement im Kontext des Internationalen Wirtschafts- und Völkerrechts, in: Hübner, Ulrich/Ebke, Werner F., Festschrift für Bernhard Großfeld zum 65. Geburtstag, Heidelberg 1999, S. 1329–1356.

Wolffgang, Hans-Michael/Simonsen, Olaf: Know-how-Transfer in Wirtschaft und Wissenschaft, in: Ehlers, Dirk/Wolffgang, Hans-Michael/Lechleitner, Marc (Hrsg.), Risikomanagement im Exportkontrollrecht, Heidelberg 2004, S. 107–112.

Wolffgang, Hans-Michael/Simonsen, Olaf (Hrsg.): AWR-Kommentar, Bd. 1, 43. EL, Stand: 03/2015, Köln.

Wolffgang, Hans-Michael/Simonsen, Olaf (Hrsg.): AWR-Kommentar, Bd. 2, 43. EL, Stand: 03/2015, Köln.

Wolfrum, Rüdiger/Philipp, Christiane: Handbuch Vereinte Nationen, München 1991.

Yihdego, Zeray: The UK arms export regime: progress and challenges, P.L. 2008, S. 546–565.

Zähle, Kai: Der Bundessicherheitsrat, Der Staat 2005, S. 462–482.

Anhang: Politische Grundsätze der Bundesregierung für den Export von Kriegswaffen und sonstigen Rüstungsgütern[736]

In dem Bestreben,

- ihre Rüstungsexportpolitik restriktiv zu gestalten,
- im Rahmen der internationalen und gesetzlichen Verpflichtungen der Bundesrepublik Deutschland den Export von Rüstungsgütern am Sicherheitsbedürfnis und außenpolitischen Interesse der Bundesrepublik Deutschland zu orientieren,
- durch seine Begrenzung und Kontrolle einen Beitrag zur Sicherung des Friedens, der Gewaltprävention, der Menschenrechte und einer nachhaltigen Entwicklung in der Welt zu leisten,
- dementsprechend auch die Beschlüsse internationaler Institutionen zu berücksichtigen, die eine Beschränkung des internationalen Waffenhandels unter Abrüstungsgesichtspunkten anstreben,
- darauf hinzuwirken, solchen Beschlüssen Rechtsverbindlichkeit auf internationaler Ebene, einschließlich auf europäischer Ebene, zu verleihen,

hat die Bundesregierung ihre Grundsätze für den Export von Kriegswaffen und sonstigen Rüstungsgütern wie folgt neu beschlossen:

I. Allgemeine Prinzipien

1. Die Bundesregierung trifft ihre Entscheidungen nach dem Gesetz über die Kontrolle von Kriegswaffen (KWKG) und dem Außenwirtschaftsgesetz (AWG) über Exporte von Kriegswaffen[737] und sonstigen Rüstungsgütern[738] in Übereinstimmung mit dem von dem Rat der Europäischen Union (EU) angenommenen „Verhaltenskodex der Europäischen Union für Waffenausfuhren" vom

736 Auch abrufbar unter: https://www.bmwi.de/Redaktion/DE/Downloads/A/aussenwirtschaftsrecht-grundsaetze.html, zuletzt abgerufen am 16.09.2016.

737 In der Kriegswaffenliste (Anlage zum KWKG) aufgeführte Waffen (komplette Waffen sowie als Waffen gesondert erfasste Teile).

738 Waren des Abschnitts A in Teil I der Ausfuhrliste – Anlage zur AWV – mit Ausnahme der Kriegswaffen.

8. Juni 1998 bzw. etwaigen Folgeregelungen[739] sowie den von der Organisation für Sicherheit und Zusammenarbeit in Europa (OSZE) am 25. November 1993 verabschiedeten „Prinzipien zur Regelung des Transfers konventioneller Waffen". Die Kriterien des EU-Verhaltenskodex sind integraler Bestandteil dieser Politischen Grundsätze. Soweit die nachfolgenden Grundsätze im Verhältnis zum EU-Verhaltenskodex restriktivere Maßstäbe vorsehen, haben sie Vorrang.

2. Der Beachtung der Menschenrechte im Bestimmungs- und Endverbleibsland wird bei den Entscheidungen über Exporte von Kriegswaffen und sonstigen Rüstungsgütern besonderes Gewicht beigemessen.
3. Genehmigungen für Exporte von Kriegswaffen und sonstigen Rüstungsgütern werden grundsätzlich nicht erteilt, wenn hinreichender Verdacht besteht, dass diese zur internen Repression im Sinne des EU-Verhaltenskodex für Waffenausfuhren oder zu sonstigen fortdauernden und systematischen Menschenrechtsverletzungen missbraucht werden. Für diese Frage spielt die Menschenrechtssituation im Empfängerland eine wichtige Rolle.
4. In eine solche Prüfung der Menschenrechtsfrage werden Feststellungen der EU, des Europarates, der Vereinten Nationen (VN), der OSZE und anderer internationaler Gremien einbezogen. Berichte von internationalen Menschenrechtsorganisationen werden ebenfalls berücksichtigt.
5. Der Endverbleib der Kriegswaffen und sonstigen Rüstungsgütern ist in wirksamer Weise sicherzustellen.

II. NATO-Länder[740], EU-Mitgliedstaaten, NATO-gleichgestellte Länder[741]

1. Der Export von Kriegswaffen und sonstigen Rüstungsgütern in diese Länder hat sich an den Sicherheitsinteressen der Bundesrepublik Deutschland im Rahmen des Bündnisses und der EU zu orientieren.
   Er ist grundsätzlich nicht zu beschränken, es sei denn, dass aus besonderen politischen Gründen in Einzelfällen eine Beschränkung geboten ist.
2. Kooperationen sollen im bündnis- und/oder europapolitischen Interesse liegen. Bei Koproduktionen mit in Ziffer II. genannten Ländern, die Gegenstand von Regierungsvereinbarungen sind, werden diese rüstungsexportpolitischen Grundsätze soweit wie möglich verwirklicht. Dabei wird die Bundesregierung unter Beachtung ihres besonderen Interesses an Kooperationsfähigkeit auf

739 Der GEMEINSAME STANDPUNKT 2008/944/GASP DES RATES vom 8. Dezember 2008 über gemeinsame Regeln für die Kontrolle der Ausfuhr von Militärtechnologie und Militärgütern ist als Anlage beigefügt.

740 Geltungsbereich des NATO-Vertrages, Artikel 6.

741 Australien, Japan, Neuseeland, Schweiz.

Einwirkungsmöglichkeiten bei Exportvorhaben von Kooperationspartnern nicht verzichten (Ziffer II.3).

3. Die exportpolitischen Konsequenzen einer Kooperation sind rechtzeitig vor Vereinbarung gemeinsam zu prüfen.
   In jedem Fall behält sich die Bundesregierung zur Durchsetzung ihrer rüstungsexportpolitischen Grundsätze vor, bestimmten Exportvorhaben des Kooperationspartners im Konsultationswege entgegenzutreten. Deshalb ist bei allen neu abzuschließenden Kooperationsvereinbarungen für den Fall des Exports durch das Partnerland grundsätzlich ein solches Konsultationsverfahren anzustreben, das der Bundesregierung die Möglichkeit gibt, Einwendungen wirksam geltend zu machen. Die Bundesregierung wird hierbei sorgfältig zwischen dem Kooperationsinteresse und dem Grundsatz einer restriktiven Rüstungsexportpolitik unter Berücksichtigung des Menschenrechtskriteriums abwägen.
4. Vor Exporten von Kriegswaffen und sonstigen Rüstungsgütern, bei denen deutsche Zulieferungen Verwendung finden, prüfen AA, BMWi und BMVg unter Beteiligung des Bundeskanzleramtes, ob im konkreten Einzelfall die Voraussetzungen für die Einleitung von Konsultationen vorliegen.
   Einwendungen der Bundesregierung gegen die Verwendung deutscher Zulieferungen werden – in der Regel nach Bundessicherheitsrats-Befassung – z. B. in folgenden Fällen geltend gemacht:
   - Exporte in Länder, die in bewaffnete Auseinandersetzungen verwickelt sind, sofern nicht ein Fall des Artikels 51 der VN-Charta vorliegt,
   - Exporte in Länder, in denen ein Ausbruch bewaffneter Auseinandersetzung droht oder bestehende Spannungen und Konflikte durch den Export ausgelöst, aufrechterhalten oder verschärft würden,
   - Exporte bei denen hinreichender Verdacht besteht, dass sie zur internen Repression im Sinne des EU-Verhaltenskodex für Waffenausfuhren oder zu sonstigen fortdauernden und systematischen Menschenrechtsverletzungen missbraucht werden,
   - Exporte, durch die wesentliche Sicherheitsinteressen der Bundesrepublik Deutschland gefährdet werden,
   - Exporte, welche die auswärtigen Beziehungen zu Drittländern so erheblich belasten würden, dass selbst das eigene Interesse an der Kooperation und an der Aufrechterhaltung guter Beziehungen zum Kooperationspartner zurückstehen muss.

Einwendungen werden nicht erhoben, wenn direkte Exporte im Hinblick auf die unter Ziffer III. 4–7 angestellten Erwägungen voraussichtlich genehmigt würden.

5. Für die Zusammenarbeit zwischen deutschen und Unternehmen der in Ziffer II. genannten Länder, die nicht Gegenstand von Regierungsvereinbarungen ist, sind Zulieferungen, entsprechend der Direktlieferung in diese Länder, unter Beachtung der allgemeinen Prinzipien grundsätzlich nicht zu beschränken. Die Bundesregierung wird jedoch in gleicher Weise wie bei Kooperationen, die Gegenstand von Regierungsvereinbarungen sind, auf Exporte aus industriellen Kooperationen Einfluss nehmen.
   Zu diesem Zweck wird sie verlangen, dass sich der deutsche Kooperationspartner bei Zulieferung von Teilen, die nach Umfang oder Bedeutung für eine Kriegswaffe wesentlich sind, vertraglich in die Lage versetzt, der Bundesregierung rechtzeitig die nötigen Informationen über Exportabsichten seiner Partner geben zu können und vertragliche Endverbleibsklauseln vorzusehen.
6. Für deutsche Zulieferungen von Teilen (Einzelteilen oder Baugruppen), die Kriegswaffen oder sonstige Rüstungsgüter sind, ist das Kooperationspartnerland ausfuhrrechtlich Käufer- und Verbrauchsland. Wenn diese Teile durch festen Einbau in das Waffensystem integriert werden, begründet die Verarbeitung im Partnerland ausfuhrrechtlich einen neuen Warenursprung.

III. Sonstige Länger

1. Der Export von Kriegswaffen und sonstigen Rüstungsgütern in andere als in Ziffer II. genannte Länder wird restriktiv gehandhabt. Er darf insbesondere nicht zum Aufbau zusätzlicher, exportspezifischer Kapazitäten führen. Die Bundesregierung wird von sich aus keine privilegierenden Differenzierungen nach einzelnen Ländern oder Regionen vornehmen.
2. Der Export von Kriegswaffen (nach KWKG und AWG genehmigungspflichtig) wird nicht genehmigt, es sei denn, dass im Einzelfall außen- oder sicherheitspolitische Interessen der Bundesrepublik Deutschland unter Berücksichtigung der Bündnisinteressen für eine ausnahmsweise zu erteilende Genehmigung sprechen. Beschäftigungspolitische Gründe dürfen keine ausschlaggebende Rolle spielen.
3. Für den Export sonstiger Rüstungsgüter (nach dem AWG genehmigungspflichtig) werden Genehmigungen nur erteilt, soweit die im Rahmen der Vorschriften des Außenwirtschaftsrechts zu schützende Belange der Sicherheit, des friedlichen Zusammenlebens der Völker oder der auswärtigen Beziehungen nicht gefährdet sind.

In diesen Fällen überwiegen diese Schutzzwecke das volkswirtschaftliche Interesse im Sinne von § 3 Abs. 1 AWG.

4. Genehmigungen für Exporte nach dem KWKG und/oder AWG kommen nicht in Betracht, wenn die innere Lage des betreffenden Landes dem entgegensteht, z. B. bei bewaffneten internen Auseinandersetzungen und bei hinreichendem Verdacht des Missbrauchs zu innerer Repression oder zu fortdauernden und systematischen Menschenrechtsverletzungen. Für diese Frage spielt die Menschenrechtssituation im Empfängerland eine wichtige Rolle.
5. Die Lieferung von Kriegswaffen und kriegswaffennahen[742] sonstigen Rüstungsgütern wird nicht genehmigt in Länder,
   - die in bewaffnete Auseinandersetzungen verwickelt sind oder wo eine solche droht,
   - in denen ein Ausbruch bewaffneter Auseinandersetzung droht oder bestehende Spannungen und Konflikte durch den Export ausgelöst, aufrechterhalten oder verschärft würden.

   Lieferungen an Länder, die sich in bewaffneten äußeren Konflikten befinden oder bei denen eine Gefahr für den Ausbruch solcher Konflikte besteht, scheiden deshalb grundsätzlich aus, sofern nicht ein Fall des Artikels 51 der VN-Charta vorliegt.
6. Bei der Entscheidung über die Genehmigung des Exports von Kriegswaffen und sonstigen Rüstungsgütern wird berücksichtigt, ob die nachhaltige Entwicklung des Empfängerlandes durch unverhältnismäßige Rüstungsausgaben ernsthaft beeinträchtigt wird.
7. Ferner wird das bisherige Verhalten des Empfängerlandes im Hinblick auf
   - die Unterstützung oder Förderung des Terrorismus und der international organisierten Kriminalität,
   - die Einhaltung internationaler Verpflichtungen, insbesondere des Gewaltverzichts, einschließlich der Verpflichtungen aufgrund des für internationale und nicht-internationale Konflikte geltenden humanitären Völkerrechts,
   - die Übernahme von Verpflichtungen im Bereich der Nichtverbreitung sowie in anderen Bereichen der Rüstungskontrolle und der Abrüstung, insbesondere die Unterzeichnung, Ratifizierung und Durchführung der im EU-Verhaltenskodex für Waffenausfuhren aufgeführten Rüstungskontroll- und Abrüstungsvereinbarungen,
   - seine Unterstützung des VN-Waffenregisters, berücksichtigt.

742 Anlagen und Unterlagen zur Herstellung von Kriegswaffen.

IV. Sicherung des Endverbleibs

1. Genehmigungen für den Export von Kriegswaffen und sonstigen Rüstungsgütern werden nur erteilt, wenn zuvor der Endverbleib dieser Güter im Endempfängerland sichergestellt ist. Dies setzt in der Regel eine entsprechende schriftliche Zusicherung des Endempfängers sowie weitere geeignete Dokumente voraus.
2. Lieferungen von Kriegswaffen sowie sonstigen Rüstungsgütern, die nach Umfang oder Bedeutung für eine Kriegswaffe wesentlich sind, dürfen nur bei Vorliegen von amtlichen Endverbleibserklärungen, die ein Reexportverbot mit Erlaubnisvorbehalt enthalten, genehmigt werden. Dies gilt entsprechend für Exporte von kriegswaffennahen sonstigen Rüstungsgütern, die im Zusammenhang mit einer Lizenzvergabe stehen. Für die damit hergestellten Kriegswaffen sind wirksame Endverbleibsregelungen zur Voraussetzung zu machen.
   An die Fähigkeit des Empfängerlandes, wirksame Ausfuhrkontrollen durchzuführen, ist ein strenger Maßstab anzulegen.
3. Kriegswaffen und kriegswaffennahe sonstige Rüstungsgüter dürfen nur mit dem schriftlichen Einverständnis der Bundesregierung in dritte Länder reexportiert bzw. im Sinne des EU-Binnenmarktes verbracht werden.
4. Ein Empfängerland, das entgegen einer abgegebenen Endverbleibserklärung den Weiterexport von Kriegswaffen oder kriegswaffennahen sonstigen Rüstungsgütern genehmigt oder einen ungenehmigten derartigen Export wissentlich nicht verhindert hat oder nicht sanktioniert, wird bis zur Beseitigung dieser Umstände grundsätzlich von einer Belieferung mit weiteren Kriegswaffen und kriegswaffennahen sonstigen Rüstungsgütern ausgeschlossen.

V. Rüstungsexportbericht

Die Bundesregierung legt dem Deutschen Bundestag jährlich einen Rüstungsexportbericht vor, in dem die Umsetzung der Grundsätze der deutschen Rüstungsexportpolitik im abgelaufenen Kalenderjahr aufgezeigt sowie die von der Bundesregierung erteilten Exportgenehmigungen für Kriegswaffen und sonstige Rüstungsgüter im Rahmen der gesetzlichen Bestimmungen aufgeschlüsselt werden.

Anlage zu den „Politischen Grundsätzen der Bundesregierung für den Export von Kriegswaffen und sonstigen Rüstungsgütern" vom 19. Januar 2000

GEMEINSAMER STANDPUNKT 2008/944/GASP DES RATES
vom 8. Dezember 2008
betreffend gemeinsame Regeln für die Kontrolle der Ausfuhr von Militärtechnologie und Militärgütern
(in Anwendung von Titel V des EU-Vertrags erlassene Rechtsakte)
(Amtsblatt der Europäischen Union L 335/99)

DER RAT DER EUROPÄISCHEN UNION –

gestützt auf den Vertrag über die Europäische Union, insbesondere auf Artikel 15,

in Erwägung nachstehender Gründe:

(1) Die Mitgliedstaaten beabsichtigen, die vom Europäischen Rat auf seinen Tagungen in Luxemburg und Lissabon in den Jahren 1991 und 1992 vereinbarten gemeinsamen Kriterien und den vom Rat 1998 angenommenen EU-Verhaltenskodex für Waffenexporte als Grundlage zu nutzen.

(2) Die Mitgliedstaaten erkennen die besondere Verantwortung der Militärtechnologie und Militärgüter exportierenden Staaten an.

(3) Die Mitgliedstaaten wollen mit Entschlossenheit hohe gemeinsame Maßstäbe setzen, die als Mindeststandards für die beim Transfer von Militärtechnologie und Militärgütern von allen Mitgliedstaaten zu befolgende zurückhaltende Praxis angesehen werden sollten, und den Austausch relevanter Informationen verstärken, um größere Transparenz zu erreichen.

(4) Die Mitgliedstaaten wollen mit Entschlossenheit verhindern, dass Militärtechnologie und Militärgüter ausgeführt werden, die zu interner Repression oder internationaler Aggression eingesetzt werden könnten oder zu regionaler Instabilität beitragen könnten.

(5) Die Mitgliedstaaten wollen die Zusammenarbeit verstärken und die Konvergenz auf dem Gebiet der Ausfuhr von Militärtechnologie und Militärgüter im Rahmen der Gemeinsamen Außen- und Sicherheitspolitik (GASP) fördern.

(6) Ergänzend sind die mit dem EU-Programm zur Verhütung und Bekämpfung des illegalen Handels mit konventionellen Waffen Maßnahmen gegen unerlaubte Transfers eingeleitet worden.

(7) Der Rat hat am 12. Juli 2002 die Gemeinsame Aktion 2002/589/GASP[743] betreffend den Beitrag der Europäischen Union zur Bekämpfung der destabilisierenden Anhäufung und Verbreitung von Handfeuerwaffen und leichten Waffen angenommen.

(8) Der Rat hat am 23. Juni 2003 den Gemeinsamen Standpunkt 2003/468/GASP[744] betreffend die Überwachung von Waffenvermittlungstätigkeiten angenommen.

(9) Der Europäische Rat hat im Dezember 2003 eine Strategie gegen die Verbreitung von Massenvernichtungswaffen und im Dezember 2005 eine Strategie zur Bekämpfung der Anhäufung von Kleinwaffen und leichten Waffen und dazugehöriger Munition sowie des unerlaubten Handels damit angenommen, die ein erhöhtes Interesse der Mitgliedstaaten der Europäischen Union an einer koordinierten Herangehensweise an die Kontrolle der Ausfuhr von Militärtechnologie und Militärgütern bedingen.

(10) Im Jahr 2001 wurde das Aktionsprogramm der Vereinten Nationen zur Verhütung, Bekämpfung und Beseitigung des unerlaubten Handels mit Kleinwaffen und leichten Waffen unter allen Aspekten angenommen,

(11) 1992 wurde das Register der Vereinten Nationen für konventionelle Waffen eingerichtet.

(12) Die Staaten haben im Einklang mit dem durch die VN-Charta anerkannten Recht auf Selbstverteidigung das Recht, Mittel zur Selbstverteidigung zu transferieren.

(13) Der Wunsch der Mitgliedstaaten, eine Rüstungsindustrie als Teil ihrer industriellen Basis wie auch ihrer Verteidigungsanstrengungen aufrechtzuerhalten, wird anerkannt.

(14) Die Stärkung einer europäischen industriellen und technologischen Verteidigungsbasis, die zur Umsetzung der Gemeinsamen Außen- und Sicherheitspolitik und insbesondere der Europäischen Sicherheits- und Verteidigungspolitik beiträgt, sollte mit Zusammenarbeit und Konvergenz im Bereich der Militärtechnologie und der Militärgüter einhergehen.

(15) Die Mitgliedstaaten wollen die Politik der Europäischen Union zur Kontrolle der Ausfuhr von Militärtechnologie und Militärgütern durch die Annahme dieses Gemeinsamen Standpunkts, der den vom Rat am 8. Juni 1998 angenommenen Verhaltenskodex der Europäischen Union für Waffenausfuhren aktualisiert und ersetzt, verstärken.

---

743 ABl. L 191 vom 19.07.2002, S. 1.

744 ABl. L 156 vom 25.06.2003, S. 79.

(16) Der Rat hat am 13. Juni 2000 die Gemeinsame Militärgüterliste der Europäischen Union angenommen, die regelmäßig überarbeitet wird, wobei gegebenenfalls entsprechende nationale und internationale Listen berücksichtigt werden[745].

(17) Die Union muss gemäß Artikel 3 Absatz 2 des Vertrag [sic] auf die Kohärenz aller von ihr ergriffenen außenpolitischen Maßnahmen im Rahmen ihrer Außenpolitik achten; diesbezüglich nimmt der Rat Kenntnis von dem Vorschlag der Kommission zur Änderung der Verordnung (EG) Nr. 1334/2000 des Rates vom 22. Juni 2000 über eine Gemeinschaftsregelung für die Kontrolle der Ausfuhr von Gütern und Technologien mit doppeltem Verwendungszweck[746] –

HAT FOLGENDEN GEMEINSAMEN STANDPUNKT ANGENOMMEN:

Artikel 1

(1) Jeder Mitgliedstaat prüft die ihm vorgelegten Anträge auf Ausfuhrgenehmigung für Gegenstände der in Artikel 12 genannten Gemeinsamen Militärgüterliste der EU in jedem Einzelfall anhand der Kriterien nach Artikel 2.

(2) Die in Absatz 1 genannten Anträge auf Ausfuhrgenehmigung umfassen Folgendes:
- Genehmigungsanträge für tatsächliche Ausfuhren, auch wenn diese zum Zwecke der Lizenzproduktion von Militärgütern in Drittländern erfolgen;
- Anträge auf Lizenzen für Waffenvermittlertätigkeiten;
- Anträge auf Lizenzen für „Durchfuhr" oder „Umladung";
- Lizenzanträge für immaterielle Software- und Technologietransfers, z. B. mittels elektronischer Medien, Fax oder Telefon.

In den Rechtsvorschriften der Mitgliedstaaten wird festgelegt, in welchen Fällen eine Ausfuhrgenehmigung für diese Anträge erforderlich ist.

Artikel 2
Kriterien

(1) Kriterium 1: Einhaltung der internationalen Verpflichtungen der Mitgliedstaaten, insbesondere der vom VN-Sicherheitsrat oder der Europäischen Union verhängten Sanktionen, der Übereinkünfte zur Nichtverbreitung und anderen Themen sowie sonstiger internationaler Verpflichtungen

745 Zuletzt geändert am 10. März 2008, ABl. C 98 vom 18.04.2008, S. 1.
746 ABl. L159 vom 30.06.2000, S. 1.

Eine Ausfuhrgenehmigung wird verweigert, wenn ihre Erteilung im Widerspruch stünde unter anderem zu

a) den internationalen Verpflichtungen der Mitgliedstaaten sowie ihren Verpflichtungen zur Durchsetzung von Waffenembargos der Vereinten Nationen, der Europäischen Union oder der Organisation für Sicherheit und Zusammenarbeit in Europa;
b) den internationalen Verpflichtungen der Mitgliedstaaten aus dem Vertrag über die Nichtverbreitung von Kernwaffen, dem Übereinkommen über biologische und Toxinwaffen und dem Chemiewaffenübereinkommen;
c) der Verpflichtung der Mitgliedstaaten, keinerlei Antipersonenminen auszuführen;
d) den Verpflichtungen der Mitgliedstaaten im Rahmen der Australischen Gruppe, des Trägertechnologie-Kontrollregimes, des Zangger-Ausschusses, der Gruppe der Kernmaterial-Lieferländer (NSG), des Wassenaar-Arrangements und des Haager Verhaltenskodex gegen die Proliferation ballistischer Raketen.

(2) Kriterium 2: Achtung der Menschenrechte und des humanitären Völkerrechts durch das Endbestimmungsland

- Die Mitgliedstaaten bewerten die Haltung des Empfängerlandes zu den einschlägigen Grundsätzen der internationalen Menschenrechtsübereinkünfte und
  a) verweigern eine Ausfuhrgenehmigung, wenn eindeutig das Risiko besteht, dass die Militärtechnologie oder die Militärgüter, die zur Ausfuhr bestimmt sind, zur internen Repression benutzt werden könnten;
  b) lassen besondere Vorsicht und Wachsamkeit bei der Erteilung von Ausfuhrgenehmigungen an Länder walten, in denen von den zuständigen Gremien der Vereinten Nationen, der Europäischen Union oder des Europarates schwerwiegende Menschenrechtsverletzungen festgestellt wurden, und nehmen dabei eine Einzelfallprüfung unter Berücksichtigung der Art der Militärtechnologie oder der Militärgüter vor.

Hierfür gelten als Militärtechnologie oder Militärgüter, die zu interner Repression benutzt werden könnten, unter anderem Militärtechnologie oder Militärgüter, die vom angegebenen Endverwender in dieser oder einer ähnlichen Form nachweislich zu interner Repression benutzt worden sind oder bei denen Grund zu der Annahme besteht, dass sie an der angegebenen Endverwendung bzw. am angegebenen Endverwender vorbeigeleitet werden und zu interner Repression genutzt werden. Gemäß Artikel 1 ist die Art der Militärtechnologie oder der

Militärgüter sorgfältig zu prüfen, insbesondere wenn sie für Zwecke der inneren Sicherheit bestimmt sind. Interne Repression umfasst unter anderem Folter sowie andere grausame, unmenschliche und erniedrigende Behandlung oder Bestrafung, willkürliche oder Schnell-Hinrichtungen, das Verschwindenlassen von Personen, willkürliche Verhaftungen und andere schwere Verletzungen der Menschenrechte und Grundfreiheiten, wie sie in den einschlägigen Menschenrechtsübereinkünften, einschließlich der Allgemeinen Erklärung der Menschenrechte und des Internationalen Pakts über bürgerliche und politische Rechte, niedergelegt sind.

- Die Mitgliedstaaten bewerten die Haltung des Empfängerlandes zu den einschlägigen Grundsätzen der Übereinkünfte des humanitären Völkerrechts und
  c) verweigern eine Ausfuhrgenehmigung, wenn eindeutig das Risiko besteht, dass die Militärtechnologie oder die Militärgüter, die zur Ausfuhr bestimmt sind verwendet werden, um schwere Verstöße gegen das humanitäre Völkerrecht zu begehen.

(3) Kriterium 3: Innere Lage im Endbestimmungsland als Ergebnis von Spannungen oder bewaffneten Konflikten

Die Mitgliedstaaten verweigern eine Ausfuhrgenehmigung für Militärtechnologie oder Militärgüter, die im Endbestimmungsland bewaffnete Konflikte auslösen bzw. verlängern würden oder bestehende Spannungen oder Konflikte verschärfen würden.

(4) Kriterium 4: Aufrechterhaltung von Frieden, Sicherheit und Stabilität in einer Region

Die Mitgliedstaaten verweigern eine Ausfuhrgenehmigung, wenn eindeutig das Risiko besteht, dass der angegebene Empfänger die Militärtechnologie oder die Militärgüter, die zur Ausfuhr bestimmt sind, zum Zwecke der Aggression gegen ein anderes Land oder zur gewaltsamen Durchsetzung eines Gebietsanspruchs benutzt. Bei der Abwägung dieser Risiken berücksichtigten die Mitgliedstaaten unter anderem

a) das Bestehen oder die Wahrscheinlichkeit eines bewaffneten Konflikts zwischen dem Empfängerland und einen anderem Land;
b) Ansprüche auf das Hoheitsgebiet eines Nachbarlandes, deren gewaltsame Durchsetzung das Empfängerland in der Vergangenheit versucht bzw. angedroht hat;

c) die Wahrscheinlichkeit, dass die Militärtechnologie oder die Militärgüter zu anderen Zwecken als für die legitime nationale Sicherheit und Verteidigung des Empfängerlandes verwendet wird;
d) das Erfordernis, die regionale Stabilität nicht wesentlich zu beeinträchtigen.

(5) Kriterium 5: Nationale Sicherheit der Mitgliedstaaten und der Gebiete, deren Außenbeziehungen in die Zuständigkeit eines Mitgliedstaats fallen, sowie nationale Sicherheit befreundeter und verbündeter Länder

Die Mitgliedstaaten berücksichtigen

a) die möglichen Auswirkungen der Militärtechnologie oder der Militärgüter, die zur Ausfuhr bestimmt sind, auf ihre Verteidigungs- und Sicherheitsinteressen sowie auf die anderer Mitgliedstaaten und befreundeter oder verbündeter Länder, wobei sie anerkennen, dass hierdurch die Berücksichtigung der Kriterien betreffend die Achtung der Menschenrechte und die Aufrechterhaltung von Frieden, Sicherheit und Stabilität in einer Region nicht beeinträchtigt werden darf;
b) das Risiko, dass diese Militärtechnologie oder diese Militärgüter gegen ihre eigenen Streitkräfte oder die anderer Mitgliedstaaten oder befreundeter oder verbündeter Länder eingesetzt werden.

(6) Kriterium 6: Verhalten des Käuferlandes gegenüber der internationalen Gemeinschaft, unter besonderer Berücksichtigung seiner Haltung zum Terrorismus, der Art der von ihm eingegangenen Bündnisse und der Einhaltung des Völkerrechts

Die Mitgliedstaaten berücksichtigen unter anderem das bisherige Verhalten des Käuferlandes in Bezug auf

a) eine Unterstützung oder Förderung des Terrorismus und der internationalen organisierten Kriminalität;
b) die Einhaltung seiner internationalen Verpflichtungen, insbesondere im Hinblick auf die Nichtanwendung von Gewalt, und der Bestimmungen des humanitären Völkerrechts;
c) sein Engagement im Bereich der Nichtverbreitung und anderen Bereichen der Rüstungskontrolle und Abrüstung, insbesondere die Unterzeichnung, Ratifizierung und Durchführung der bei Kriterium 1 unter Buchstabe b aufgeführten einschlägigen Rüstungskontroll- und Abrüstungsübereinkommen.

(7) Kriterium 7: Risiko der Abzweigung von Militärtechnologie oder Militärgütern im Käuferland oder der Wiederausfuhr von Militärgütern unter unerwünschten Bedingungen

Bei der Beurteilung der Auswirkungen der Militärtechnologie oder der Militärgüter, die zur Ausfuhr bestimmt sind, auf das Empfängerland und des Risikos, dass diese Technologie oder Güter auf Umwegen zu einem unerwünschten Endverwender oder zu einer unerwünschten Endverwendung gelangen könnten, wird Folgendes berücksichtigt:

a) die legitimen Interessen der Verteidigung und der inneren Sicherheit des Empfängerlandes, einschließlich einer etwaigen Beteiligung an friedenserhaltenden Maßnahmen der Vereinten Nationen oder anderer Art;
b) die technische Fähigkeit des Empfängerlandes, diese Technologie oder diese Güter zu benutzen;
c) die Fähigkeit des Empfängerlandes, wirksame Ausfuhrkontrollen durchzuführen;
d) das Risiko, dass solche Technologie oder solche Güter mit unerwünschtem Ziel wieder ausgeführt werden, und die bisherige Befolgung etwaiger Wiederausfuhrbestimmungen bzw. vorheriger Genehmigungspflichten, die vom Ausfuhrmitgliedstaat gegebenenfalls festgelegt wurden, durch das Empfängerland;
e) das Risiko, dass solche Technologie oder solche Güter zu terroristischen Vereinigungen oder einzelnen Terroristen umgeleitet werden;
f) die Gefahr eines Reverse Engineering oder eines unbeabsichtigten Technologietransfers.

(8) Kriterium 8: Vereinbarkeit der Ausfuhr von Militärtechnologie oder Militärgütern mit der technischen und wirtschaftlichen Leitungsfähigkeit des Empfängerlandes, wobei zu berücksichtigen ist, dass die Staaten bei der Erfüllung ihrer legitimen Sicherheits- und Verteidigungsbedürfnisse möglichst wenige Arbeitskräfte und wirtschaftliche Ressourcen für die Rüstung einsetzen sollten

Die Mitgliedstaaten beurteilen anhand von Informationen aus einschlägigen Quellen, wie z. B, Entwicklungsprogramm der Vereinten Nationen, Weltbank, Internationaler Währungsfonds und Organisation für wirtschaftliche Zusammenarbeit und Entwicklung, ob die geplante Ausfuhr die nachhaltige Entwicklung des Empfängerlandes ernsthaft beeinträchtigen würde. Sie prüfen in diesem Zusammenhang den jeweiligen Anteil der Rüstungs- und der Sozialausgaben des Empfängerlandes und berücksichtigen dabei auch jedwede EU- oder bilaterale Hilfe.

Artikel 3

Dieser Gemeinsame Standpunkt lässt das Recht der Mitgliedstaaten unberührt, auf nationaler Ebene eine restriktivere Politik zu verfolgen.

Artikel 4

(1) Die Mitgliedstaaten informieren einander detailliert über Anträge auf Ausfuhrgenehmigungen, die entsprechend den Kriterien dieses Gemeinsamen Standpunkts verweigert wurden, und geben die Gründe für die Verweigerung an. Bevor ein Mitgliedstaat eine Genehmigung erteilt, die von einem oder mehreren anderen Mitgliedstaaten innerhalb der letzten drei Jahre für eine im Wesentlichen gleichartige Transaktion verweigert worden ist, konsultiert er zunächst den bzw. die Mitgliedstaaten, die die Genehmigung verweigert haben. Beschließt der betreffende Mitgliedstaat nach den Konsultationen dennoch, die Genehmigung zu erteilen, so teilt er dies dem bzw. den Mitgliedstaaten, die die Genehmigung verweigert haben, mit und erläutert ausführlich seine Gründe.

(2) Ob der Transfer von Militärtechnologie oder Militärgütern genehmigt oder verweigert wird, bleibt dem nationalen Ermessen eines jeden Mitgliedstaats überlassen. Eine Genehmigung gilt als verweigert, wenn der Mitgliedstaat die Genehmigung des tatsächlichen Verkaufs oder der Ausfuhr der Militärtechnologie oder der Militärgüter verweigert hat und es andernfalls zu einem Verkauf oder zum Abschluss des entsprechenden Vertrags gekommen wäre. Für diese Zwecke kann eine notifizierbare Verweigerung gemäß den nationalen Verfahren auch die Verweigerung der Zustimmung zur Aufnahme von Verhandlungen oder einen abschlägigen Bescheid auf eine förmliche Voranfrage zu einem bestimmten Auftrag umfassen.

(3) Die Mitgliedstaaten behandeln derartige Verweigerungen und die entsprechenden Konsultationen vertraulich und ziehen daraus keine wirtschaftlichen Vorteile.

Artikel 5

Ausfuhrgenehmigungen werden nur auf der Grundlage einer zuverlässigen vorherigen Kenntnis der Endverwendung im Endbestimmungsland erteilt. Hierfür sind in der Regel eine gründlich überprüfte Endverbleibserklärung oder entsprechende Unterlagen und/oder eine vom Endbestimmungsland erteilte offizielle Genehmigung erforderlich. Bei der Bewertung der Anträge auf Ausfuhrgenehmigungen für Militärtechnologie oder Militärgüter zum Zwecke der Produktion in Drittländern berücksichtigen die Mitgliedstaaten insbesondere die mögliche Verwendung des Endprodukts im Erzeugerland sowie das Risiko, dass das Endprodukt zu einem unerwünschten Endverwender umgeleitet oder ausgeführt werden konnte.

Artikel 6

Unbeschadet der Verordnung (EG) Nr. 1334/2000 gelten die in Artikel 2 dieses Gemeinsamen Standpunktes aufgeführten Kriterien und das Konsultationsverfahren nach Artikel 4 für die Mitgliedstaaten auch in Bezug auf Güter und Technologie mit doppeltem Verwendungszweck gemäß Anhang I der Verordnung (EG) Nr. 1334/2000, wenn schwerwiegende Gründe für die Annahme bestehen, dass die Endverwender solcher Güter und solcher Technologie die Streitkräfte, die internen Sicherheitskräfte oder ähnliche Einheiten des Empfängerlandes sein werden. Wird in diesem Gemeinsamen Standpunkt auf Militärtechnologie oder Militärgüter Bezug genommen, so sind darunter auch solche Güter und solche Technologie zu verstehen.

Artikel 7

Damit dieser Gemeinsame Standpunkt die größtmögliche Wirkungskraft hat, streben die Mitgliedstaaten im Rahmen der GASP nach einer Verstärkung ihrer Zusammenarbeit und einer Förderung ihrer Konvergenz im Bereich der Ausfuhr von Militärtechnologie und Militärgütern.

Artikel 8

(1) Jeder Mitgliedstaat übermittelt den anderen Mitgliedstaaten jährlich einen vertraulichen Bericht über seine Ausfuhren von Militärtechnologie und Militärgütern und seine Umsetzung des Gemeinsamen Standpunkts.
(2) Ein Jahresbericht der EU, der auf den Beiträgen aller Mitgliedstaaten beruht, wird dem Rat vorgelegt und in der Reihe C des *Amtsblatts der Europäischen Union* veröffentlicht.
(3) Außerdem veröffentlicht jeder Mitgliedstaat, der Technologie oder Güter der Gemeinsamen Militärgüterliste der EU ausführt, gegebenenfalls im Einklang mit nationalen Rechtsvorschriften, einen Bericht über seine Ausfuhren von Militärtechnologie und Militärgütern und stellt nach Maßgabe des Benutzerleitfadens Informationen für den Jahresbericht der EU über die Umsetzung des Gemeinsamen Standpunkts bereit.

Artikel 9

Die Mitgliedstaaten beurteilen gegebenenfalls gemeinsam im Rahmen der GASP anhand der Grundsätze und Kriterien dieses Gemeinsamen Standpunkts die Lage potenzieller oder tatsächlicher Empfänger der von den Mitgliedstaaten ausgeführten Militärtechnologie und Militärgüter.

Artikel 10

Die Mitgliedstaaten können zwar gegebenenfalls die Auswirkungen geplanter Ausfuhren auf ihre wirtschaftlichen, sozialen, kommerziellen und industriellen Interessen berücksichtigen, doch dürfen diese Faktoren die Anwendung der oben angeführten Kriterien nicht beeinträchtigen.

Artikel 11

Die Mitgliedstaaten setzen sich nach Kräften dafür ein, andere Militärtechnologie und Militärgüter exportierende Staaten zu ermutigen, die Grundsätze dieses Gemeinsamen Standpunkts anzuwenden. Sie betreiben mit den Drittstaaten, die die Kriterien anwenden, einen regelmäßigen Erfahrungsaustausch über ihre Politik zur Kontrolle der Ausfuhr von Militärtechnologie und Militärgütern und über die Anwendung der Kriterien.

Artikel 12

Die Mitgliedstaaten stellen sicher, dass ihre nationalen Rechtsvorschriften es ihnen erlauben, die Ausfuhr der Technologie und der Güter kontrollieren zu können, die auf der Gemeinsamen Militärgüterliste der EU verzeichnet sind. Die Gemeinsame Militärgüterliste der EU dient als Bezugspunkt für die nationalen Listen der Mitgliedstaaten für Militärtechnologie und Militärgüter, ersetzt diese aber nicht unmittelbar.

Artikel 13

Der Benutzerleitfaden zum Verhaltenskodex der Europäischen Union für die Ausfuhr von Militärgütern, der regelmäßig aktualisiert wird, dient als Orientierungshilfe bei der Anwendung dieses Gemeinsamen Standpunkts.

Artikel 14

Dieser Gemeinsame Standpunkt wird am Tag seiner Annahme wirksam.

Artikel 15

Dieser Gemeinsame Standpunkt wird drei Jahre nach seiner Annahme überprüft.

Artikel 16

Dieser Gemeinsame Standpunkt wird im *Amtsblatt der Europäischen Union* veröffentlicht.

Geschehen zu Brüssel am 8. Dezember 2008
Im Namen des Rates
Der Präsident
B. KOUCHNER

www.ingramcontent.com/pod-product-compliance
Ingram Content Group UK Ltd.
Pitfield, Milton Keynes, MK11 3LW, UK
UKHW020712041026
15590UKWH00002B/616

9 783631 746103